Kohlhammer

Sucht: Risiken – Formen – Interventionen
Interdisziplinäre Ansätze von der Prävention zur Therapie

Herausgegeben von Oliver Bilke-Hentsch,
Euphrosyne Gouzoulis-Mayfrank und Michael Klein

Eine Übersicht aller lieferbaren und im Buchhandel angekündigten Bände der Reihe finden Sie unter:

 https://shop.kohlhammer.de/sucht-reihe

Die Autorin

PD Dr. med. Monika Ridinger (geb. Johann) ist eine in Deutschland geborene Psychiaterin, Psychotherapeutin und Suchtmedizinerin. Seit den 1990er Jahren beschäftigt sie sich intensiv mit den Themen Sucht und ADHS bei Erwachsenen, worüber sie sich an der Universität Regensburg habilitierte. Monika Ridinger ist Autorin zahlreicher Publikationen und Buchbeiträge. Seit 2010 lebt sie in der Schweiz und betreut Erwachsene mit ADHS in eigener Praxis in Baden.

Monika Ridinger

ADHS und Sucht im Erwachsenenalter

2., erweiterte und überarbeitete Auflage

Verlag W. Kohlhammer

Dieses Werk einschließlich aller seiner Teile ist urheberrechtlich geschützt. Jede Verwendung außerhalb der engen Grenzen des Urheberrechts ist ohne Zustimmung des Verlags unzulässig und strafbar. Das gilt insbesondere für Vervielfältigungen, Übersetzungen und für die Einspeicherung und Verarbeitung in elektronischen Systemen.

Pharmakologische Daten verändern sich ständig. Verlag und Autoren tragen dafür Sorge, dass alle gemachten Angaben dem derzeitigen Wissensstand entsprechen. Eine Haftung hierfür kann jedoch nicht übernommen werden. Es empfiehlt sich, die Angaben anhand des Beipackzettels und der entsprechenden Fachinformationen zu überprüfen. Aufgrund der Auswahl häufig angewendeter Arzneimittel besteht kein Anspruch auf Vollständigkeit.

Die Wiedergabe von Warenbezeichnungen, Handelsnamen und sonstigen Kennzeichen berechtigt nicht zu der Annahme, dass diese frei benutzt werden dürfen. Vielmehr kann es sich auch dann um eingetragene Warenzeichen oder sonstige geschützte Kennzeichen handeln, wenn sie nicht eigens als solche gekennzeichnet sind.

Es konnten nicht alle Rechtsinhaber von Abbildungen ermittelt werden. Sollte dem Verlag gegenüber der Nachweis der Rechtsinhaberschaft geführt werden, wird das branchenübliche Honorar nachträglich gezahlt.

Dieses Werk enthält Hinweise/Links zu externen Websites Dritter, auf deren Inhalt der Verlag keinen Einfluss hat und die der Haftung der jeweiligen Seitenanbieter oder -betreiber unterliegen. Zum Zeitpunkt der Verlinkung wurden die externen Websites auf mögliche Rechtsverstöße überprüft und dabei keine Rechtsverletzung festgestellt. Ohne konkrete Hinweise auf eine solche Rechtsverletzung ist eine permanente inhaltliche Kontrolle der verlinkten Seiten nicht zumutbar. Sollten jedoch Rechtsverletzungen bekannt werden, werden die betroffenen externen Links soweit möglich unverzüglich entfernt.

2., erweiterte und überarbeitete Auflage 2025

Alle Rechte vorbehalten
© W. Kohlhammer GmbH, Stuttgart
Gesamtherstellung: W. Kohlhammer GmbH, Heßbrühlstr. 69, 70565 Stuttgart
produktsicherheit@kohlhammer.de

Print:
ISBN 978-3-17-044138-5

E-Book-Formate:
pdf: ISBN 978-3-17-044139-2
epub: ISBN 978-3-17-044140-8

Geleitwort der Reihenherausgeber

Die Entwicklungen der letzten Jahrzehnte im Suchtbereich sind beachtlich und erfreulich. Dies gilt für Prävention, Diagnostik und Therapie, aber auch für die Suchtforschung in den Bereichen Biologie, Medizin, Psychologie und den Sozialwissenschaften. Dabei wird vielfältig und interdisziplinär an den Themen der Abhängigkeit, des schädlichen Gebrauchs und der gesellschaftlichen, persönlichen und biologischen Risikofaktoren gearbeitet. In den unterschiedlichen Alters- und Entwicklungsphasen sowie in den unterschiedlichen familiären, beruflichen und sozialen Kontexten zeigen sich teils überlappende, teils sehr unterschiedliche Herausforderungen.

Um diesen vielen neuen Entwicklungen im Suchtbereich gerecht zu werden, wurde die Reihe »Sucht: Risiken – Formen – Interventionen« konzipiert. In jedem einzelnen Band wird von ausgewiesenen Expertinnen und Experten ein Schwerpunktthema bearbeitet.

Die Reihe gliedert sich konzeptionell in drei Hauptbereiche, sog. »tracks«:

Track 1: Grundlagen und Interventionsansätze
Track 2: Substanzabhängige Störungen und Verhaltenssüchte im Einzelnen
Track 3: Gefährdete Personengruppen und Komorbiditäten

In jedem Band wird auf die interdisziplinären und praxisrelevanten Aspekte fokussiert, es werden aber auch die neuesten wissenschaftlichen Grundlagen des Themas umfassend und verständlich dargestellt. Die Leserinnen und Leser haben so die Möglichkeit, sich entweder Stück für Stück ihre »persönliche Suchtbibliothek« zusammenzustellen oder aber mit einzelnen Bänden Wissen und Können in einem bestimmten Bereich zu erweitern.

Geleitwort der Reihenherausgeber

Unsere Reihe »Sucht« ist geeignet und besonders gedacht für Fachleute und Praktiker aus den unterschiedlichen Arbeitsfeldern der Suchtberatung, der ambulanten und stationären Therapie, der Rehabilitation und nicht zuletzt der Prävention. Sie ist aber auch gleichermaßen geeignet für Studierende der Psychologie, der Pädagogik, der Medizin, der Pflege und anderer Fachbereiche, die sich intensiver mit Suchtgefährdeten und Suchtkranken beschäftigen wollen.

Die Herausgeber möchten mit diesem interdisziplinären Konzept der Sucht-Reihe einen Beitrag in der Aus- und Weiterbildung in diesem anspruchsvollen Feld leisten. Wir bedanken uns beim Verlag für die Umsetzung dieses innovativen Konzepts und bei allen Autoren für die sehr anspruchsvollen, aber dennoch gut lesbaren und praxisrelevanten Werke.

Das Aufmerksamkeitsdefizit-/Hyperaktivitätssyndrom ist primär eine klassische Erkrankung des Kindes- und Jugendalters und damit eine Herausforderung für Kinder- und Jugendpsychiater, Kinderärzte, Lehrer und natürlich die Eltern und Angehörigen. In den letzten Jahren hat sich aber die Erkenntnis durchgesetzt, dass insbesondere die schweren Fälle von ADHS sich nicht einfach »auswachsen«, sondern mit etwas veränderten Symptomen und Problemen in das junge und dann auch spätere Erwachsenenalter übergehen. Diese Tatsache ist unter dem Blickwinkel der Suchtentwicklung höchst bedeutsam, denn ADHS-Patienten sind in besonderer Weise gefährdet, Substanzen auszuprobieren, Risiken nur begrenzt einschätzen und bewerten zu können, stets für neue Reize offen zu sein und auch oft die Folgen ihres Tuns nicht richtig zu überblicken. Dies führt dazu, dass bei einem Drittel aller Jugendlichen mit ADHS eine Suchtgefährdung vorliegt und hier dringender Handlungsbedarf besteht.

Monika Ridinger stellt in ihrem Buch die ungünstige Konstellation einer ADHS-Erkrankung und einer Suchterkrankung dar, wobei zu bedenken ist, dass auch noch weitere sog. Komorbiditäten wie beispielsweise die Depression oder die Angsterkrankung hier eine wichtige Rolle spielen. Es bedarf also eines umfassenden Verständnisses des ADHS mit seinen vielfältigen Zusatzproblemen, um die entsprechende Suchtthematik adäquat angehen zu können. Monika Ridinger ist seit vielen Jahren in diesem Sektor wissenschaftlich, klinisch und beratend tätig und blickt auf eine große Zahl an Patienten zurück. So gelingt ihr eine Kombination aus wissenschaftlicher Basis und klinisch-praktischer Anwendung, die dem Leser bzw. der Leserin in diesem komplexen Feld eine Richtschnur sein wird. Die Herausgeber sind davon überzeugt, dass Diagnostik, Therapie und Rehabilitation von ADHS-Patienten mit Suchterkrankungen hiermit gut unterstützt werden.

Oliver Bilke-Hentsch, Luzern
Euphrosyne Gouzoulis-Mayfrank, Köln
Michael Klein, Köln

Inhalt

Geleitwort der Reihenherausgeber   **5**

1 Einleitung   **13**

2 Fallvignetten   **17**

3 Allgemeine und klinische Epidemiologie der ADHS   **23**

3.1   Prävalenz der ADHS im Kindesalter   23
3.2   Prävalenz der ADHS im Erwachsenenalter   24
3.3   Prävalenz von ADHS und Sucht   25
3.4   ADHS und substanzungebundene Abhängigkeiten   29

4 Klinik, Verlauf und Prognose der ADHS   **33**

4.1   Symptome der ADHS in der Kindheit   36
4.2   Symptome der ADHS in der Adoleszenz und im Erwachsenenalter   37
4.3   ADHS und weitere psychische Störungen   47
4.4   ADHS und Schlaf   49

5 Ätiologie der ADHS   **54**

5.1   Dopamin und ADHS   56
5.2   Noradrenalin und ADHS   61
5.3   Serotonin und ADHS   62
5.4   Acetylcholin und ADHS   63
5.5   Strukturelle und funktionelle Veränderungen bei ADHS   65

5.6	Neuropsychologische Veränderungen bei ADHS und Zusammenhänge mit Sucht	68
5.6.1	Inhibitorisches System	70
5.6.2	Aufmerksamkeitssystem	77
5.6.3	Emotionsregulationssystem	80
5.6.4	Gedächtnis	84
6	**Spezielle Suchtdynamik**	**87**
6.1	Gemeinsame genetische Varianten bei ADHS und Sucht	88
6.2	Modell der fehlgeleiteten Selbstmedikation	91
6.3	Risikofaktoren für die Komorbidität von ADHS und Sucht	94
7	**Diagnosen und Differenzialdiagnosen**	**100**
7.1	ADHS-Diagnostik im Kindesalter	101
7.2	ADHS-Diagnostik im Erwachsenenalter	103
7.3	Diagnostik der Sucht	106
8	**Interventionsplanung und interdisziplinäre Therapieansätze**	**111**
8.1	Medikamentöse Behandlung der ADHS	116
8.2	Medikamentöse Behandlung von ADHS und Sucht	121
8.3	Ausgewählte Medikamente	128
8.3.1	Stimulanzien	128
8.3.2	Atomoxetin	147
8.3.3	Antidepressiva	151
8.3.4	Alpha-2-Agonisten	156
8.4	Nicht-medikamentöse Interventionen bei ADHS und Sucht im Erwachsenenalter	160

8.5	Klinische Erfahrungen bei der Behandlung von ADHS und Sucht	166
9	**Präventive Ansätze bei ADHS und Sucht**	**170**
10	**Ausblick**	**172**
Literatur		**176**
Stichwortverzeichnis		**207**

1 Einleitung

Die Aufmerksamkeitsdefizit-/Hyperaktivitätsstörung (ADHS) ist eine komplexe neurobiologische Störung mit den Hauptsymptomen Aufmerksamkeitsstörung, Hyperaktivität und Impulsivität. Neben diesen Beeinträchtigungen können bei der ADHS auch ausgeprägte Stimmungsschwankungen, Schlafstörungen und kognitive Defizite auftreten. Die insgesamt sehr vielschichtigen Symptome der ADHS werden neurobiologisch auf Veränderungen in verschiedenen Netzwerken des Gehirns zurückgeführt, an denen das Stirnhirn (Frontalhirn, hier vor allem der präfrontale Cortex, PFC) beteiligt ist. Werden die zahlreichen Symptome unter entsprechenden Überschriften zusammengefasst, so finden sich bei der ADHS Beeinträchtigungen der zielgerichteten Handlungssteuerung sowie der Emotions- und Selbstregulation. Neuropsychologisch spricht man von Störungen der sogenannten Exekutivfunktionen, welche durch ausgewählte Testverfahren ermittelt werden können.

ADHS ist keine »neue« Krankheit. Bereits zu Beginn des 20. Jahrhunderts wurden die Hauptsymptome der ADHS sehr treffend von dem britischen Kinderarzt George Frederick Still beschrieben. Leider hat es bis in die zweite Hälfte des 20. Jahrhundert gedauert, die unterschiedlichen Symptome zum Symptomenkomplex ADHS zusammenzufassen und sie schließlich mit dem Namen ADHS zu versehen.

Da man bei der ADHS von einem hohen erblich bedingten Anteil der Veränderungen ausgeht, zeigen die Betroffenen häufig bereits ab dem Säuglings- oder Kleinkindalter Verhaltensauffälligkeiten. Die Diagnose einer ADHS wird jedoch in der Regel nicht vor dem fünften bis siebten Lebensjahr gestellt, wenn das Kind lang genug in den verschiedenen Lebensbereichen beobachtet werden konnte. Bis heute ist ADHS immer noch eine klinische Diagnose, d. h. Testungen, z. B. Fragebögen, neuropsychologische Testungen oder bildgebende

1 Einleitung

Verfahren werden allenfalls als Ergänzungen zur Diagnosestellung oder für die Beurteilung des Verlaufs herangezogen.

Leider haben die meisten Kinder bis zur Diagnosestellung schon zahlreiche negative Erfahrungen mit den Symptomen der ADHS und den sich daraus ergebenden Folgen gemacht. Und nicht immer setzen Hilfeangebote und Förderungen frühzeitig ein.

Bereits im Kindergarten und in der Schule haben die Kinder mit ADHS Schwierigkeiten, die an sie gestellten Anforderungen und Leistungen zu erfüllen und sich in die Gemeinschaft der Gleichaltrigen (Peer-Gruppe) zu integrieren. Sie fallen durch ihre gesteigerte motorische Unruhe und dadurch auf, dass sie Aufgaben nicht zu Ende führen oder zahlreiche Sorgfaltsfehler machen. Darüber hinaus sind sie leicht ablenkbar und können sich nur schlecht konzentrieren. Einschießende Impulse müssen unmittelbar ausgelebt werden, was dazu führt, dass sie nicht warten können, bis sie an der Reihe sind, oder sie unterbrechen andere Kinder in deren Handlungen und beim Gespräch. Es fällt den Kindern und Jugendlichen schwer, pünktlich zu sein. Oft trödeln sie herum und führen ihre Pflichten nicht zu Ende oder sie fangen gar nicht erst an, das zu tun, was ihnen aufgetragen wurde. Die Betroffenen vermeiden anstrengende Tätigkeiten, lassen sich zwar leicht für etwas Neues begeistern, reagieren aber schnell gelangweilt, wenn die Aufgaben zur Routine werden und verlieren die Motivation. Die Folgen sind schließlich Schulverweise und Schulabbrüche oder später ein häufiger Wechsel der Arbeitsstellen mit fehlenden Berufsabschlüssen. Hinzu kommen ab der Adoleszenz auch gehäuft Beziehungsabbrüche oder schnell wechselnde Partnerschaften (Barkley et al. 2006a).

Die Auswirkungen durch die Symptome der ADHS und die Einbußen im sozialen, schulischen und beruflichen Alltag tragen insgesamt dazu bei, dass auch Selbstwert und Selbstwirksamkeit im Vergleich zu Heranwachsenden ohne ADHS herabgesetzt sind. Betroffene mit ADHS geben schon als Kinder an, sie hätten das Gefühl, »anders« zu sein. Verunsicherungen, Selbstwertstörungen und Ausschlüsse aus der Peer-Gruppe führen zum Abdrängen ins soziale Abseits und begünstigen das Auftreten von Störungen im Sozialverhalten und in der Folge von Störungen in der Persönlichkeitsentwicklung.

Schließlich stellen sowohl die Kernsymptome der ADHS als auch die Schwierigkeiten bei der sozialen Anpassung im Entwicklungsverlauf mit Erfahrungen von Versagen und Scheitern erhebliche Risikokonstellationen für eine Suchtentwicklung dar.

> **Merke**
> Das gleichzeitige Auftreten von ADHS und Sucht ist durch einen frühen Beginn und einen besonders schweren Verlauf der Suchterkrankungen gekennzeichnet.

Da sich die Sucht erst ab der Adoleszenz oder jenseits des 20. Lebensjahres ausbildet, können gezielte Unterstützungen und Förderungen von Betroffenen mit ADHS sowie Früherkennungsmaßnahmen bei Bestehen beider Störungsbilder erheblich zu einer Verbesserung der Gesundheitsversorgung beitragen.

In diesem Sinne ist das Ziel dieses Buchs, das komplexe Thema ADHS und die Kombination von ADHS und Sucht bei Erwachsenen zu »entwirren« und »Lust« auf die Beschäftigung mit diesen beiden Störungsbildern zu vermitteln. Darüber hinaus soll dieser Überblick zu weiterführenden Diskussionen, zu Überlegungen und zu kreativen und neuen praktischen Vorgehensweisen anregen. Stets wird bei den Beschreibungen in diesem Buch Wert darauf gelegt, Handlungs- und Erfahrungswissen mit aktuellen wissenschaftlichen Erkenntnissen zu verknüpfen. Somit ist es für direkt und indirekt Betroffene und Professionelle geschrieben. Dabei wird kein Anspruch auf Vollständigkeit erhoben. Allerdings ist es das Anliegen dieses Buchs, möglichst viel Hintergrundwissen aus der aktuellen wissenschaftlichen Literatur zu vermitteln und so aufzuarbeiten, dass die Zusammenhänge verständlich werden. Es ist die Überzeugung der Autorin, dass ein breites Wissen auch der komplexen neurobiologischen Zusammenhänge am ehesten dazu beiträgt, kreative Formen des Umgangs und der Unterstützung von Betroffenen mit ADHS zu fördern.

1 Einleitung

ADHS ist zwar eine psychiatrische Erkrankung, aber ADHS ist auch ein »So-Sein« von zahlreichen Menschen in unserer Gesellschaft. Es ist ein meist angeborenes »Anders-Sein«, dem wir als Gesellschaft gerecht werden müssen und sollen. Demzufolge sollten wir nicht nur damit beschäftigt sein, die besten Medikamente zur Behandlung dieses Störungsbildes zu finden, sondern auch Energie und Zeit damit verbringen, Funktionsbesonderheiten bei ADHS zu verstehen und den Menschen einen Platz in unserer Gesellschaft einzuräumen, der es ihnen ermöglicht, sich mit ihren Besonderheiten zu entfalten und zu entwickeln, wie es jedem Menschen zusteht.

Formal werden in der Regel die männliche Form für beide Geschlechter[1] und die Begriffe »Sucht«, »Abhängigkeit« und »Substanzabhängigkeit« gleichermaßen für stoffgebundene Abhängigkeiten verwendet.

---

1 Zugunsten einer lesefreundlichen Darstellung wird in diesem Text bei personenbezogenen Bezeichnungen in der Regel die männliche Form verwendet. Diese schließt, wo nicht anders angegeben, alle Geschlechtsformen ein (weiblich, männlich, divers).

2 Fallvignetten

Im Folgenden werden zwei Fallbeispiele für die Entwicklung der ADHS vom Kindes- bis ins Erwachsenenalter vorgestellt. Die Personenangaben sind aus ethischen und datenschutzrechtlichen Gründen verändert. Auch die Inhalte der nachfolgenden Kapitel werden durch Fallbeispiele illustriert.

Fallvignette 1
Kurt war zum Zeitpunkt der Diagnose 44 Jahre alt. Er ist Professor der Physik. Seine Erstdiagnose erfolgte, nachdem er mit seinem 10-jährigen Sohn Lucas in der Kinder- und Jugendpsychiatrie zur Abklärung einer ADHS war. Aufmerksam habe er als Vater verfolgt, welche Testungen bei Lucas durchgeführt und welche Fragen dem Sohn und ihm als Vater gestellt wurden. Als er nach Hause ging, wurde er sehr nachdenklich. Er besorgte sich im Internet einige Fragebögen für die ADHS im Erwachsenenalter und besprach sich mit seiner Mutter bezüglich seines Verhaltens in der Kindheit und Jugend. Fast alle Fragen, die typisch für die ADHS in der Kindheit waren, konnten die beiden mit »Ja« beantworten. Somit kam er in die Praxis mit der Frage: »Könnte es sein, dass ich eine ADHS im Erwachsenenalter habe?« Im Verlauf der Untersuchungen und der Anamneseerhebungen stellte sich heraus, dass Kurt diese Diagnose erfüllte. Rückblickend konnte er dadurch eine Menge seiner Verhaltensweisen und Erfahrungen erklären, was ihm sehr half, sich nicht als verhaltensauffälliger Exot oder, wie seine Frau immer sagte, als liebenswerter Chaot zu empfinden, sondern als ein Mensch mit einer wahrscheinlich angeborenen Störung, die bis zum Diagnosezeitpunkt unerkannt und unbehandelt geblieben war. Kurt verstand sich als Mensch, den es viel Mühe gekostet hatte, seine Schwächen und Eigenheiten zu überwinden, und es erfüllt ihn mit Stolz, dass es ihm gelungen war, sich auf seine

2 Fallvignetten

Stärken zu konzentrieren. Bereits in der Kindheit zeigte Kurt eine ausgeprägte motorische Hyperaktivität, er konnte als Junge nicht stillsitzen, musste stets aufstehen und herumlaufen. Beruhigt haben ihn als Kind immer Legospiele. So habe er laut seiner Mutter stundenlang mit Lego spielen und die Zeit vergessen können. Später sei es die Beschäftigung mit einem kleinen Elektroflieger gewesen, den er sich zusammengebaut hat. Dies sei auch während der Pubertät so weitergegangen. Kurt sei fast nie dabei gewesen, wenn seine Alterskollegen zusammen ausgingen und sich amüsierten. In diesen Zeiten habe er lieber etwas über Technik gelesen und sich in sein Zimmer zurückgezogen. Kurt erinnerte sich, dass er stets Mühe hatte, sich auf den Schulstoff zu konzentrieren. In Mathe und Physik sei er hervorragend gewesen. Bei den anderen Fächern sei er immer durchgefallen und habe schließlich auch nur mit Ach und Krach den Realschulabschluss geschafft. Er begann eine Lehre in einer Elektrowerkstatt. Obwohl ihm die Arbeit sehr gefallen habe, sei er mit seinem Chef ständig aneinandergeraten. Er sei häufig nicht pünktlich zur Arbeit erschienen und habe oft die Aufgaben nicht erledigt, die ihm sein Chef gegeben habe. Demzufolge wurde ihm nach einem Lehrjahr gekündigt. Mit Hilfe der Eltern gelang es Kurt, eine zweite Lehrstelle zu finden. Da war ein älterer Meister, der ihn sehr gemocht und stets verständnisvoll unterstützt habe. Den habe Kurt sehr geschätzt, sich gehörig angestrengt und schließlich die Lehre auch abschließen können. Die Arbeit danach wurde schnell langweilig. Er wechselte ein paar Mal die Stellen und wurde eher zufällig als Hilfskraft in einem wissenschaftlichen Betrieb angestellt. Dort begann seine Liebe zur Physik aufzublühen. Kurt holte das Abitur nach. Er studierte Physik und habilitierte sich schließlich in der Experimentalphysik. Zum Zeitpunkt der Diagnosestellung, also mit 44 Jahren, berichtete Kurt, er habe »den schönsten Arbeitsplatz der Welt«. Gefragt, wo und was das sei, gab er an, sein Labor sei tief unter der Erde. Es habe keine Fenster nach außen. Ganz selten sehe er mal einen anderen Menschen. Sein Lieblingsort sei ein abgedunkelter Raum. In der Mitte stehe ein Elektronenmikroskop und dort betreibe er seine Forschung. An diesem Ort konnte sich Kurt maximal konzentrieren und schrieb dort seine Manuskripte für Publikationen, von denen er zahlreiche hatte. Oft vergaß er die Zeit und kehrte erst spät in der Nacht nach Hause zurück. Seine Frau lernte er auf einem Kongress kennen. Es war Liebe auf den ersten Blick. Sie habe ihren Mann stets unterstützt und seine Art geschätzt. Das Paar hat zwei Söhne. Bei beiden wurde eine ADHS diagnostiziert. Auf eine Medikation bei Kurt wurde verzichtet. Er hat seine Störung »funktionalisiert« und Lebensräume gefunden, die ihm sein persönliches »So-Sein« ermöglichten. Ein begleitetes Training zur Förderung von Sozialkontakten und zur Steuerung der leichten Ablenkbarkeit führte schließlich dazu, dass Kurt auch zu Hause Publikationen schreiben und mit seinen Kindern mehr unternehmen konnte. Gemeinsam mit seiner Frau pflegt er zunehmend Freundschaften und dient so seinen Söhnen, die beide multimodal (medikamentös und psychotherapeutisch) behandelt werden, als Modell für eine positive Entwicklung beim Störungsbild ADHS mit persistierender Symptomatik.

Fallvignette 2
Lisa ist 32 Jahre alt und meldete sich zur stationären Suchtbehandlung an, nachdem ihre Partnerschaft beendet war. Sie sei verzweifelt, fühle sich ausgenutzt, sei immer für den Partner da gewesen. In der Folge der Trennung habe sie ihre Arbeit nicht mehr ordentlich machen können. Sie habe schon immer viel Alkohol getrunken, um zu funktionieren. Jetzt sei es zu viel geworden und der Vorgesetzte habe sie auf den Konsum angesprochen. Zigaretten rauche sie bereits seit ihrem 12. Lebensjahr. Bald sei auch Alkohol dazu gekommen. Anfangs habe sie nur abends Alkohol getrunken. Er habe ihr geholfen, besser einzuschlafen. Wenn sie ins Bett gehe, dann kreisen die Gedanken um den Tag. Sie müsse über alles nachdenken, was sie hätte anders oder besser machen können, und komme nur sehr langsam zur Ruhe. Schließlich schlafe sie häufig vor Erschöpfung ein. Mit Alkohol könne sie viel leichter einschlafen. Schließlich trank Lisa auch schon tagsüber

2 Fallvignetten

Alkohol. Sie sei in einer Teamleiterfunktion. Zu Beginn der Arbeit sei es wichtig, sich über die am Tag anstehenden Aufgaben zu orientieren und die Mitarbeitenden entsprechend einzuteilen. Es gelinge Lisa zwar immer sehr gut, die Aufgaben zu erkennen und zu verteilen. Aber nach ein oder zwei Stunden habe sie schon wieder vergessen, wem sie welche Aufgaben gegeben habe. Oder sie vergesse wichtige Unterlagen für einzelne Meetings. Dann habe sie häufig Wege mehrfach zurücklegen müssen. Manchmal renne sie einfach nur kopflos durch die Räume. Mit Alkohol könne sich Lisa besser auf die Dinge konzentrieren. Sie habe einen Plan, den sie Stunde um Stunde abarbeite. Abends sei sie viel zufriedener mit sich, weil sie das Gefühl habe, etwas geschafft zu haben. Damit der Alkoholkonsum am Arbeitsplatz nicht so auffiel, habe sie Wodka in kleinen Trinkgefäßen in einigen Zimmern bereitgestellt und immer mal einen Schluck genommen. Schließlich habe sie bemerkt, dass sie pro Tag eine Flasche Wodka geleert habe und unruhig wurde, wenn es keinen Wodka mehr gab. Das habe sie aber noch nicht bewogen, etwas an ihrer Situation zu ändern. Erst als sich ihr Partner von ihr getrennt habe, sei sie zusammengebrochen. Dieser sei zu einer anderen Frau gegangen. Er habe wohl schon seit längerer Zeit eine Parallelbeziehung geführt. Sie habe die Beziehung zwei Jahre zuvor mit einer großen Begeisterung begonnen. Es sei ihr Traummann gewesen. Leider sei er bald arbeitslos geworden. Es habe Lisa nichts ausgemacht, ihn zu unterstützen. Jetzt habe sie alle finanziellen Reserven mobilisiert, um eine Eigentumswohnung für beide zu kaufen. Man sei vor zwei Monaten dort eingezogen. Dass er eine Parallelbeziehung habe, sei ihr nicht aufgefallen. Als Trennungsgrund habe er angegeben, sie nehme nicht wahr, wie es ihm gehe, rede nur über sich und ihren Tag. Da komme er zu kurz. Lisa konnte das gar nicht verstehen, hatte sie doch alles für diesen Mann getan. Der Partner habe ihr vorgeworfen, dass ihn ihre Stimmungsschwankungen stören würden. Ihre Stimmung wechsele sehr häufig von zu Tode betrübt zu himmelhochjauchzend. Sie wirke auf ihn oft wie aufgezogen. Er wolle aber am Abend oder am Wochenende auch mal seine Ruhe haben und nicht immer etwas unternehmen. Auch wolle er nicht immer über alles nachdenken müssen. Da komme er nicht mit. Lisa war enttäuscht und verstand die Welt nicht mehr. Verzweifelt fragte sie sich, welchen Sinn ihr Leben noch habe. Es war nicht ihre erste Paarbeziehung. Jedes Mal spüre sie die große Begeisterung und habe das Gefühl, jetzt sei ihr der Traumpartner begegnet. Und jedes Mal falle sie in ein großes Loch, wenn sie wie aus heiterem Himmel höre, wie sie vom Partner wahrgenommen werde. Die Entscheidung für den Entzug war zugleich die Entscheidung, am Leben etwas zu ändern. Während der qualifizierten Entzugsbehandlung fand eine umfangreiche diagnostische Abklärung der ADHS statt. Lisa war sehr froh über die Diagnose, weil sie endlich etwas »in der Hand« hatte, was ihr Gefühl des »Andersseins« erklärte. Es gab viele Gespräche zwischen ihr und den Eltern. Die Beziehung hatte gerade in den letzten Jahren durch Lisas zunehmenden Alkoholkonsum sehr gelitten. Die Eltern brachten ihre Enttäuschung zum Ausdruck. Als Ältestes von zwei Kindern haben sich die Eltern gerade von Lisa gewünscht, dass diese nach außen der Stolz der Familie werde. Sie zeigten hohe Leistungsansprüche an die Tochter. Lisa war versucht, diese stets zu erfüllen. Beim jüngeren Bruder war bereits in der Kindheit eine ADHS diagnostiziert worden. Lisa hatte die Eltern immer wieder darauf aufmerksam gemacht, dass auch sie eine ADHS haben könnte. Die Eltern hätten aber immer abgewunken. Das könne nicht sein. Bei den annähernden Gesprächen in der Therapie wurde deutlich, dass es nicht sein »durfte«. Jetzt leidet Lisa unter zwei Störungen, der ADHS und der Sucht. Nun, da Lisa in Behandlung ist, zeigten die Eltern eine zunehmende Bereitschaft, sich mit den Störungen auseinanderzusetzen. Im Anschluss an die stationäre Behandlung besuchte Lisa die ambulante ADHS-Sprechstunde für Erwachsene. Sie wurde zunächst auf ein Langzeitpräparat von Methylphenidat eingestellt. Dies führte bereits nach wenigen Tagen zu einer Steigerung der inneren Ruhe und Förderung der Konzentration. Im ambulanten Setting wurde darüber hinaus an einer Verbesserung der Selbst- und Fremdwahrnehmung gearbeitet. Schließlich gelang es Lisa zunehmend, sich auf andere Menschen einzulassen und ihre Sozialkontakte zu vertiefen. Parallel wurde die stationäre Entzugs- und Entwöhnungsbehandlung durchgeführt. Insgesamt führten all diese Interventionen und Maßnahmen zu einer Symptomlinderung, einer allmählichen Stabilisierung des Gesamtsystems und trugen zu einer erheblichen Selbstwertsteigerung Lisas bei. Allerdings litt Lisa weiter unter Stimmungseinbrüchen vor allem in den Abendstunden, wenn das Präparat in der Wirksamkeit nachließ. Deshalb erfolgte schließlich die Umstellung auf ein Amphetaminpräparat mit Langzeitwirkung. Hierunter reduzierten sich die Stimmungsschwankungen deutlich. Lisa beschrieb sich im Zusammenhang mit den Symptomen der ADHS als ein »Fähnchen im Winde«. Sie sei schnell zu begeistern, könne eine Situation schnell erfassen und äußere schnell ihre Argumente. Häufig sei sie so schnell bzw. wechsele die Themen, dass die Mitmenschen sie nicht verstünden, was Lisa wiederum gar nicht verstehen konnte. Sie reagierte dann schnell gereizt, was wieder zu entsprechenden Reaktionen bei ihren Gesprächspartnern führte. Solche Erfahrungen im Sozialkontakt ließen bei Lisa das »Gefühlschaos« entstehen: Erst die Begeisterung, dann die Enttäuschung, dass sie nicht verstanden wurde und schließlich noch die Frustration, wenn die Gesprächspartner zurückweisend reagierten. Diese früher als negativ wahrgenommenen Phänomene der ADHS konnte sie unbehandelt nicht steuern, d. h. sie platzte mit Antworten heraus, war umtriebig und gehetzt und musste sofort etwas umsetzen, ohne die Konsequenzen zu überdenken. Die Behandlung mit dem Langzeit-Amphetamin förderte nun bei Lisa die Steuerungsfähigkeit. Sie war zunehmend in der Lage, Situationen zu reflektieren, ihr Vorgehen zu überdenken und sich im sozialen Kontext so zu verhalten, dass es positive Rückmeldungen gab, was sich in der Folge positiv und stabilisierend auf Lisas Gefühle auswirkte.

3 Allgemeine und klinische Epidemiologie der ADHS

Die ADHS ist eine der häufigsten neuropsychiatrischen Störungen mit Beginn in der Kindheit und einer sehr hohen erblichen Komponente.

3.1 Prävalenz der ADHS im Kindesalter

Die Prävalenz der ADHS im Kindesalter wird mit etwa 5,9 % angegeben (Polanczyk et al. 2014). Es besteht ein Geschlechterverhältnis von zwei bis drei Jungen zu einem Mädchen. Als Ursprung für die auffälligen Verhaltensweisen geht man bei ADHS von einer angeborenen Störung der Steuerungsfähigkeit mit Auswirkungen auf die Spannungs- und Emotionsregulation aus. Bereits im Säuglings- und Kleinkindalter fällt auf, dass Kinder mit ADHS häufiger mit Schreien reagieren als Kinder ohne ADHS, z.B., wenn sie durch innere oder äußere Reize irritiert werden oder wenn sie sich nicht wohlfühlen, etwa durch Hunger oder Kälte. Dies führt nicht selten zu Fütter- und Schlafstörungen sowie dazu, dass die unruhigen Kinder nur sehr schwer beruhigt werden können und weiter schreien. Da derartige Symptome nicht spezifisch für ADHS sind, sondern auch bei anderen körperlichen, psychischen oder neurologischen Störungen auftreten können, wird die Diagnose erst gestellt, wenn ein ausreichender Beobachtungszeitraum vorliegt und andere Störungsbilder ausgeschlossen werden konnten. Dies ist selten vor dem 5. Lebensjahr der Fall.

3.2 Prävalenz der ADHS im Erwachsenenalter

Die Symptome können in bis zu zwei Drittel der Fälle bis ins Erwachsenenalter bestehen (Faraone et al. 2006). Im Erwachsenenalter wird ein Geschlechterverhältnis von 1:1 bei Prävalenzzahlen zwischen 1 % und 7 % angegeben (Faraone et al. 2021).

Worauf die unterschiedliche Geschlechterverteilung im Kindes- und Erwachsenenalter zurückgeführt werden kann, ist im Detail nicht geklärt. Zum Teil werden die Unterschiede auf sozioökonomische Faktoren oder methodische Schwächen bei der Diagnosestellung zurückgeführt. Zum anderen zeigte eine Langzeitstudie an über 1.000 Menschen in Neuseeland, dass bei einem Großteil der Erwachsenen mit ADHS in der Kindheit noch keine Symptome nachweisbar waren (Moffitt et al. 2015). Somit wären nach dieser Untersuchung die unterschiedlichen Geschlechteranteile darauf zurückzuführen, dass es sich bei Kindern und Erwachsenen mit ADHS um unterschiedliche Betroffenengruppen handelt.

Auch die Prävalenzraten im Erwachsenenalter schwanken erheblich. Weltweit wurden im Erwachsenenalter Prävalenzraten um 2,5 % gefunden (Simon et al. 2009). In den USA ergaben zwei große Repräsentativerhebungen Prävalenzraten der ADHS im Erwachsenenalter im Mittel von 4 % (Kessler et al. 2006; Fayyad et al. 2007), was mit einer Durchmischung von Bevölkerungsanteilen mit erhöhten Prävalenzraten zusammenhängen könnte. So wurde in einer 19 Studien umfassenden Metaanalyse eine Prävalenzrate von 14 % bei unter 18-jährigen Schwarzen Menschen ermittelt (Cénat et al. 2020). Die Prävalenzraten sinken mit zunehmendem Alter der Betroffenen. Epidemiologische Studien an älteren Erwachsenen jenseits des 55. Lebensjahres ergaben Prävalenzraten zwischen 1 % und 2,8 % (Torgersen et al. 2016). Insgesamt ist die ADHS eine der häufigsten neuropsychiatrischen Störungen mit Beginn im Kindesalter.

Die Symptome der ADHS treten früh in der Kindheit auf, sind tiefgreifend und beeinflussen die Betroffenen und ihr Umfeld. Dabei finden sich bei ADHS die Auffälligkeiten in zahlreichen Lebensbereichen, da sie die Emotions- und Spannungsregulation betreffen und diese nicht in einem Lebensbereich funktionieren können und in einem anderen nicht. Da die Symptome der ADHS bereits in der Kindheit auftreten, ist das Risiko für Folgestörungen hoch. So hatte 2006 eine Repräsentativerhebung an über 3.000 erwachsenen US-Amerikanern ergeben, dass bei Vorliegen einer ADHS in mehr als zwei Drittel der Fälle mindestens eine weitere psychische Störung auftritt (Kessler et al. 2006). Am häufigsten werden Angststörungen, Depressionen, bipolare Störungen und Abhängigkeitserkrankungen gefunden (Hartmann et al. 2023). Das Risiko für derartige Störungen steigt, je schwerer die ADHS verläuft und bei Persistenz der ADHS-Symptome in die Adoleszenz und ins Erwachsenenalter.

3.3 Prävalenz von ADHS und Sucht

Sowohl in längs- als auch in querschnittlichen Untersuchungen wurden erhöhte Prävalenzraten für die Komorbidität (= zeitgleiches Auftreten) von ADHS und Sucht gefunden.

Die Arbeitsgruppe von Groenman beobachtete 1.017 Jugendliche zwischen 5 und 17 Jahren über vier Jahre mit einem Durchschnittsalter von 16.4 Jahren bei der Abschlussuntersuchung (Groenman et al. 2013). Nach dieser Langzeitstudie erkrankten Jugendliche mit ADHS im Vergleich zu Jugendlichen ohne ADHS etwa doppelt so häufig an irgendeiner Substanzabhängigkeit (Faktor 1,77). Nach der Repräsentativerhebung aus dem Jahr 2006 würde man für Erwachsene etwas höhere Faktoren erwarten. Hier zeigten 15,2 % der Erwachsenen mit ADHS die Diagnose einer Substanzabhängigkeit verglichen mit 5,6 % bei Erwachsenen ohne ADHS (Kessler et al. 2006). 2023 berechneten Hartmann und Kollegen in einer Übersichtsarbeit nach Metaanalyse von gepoolten Daten aus über 30 Studien (n = 550.748 ADHS-Betroffene versus n = 14.546.814 non ADHS) eine

Wahrscheinlichkeit von 4.6 bei ADHS, an einer Substanzabhängigkeit zu erkranken (Hartmann et al. 2023).

Betrachtet man umgekehrt, wie hoch der Anteil ADHS-Betroffener bei Substanzabhängigkeit ist, so ergaben sich auch dort große Schwankungen der Prävalenzraten von 5,2 % (Arias et al. 2008) bis zu 62 % (Kumar et al. 2018), was zunächst darauf zurückgeführt wurde, dass die Fallzahlen in den Einzelstudien zu gering gewesen sein könnten. Aber auch die Repräsentativerhebung aus 2006 wich mit einer Prävalenzrate von 10,8 % sehr deutlich ab von einer 2012 publizierten Metaanalyse von 29 Studien, die eine gemittelte Prävalenzrate von 23,1 % ADHS bei Substanzabhängigkeit ergeben hatte (van Emmerik-van Oortmerssen et al. 2012).

Die Inkonsistenzen der Einzelbefunde führten schließlich zu der Erkenntnis, dass eine differenzierte und länderübergreifende Betrachtungsweise notwendig ist. So wurde 2010 das internationale Netzwerk ICASA (International Collaboration on ADHD and Substance Abuse) gegründet. Mitglieder sind 28 Zentren aus 16 Ländern, die sich intensiv der Forschung von ADHS und Suchterkrankungen widmen (Van de Glind et al. 2020). Auch hier zeigte die erste große internationale Prävalenzstudie – IASP-1 (International ADHD in Substance Use Disorders Prevalence Study) – an 3.578 Abhängigen aus 10 Ländern (Norwegen, Schweden, die Niederlande, Belgien, Frankreich, Spanien, Schweiz, Ungarn, Australien und USA) erhebliche Schwankungen der Prävalenzraten für ADHS unter den Substanzabhängigen im Ländervergleich von 5,4 % in Ungarn bis zu 31,3 % in Norwegen (van Emmerik-van Oortmerssen et al. 2014). Zusätzlich konnte die niederländische Studiengruppe zeigen, dass die unterschiedlichen Prävalenzraten auch auf die Überarbeitung vom DSM-IV zum DSM-5 im Jahr 2013 zurückzuführen waren. So ergaben sich im Vergleich zum DSM-IV bei den nach DSM-5 beurteilten Personen insgesamt höhere ADHS-Prävalenzraten (▶ Tab. 3.1).

Neben dem Herkunftsland und den Änderungen in den Diagnosekriterien spielen für die Risikoeinschätzung der Komorbidität von ADHS und Sucht auch noch das Alter, das Geschlecht und sozioökonomische Faktoren eine große Rolle. Auch wurde rasch klar, dass

3.3 Prävalenz von ADHS und Sucht

komorbide psychische Störungen unbedingt berücksichtigt werden sollten. So hatte bereits 2014 eine prospektive internationale ADHS-Prävalenz-Studie bei 1.205 abhängigen Personen in 47 Zentren aus 10 Ländern ergeben, dass 75 % der Substanzabhängigen mit ADHS im Vergleich zu 37 % ohne ADHS noch mindestens eine weitere komorbide Störung aufwiesen. Häufig handelte es sich um Angststörungen, Depressionen, bipolare Störungen und Persönlichkeitsstörungen (van de Glind et al. 2014). Aber auch bei Substanzabhängigen mit komplexen Kindheitstraumatisierungen wurde doppelt so häufig eine ADHS gefunden im Vergleich zu Substanzabhängigen ohne derartige frühere Belastungen (19,5 % versus 8,5 %, Konstenius et al. 2017).

Welche Rolle die komorbiden Störungen einnehmen, ist im Detail nicht geklärt. Wahrscheinlich hängt die Beeinflussung davon ab, wie früh eine weitere Störung auftritt. Ist doch bereits die Komorbidität von ADHS und Substanzabhängigkeit mit einem früheren Beginn der Abhängigkeit, einem schwereren Verlauf und schlechteren therapeutischen Effekten (Outcome) assoziiert, so können früh auftretende weitere psychische Störungen, wie z.B. Angststörungen oder komplexe Kindheitstraumatisierungen, den Verlauf zusätzlich negativ beeinflussen.

Tab. 3.1: Prävalenzraten von ADHS bei erwachsenen Substanzabhängigen im Ländervergleich

Länder	Prävalenzraten (adulte ADHS) nach DSM-IV / DSM-5
Ungarn	5,4 % / 7,6 %
Schweiz	6,1 % / 7,7 %
Spanien	9,2 % / 10,6 %
Niederlande	10,1 % / 11,8 %
Frankreich	11,2 % / 16,2 %
Schweden	19,7 % / 22,4 %
Norwegen	31,3 % / 32,6 %

Zu den bereits genannten Faktoren, die auf die Prävalenzraten Einfluss nehmen, sind die unterschiedlichen konsumierten Substanzen zu berücksichtigen. Bei der Tabakabhängigkeit wurden Prävalenzraten für die ADHS in der Adoleszenz von 15,3 % und für die persistierende ADHS im Erwachsenenalter von 6,4 % gefunden (Fond et al. 2013). Insgesamt existieren nur wenig Studien zu den Zusammenhängen zwischen Tabak und ADHS. Dies ist unter anderem darauf zurückzuführen, dass bei Abhängigen, die sich in Behandlung begeben, häufig Mehrfachabhängigkeiten vorliegen und meist die Tabakabhängigkeit begleitend und nicht isoliert vorliegt.

Bei der Alkoholabhängigkeit lagen die ADHS-Prävalenzraten bei 21 % (Johann et al. 2003). Hier zeigten die Alkoholabhängigen mit ADHS einen früheren Beginn der Abhängigkeit und höhere Konsummengen im Vergleich zu Alkoholabhängigen ohne ADHS. Insgesamt schwankten die ADHS-Prävalenzraten bei Alkoholabhängigkeit zwischen 7,7 % (Reyes et al. 2019) und 62 % (Kumar et al. 2018). Die hohe Prävalenzrate von ADHS bei Kumar und Kollegen resultierte aus einer Stichprobe unbehandelter Alkoholabhängiger. Obwohl die Studie methodische Schwächen zeigt, weist sie darauf hin, dass die unterschiedlichen Prävalenzraten auf Wahrscheinlichkeitsverzerrungen zurückgeführt werden könnten. Bei den meisten Studien handelt es sich nämlich um Alkoholabhängige, die sich in eine klinische Suchtbehandlung begeben haben. Dabei könnte es sich um eine kleinere Stichprobe handeln, während die Anzahl ADHS-Betroffener unter den Alkoholabhängigen insgesamt viel höher sein könnte.

Für die Kokainabhängigkeit wurden ADHS-Prävalenzraten zwischen 14,5 % und 20,5 % ermittelt (Vergara-Moragues et al. 2011). Eine 2023 von Rohner und Kollegen publizierte Metaanalyse berücksichtigte große Datenmengen aus 31 Studien mit insgesamt 12.524 Teilnehmenden (Rohner et al. 2023). Hier lagen die gepoolten ADHS-Prävalenzraten bei 25 % für die Alkoholabhängigkeit, bei 19 % für die Kokainabhängigkeit und bei 18 % für die Opioidabhängigkeit. Auch diese Ergebnisse sind aufgrund der signifikanten Heterogenitäten zwischen den Einzelstudien mit einer gewissen Vorsicht zu betrachten.

Neben Tabak und Alkohol ist Cannabis die am häufigsten missbräuchlich konsumierte Substanz bei ADHS. Nach einem systematischen Review von 136 Studien bis 2020 besteht eine kausale, genetische Verbindung zwischen ADHS und Cannabiskonsum mit einem ca. 1,5-fach erhöhten Risiko bei ADHS, eine Cannabisabhängigkeit zu entwickeln (Dhamija et al. 2023; Artigas et al. 2020). Zwischen 34 % bis 46 % der Cannabisabhängigen, die sich in Behandlung begaben, waren ADHS-positiv (Notzon et al. 2020). Bei Männern stand die hyperaktiv-impulsive Symptomatik im Zusammenhang mit einem problematischen Cannabiskonsum im Vordergrund, während es bei Frauen die aufmerksamkeitsgestörte Variante der ADHS war. Die bei ADHS häufig auftretenden Stimmungsschwankungen, soziale Ängste sowie Schlafstörungen führten zu einem frühen und intensiven Cannabiskonsum und waren damit wichtige Risikofaktoren bei der Entwicklung einer Cannabisabhängigkeit unter ADHS-Betroffenen (Dhamija et al. 2023).

3.4 ADHS und substanzungebundene Abhängigkeiten

In den letzten Jahren sind zunehmend substanzungebundene Süchte in den Fokus der Aufmerksamkeit gerückt. So ist die Glücksspielsucht in den Katalog des diagnostischen Manuals DSM-5 aufgenommen worden, da sich die typischen Kriterien der Abhängigkeit nachweisen lassen, wie z. B. Kontrollverlust, Verlangen nach dem Spielen oder ein fortgesetztes Spielen unter Inkaufnahme hoher Geldverluste.

Untersuchungen bei ADHS zeigten, dass vor allem aufmerksamkeitsgestörte Jungen für den problematischen Gebrauch von Videospielen gefährdet sind (Mazurek et al. 2013). In einer Gruppe internetabhängiger türkischer Jugendlichen waren 83,3 % von einer ADHS betroffen (Bozkurt et al. 2013). Auffallend in dieser Gruppe der Jugendlichen war, dass 100 % mindestens eine weitere und 88,3 % zwei weitere komorbide psychiatrische Störungen aufwiesen. Obwohl die Zusammenhänge zwischen Internetabhängigkeit und ADHS bislang nicht hinreichend geklärt sind, könnten die Ergebnisse darauf hinweisen, dass bei substanzungebundenen Abhängigkeiten neben den zusätzlichen psychischen Störungen auch weitere moderierende Faktoren eine Rolle für die ungünstige Entwicklung darstellen. So konnte beispielsweise in einer Studie von 287 taiwanesischen Jugendlichen zwischen 11 und 18 Jahren mit ADHS gezeigt werden, dass die Unzufriedenheit in familiären Beziehungen den stärksten Vorhersageeffekt für den Schweregrad der Internetabhängigkeit darstellt (Chou et al. 2014). Darüber hinaus fördern bei den Jugendlichen mit ADHS sowohl eine erhöhte Ängstlichkeit als auch ein niedriges Selbstwertgefühl die Entwicklung einer Internetabhängigkeit.

Wie bei den substanzgebundenen Abhängigkeiten wird auch beim problematischen und übermäßigen Internetgebrauch angenommen, dass er als fehlgeleitete Selbstmedikation (▶ Kap. 6.2) zur Linderung der Symptome der ADHS bzw. der komorbiden und begleitenden Symptome wie Ängste oder niedriges Selbstwertgefühl eingesetzt wird (Yen et al. 2014). Dementsprechend zeigte eine Untersuchung von Jugendlichen mit Internetabhängigkeit, dass eine konsequente medikamentöse Behandlung der ADHS mit Methylphenidat bereits nach acht Behandlungswochen die Aufmerksamkeitsleistung besserte und zu einer signifikanten Reduktion der Internetnutzung führte (Han et al. 2008).

Martin ist 40 Jahre alt und zeigte in seiner Kindheit dominierend die hyperaktiv-impulsiven Verhaltensweisen der ADHS. Als Erwachsener trat die Hyperaktivität in den Hintergrund. Seit ca. 20 Jahren leidet er neben seiner Impulsivität unter einer leichten Ablenkbarkeit. Bereits als Kind war er schon für alles Mögliche zu begeistern. Die Schnelllebigkeit des Internets hatte es ihm besonders angetan. So hat er seinen Beruf in der IT-Branche ergriffen. Er beginnt sehr gern neue Projekte, arbeitet sich oberflächlich ein, muss aber dann immer wieder erkennen, dass er nicht den Tiefgang hinbekommt und die Aufgaben nicht fristgerecht zu Ende bringt. Das führte häufig zu Problemen mit dem Chef. Abends benötigt Martin den Alkohol, um wieder runterzukommen und sich zu beruhigen. Was ihm auch hilft, ist das abendliche Fahrradfahren. Da kommen schon mal in kurzer Zeit bis zu 100 km zusammen. Längst kann Martin seinen Alkoholkonsum nicht mehr kontrollieren. Er weiß, dass er alkoholabhängig ist und hat den Konsum schon reduziert bzw. ist auf alkoholfreies Bier umgestiegen. Irgendwann hat er das Online-Glücksspiel entdeckt. Bereits nach kurzer Zeit ist es ihm völlig entglitten. Er verlor den Überblick über die Zeit und die Einsatzgelder. Mittlerweile hat Martin ca. 100.000 Euro Schulden. Sein Verantwortungsbewusstsein sorgt dafür, dass er einen ausgeklügelten Finanzierungsplan einhält. Seither konnte er das Spielen auch einstellen. Jetzt hat er ca. die Hälfte abbezahlt. Und prompt ist es zu einem Spielrückfall gekommen. Wieder hat er 10.000 Euro verloren. Nun hat er seine Eltern in seine Süchte eingeweiht. Er möchte es selbst schaffen. Aber er möchte, dass sein Umfeld über alles Bescheid weiß. Seiner Freundin hat er die in den Casinos gesperrten Kreditkarten gegeben. Zur Not könnte er diese benutzen, aber Spielen möchte er nicht mehr. Der Druck zu spielen ist sehr groß. Jetzt macht Martin noch mehr Sport. Aber mit der Alkoholabstinenz will es nicht so recht klappen. Seine Impulsivität und die inneren Antreiber sorgen immer wieder für spontane Handlungsweisen, ohne über die Konsequenzen nachzudenken. Medikamente nimmt Martin nicht ein. Er hat Sorge, dass ihn die Medikamente einschränken könnten. Die Süchte konnte er nun seinen Eltern und dem Umfeld offenlegen. Bei der ADHS ist dies etwas anderes, da schämt er sich für die Diagnose. Nun will er erst einmal die Schulden abbezahlen und eine Familie gründen. Dann wird schon alles wieder gut.

3 Allgemeine und klinische Epidemiologie der ADHS

Zusammenfassung
Die Symptome der ADHS sind bei 5–6 % der Bevölkerung in der Kindheit nachweisbar. In bis zu drei Viertel der Fälle bleiben die Symptome bis zur Adoleszenz und in ca. der Hälfte bis zwei Drittel der Fälle bis ins Erwachsenenalter bestehen, somit ergibt sich hier eine durchschnittliche Prävalenz von 2,5 %.
Bei Vorliegen einer ADHS besteht im Vergleich zu Menschen ohne ADHS je nach Substanz ein drei bis fünf Mal so hohes Risiko, an einer Sucht zu erkranken. Umgekehrt lässt sich bei etwa 20–25 % der Menschen mit einer Sucht eine ADHS nachweisen. Die Entwicklung einer Sucht bei ADHS wird durch zusätzliche psychische Störungen, wie z. b. Ängste, Depressionen oder auch Persönlichkeitsstörungen, negativ beeinflusst. Insgesamt schwanken die Prävalenzzahlen für die Komorbidität von ADHS und Sucht erheblich sowohl für die einzelnen Substanzen als auch im Ländervergleich.

4 Klinik, Verlauf und Prognose der ADHS

Die ADHS zählt zu den neurobiologischen Störungen mit frühem Beginn. Noch immer existieren keine standardisierten Test-, bildgebende oder sonstige Verfahren bzw. Biomarker, um eine ADHS valide messen zu können. Somit erfolgt die Diagnose einer ADHS nach wie vor klinisch orientiert, wobei die Symptome in nationalen und internationalen Leitlinien und Manualen für jedes Lebensalter umfassend definiert sind.

Meist fallen betroffene Kinder bereits im Säuglings- oder Kleinkindalter z. B. durch vermehrtes Schreien oder Weinen sowie Schlaf- oder Fütterstörungen auf. Die Kinder sind leicht irritierbar und können häufig nur mit Mühe beruhigt werden. Die Symptome sind anfangs noch unspezifisch, weshalb die Diagnose einer ADHS meist nicht vor dem fünften oder sechsten Lebensjahr gestellt werden kann. Schließlich bildet sich das Vollbild einer ADHS in mehr als der Hälfte der Fälle bis zum 7., in 93 % bis zum 12. und in 98 % bis zum 16. Lebensjahr aus (Barkley 2006). Damit die Diagnose der ADHS gestellt werden kann, müssen die Verhaltensauffälligkeiten und Beeinträchtigungen im Altersvergleich erheblich sein und mehrere Lebensbereiche betreffen (Langberg et al. 2008).

In Europa werden Störungen nach dem diagnostischen Manual ICD (Internationale Klassifikation der Krankheiten) eingeteilt, während im amerikanischen Sprachraum das diagnostische Manual DSM Anwendung findet. Nach dem klinischen Erscheinungsbild sind gemäß DSM drei Subtypen der ADHS klassifiziert: ein primär aufmerksamkeitsgestörter Subtyp, ein primär hyperaktiv-impulsiver Subtyp und der gemischte Typ (▶ Kap. 7). In der ICD wurde bis zur 10. Überarbeitung nur der gemischte Typ als ADHS anerkannt, was eine einheitliche Forschung auf diesem Gebiet erheblich erschwert hat, da eine Subtypenanalysen nur im DSM geläufig war. Mittlerweile werden auch in Europa zunehmend klinisch orientierte Ergebnisse an Subtypen der ADHS veröffentlicht, was den Vergleich vereinfacht und eine differenzierte Entwicklung von therapeutischen Ansätzen auch über die Ländergrenzen hinweg erleichtert.

Im klinischen Alltag ist längst bekannt, dass nicht alle Hauptsymptome der ADHS gleich stark ausgeprägt sind. Beispielsweise werden im Schulalltag motorisch überaktive Kinder häufiger bzw. früher mit ADHS diagnostiziert, da sie im Vergleich zu aufmerksamkeitsgestörten Kindern durch ihr störendes Verhalten eher auffallen. Liegt der Schwerpunkt der Störung bei der Aufmerksamkeitsstörung, so sind dies meist die »Träumerchen« mit mangelnden Schulleistungen und Leistungsversagen, was nicht immer sofort mit einer ADHS in Verbindung gebracht wird. Während die Hyperaktivität mit zunehmendem Alter abnimmt bzw. als eine innere Unruhe oder Fahrigkeit bestehen bleibt, zeigt sich die Aufmerksamkeitsstörung bzw. die Ablenkbarkeit häufig auch in fortgeschrittenem Alter in gleicher oder sogar zunehmender Intensität (Pingault et al. 2011). Als chronische, bis ins Erwachsenenalter persistierende Störung hinterlässt die ADHS Spuren im Entwicklungsverlauf mit funktionellen Beeinträchtigungen in der Schule, in der Ausbildung, im Beruf, aber auch im Kontakt zu Gleichaltrigen, in der Familie und in Paarbeziehungen. In der Schule kommt es zu Leistungsversagen mit fehlenden Abschlüssen oder Schulverweisen. Im Beruf sind Verwarnungen wegen Unpünktlichkeit oder mangelnder Leistungen nicht selten. Und im sozialen Kontext treten bei ADHS häufig Beziehungsabbrüche sowie wechselnde Paarbeziehungen auf (Barkley et al. 2008).

> Manuela erscheint sehr verzweifelt in der ambulanten Sprechstunde. Sie hat vor ca. einem halben Jahr ihren Job als Sachbearbeiterin verloren. Das hat sie so sehr in eine Selbstwertkrise getrieben, dass sie seither kaum noch das Haus verlässt. Sie hat Angst davor, ihren Freundinnen zu begegnen und ihnen erzählen zu müssen, dass sie arbeitslos ist. Es erschient ihr, dass ihr Leben mit 24 Jahren nach ewigen Anstrengungen nun doch gescheitert wäre.

Egal, was sie anfange, es gelinge ihr nicht oder nur unter großen Anstrengungen. Termine könne sie nur mit Mühe einhalten und oft sei sie am Arbeitsplatz verwarnt worden, weil sie zu spät gekommen war. Sie strenge sich so sehr an, pünktlich zu sein. Aber irgendwie schaffe sie es nicht. Auch die Bewältigung der Arbeitsaufgaben gelinge ihr nur mit Mühe. So habe sie in der Schule schon meist doppelt so lange wie ihre Mitschülerinnen für die Bewältigung einer Aufgabe benötigt. Bereits damals sei sie belächelt worden als die Träumerin. Aber sie erlebe sich gar nicht als Träumerin. Manchmal werde sie abgelenkt durch einen einschießenden Gedanken. Aber oft sitze sie nur da und könne gar nicht denken, sei wie blockiert. Eine Unterstützung habe sie nie erlebt. Freunde und Freundinnen hätten sich zunehmend von ihr distanziert. Sie sei diesen zu unzuverlässig. Einmal wegen ihrer Unpünktlichkeit, andererseits aber auch, weil sie Termine häufig kurzfristig abgesagt habe. Auch passe sie nicht in die Gruppe, weil sie den anderen sehr laut und polternd ins Wort gefallen sei. Irgendwie gelinge es ihr nicht, sich zurückzuhalten, obwohl sie wisse, dass das den anderen Menschen nicht gefalle. Es sei ihr immer wichtig gewesen, zumindest nach außen den Anschein von Normalität zu wahren. Mit der Kündigung sei dies nun kaum noch möglich. Sie schäme sich vor ihren Freundinnen. Da sie nicht mehr gemeinsam ausgehen, hätten sich viele zurückgezogen. Auch der Partner habe sie nun verlassen. Sie habe sich tagelang bei ihm nicht melden können. Dafür habe er kein Verständnis zeigen können. Manuela ist verzweifelt. Sie möchte gern dazugehören und so sein wie die anderen. Aber immer wieder merke sie, dass ihr das, was sie habe, wie Sand zwischen den Fingern zerrinne und am Ende verloren gehe.

4.1 Symptome der ADHS in der Kindheit

Im Folgenden werden die klinischen Hauptsymptome der ADHS in der Kindheit aufgeführt.

Aufmerksamkeitsstörung

- Einzelheiten werden nicht beachtet, Flüchtigkeitsfehler werden gemacht
- Aufmerksamkeit kann nicht über längere Zeit aufrechterhalten werden
- leichte Ablenkbarkeit
- Kind scheint nicht zuzuhören
- Dinge werden nicht beendet
- Abneigung gegen lang dauernde geistige Tätigkeiten
- Aufgaben können nur schwer organisiert werden
- wichtige Dinge werden verloren
- Vergesslichkeit

Hyperaktivität

- Kind zappelt und springt häufig herum
- Kind steht häufig auf, wo Sitzenbleiben erwartet wird
- Kind läuft häufig herum oder klettert exzessiv
- Kind hat Schwierigkeiten, ruhig zu spielen
- Kind ist häufig auf Achse und handelt wie »getrieben«
- Kind redet häufig übermäßig viel

Impulsivität

- Kind platzt häufig mit Antworten heraus, bevor die Frage zu Ende gestellt ist
- Kind kann schwer warten, bis es an der Reihe ist
- Kind unterbricht oder stört andere

Sowohl die europäische ICD als auch das überarbeitete amerikanische DSM halten an diesen 18 Kriterien fest. Während nach ICD-10 für die Diagnosestellung sechs oder mehr der Symptome der Hyperaktivität/Impulsivität und der Aufmerksamkeitsstörung über mindestens sechs Monate bestehen müssen, wurde die Anzahl der Kriterien nach DSM-5 für Betroffene ab dem 17. Lebensjahr auf fünf Kriterien reduziert. Die Verhaltenseigenschaften gelten dann als symptomatisch, wenn sie auffällig sind, d.h., vom Entwicklungsstand gleichaltriger Kinder erheblich abweichen und nicht ausschließlich auf oppositionelles Verhalten zurückführbar sind. Das Alter für die Erstmanifestation der ADHS wurde im DSM-5 vom 7. auf das 12. Lebensjahr angehoben, d.h., die Diagnose einer ADHS kann gestellt werden, wenn die Symptome ab diesem Alter nachweisbar sind. Es erfordert eine sorgfältige Anamneseerhebung, um die Symptome in ihrer Ausprägung und in ihrer Abweichung zum Normverhalten beurteilen zu können. Letztlich wird die Gesamtbeurteilung des Entwicklungsverlaufs in allen Lebensfeldern des Kindes darüber entscheiden, ob die Diagnose der ADHS zutrifft oder nicht. Wenn möglich, werden Eltern und nahe Bezugspersonen sowie Lehrer einbezogen.

4.2 Symptome der ADHS in der Adoleszenz und im Erwachsenenalter

Eine wesentliche Besonderheit bei der ADHS ist, dass die Symptome im Erwachsenenalter nicht neu auftreten können. Untersuchungen an Erwachsenen müssen deshalb immer die Kindheit einbeziehen. Klinische Erfahrungen und zahlreiche Untersuchungen belegen, dass die Symptome in mehr oder weniger starker Ausprägung in bis zu zwei Drittel der Betroffenen über die Adoleszenz bis ins Erwachsenenalter weiter bestehen (Wilens et al. 2010). Dabei bilden sich die hyperaktiven Verhaltensweisen eher zurück als die Beeinträchtigungen der Aufmerksamkeit (Martel et al. 2012). Meist persistieren auch die Impulsivität und die mangelnde Spannungs- und Emotionsregulation. So treten im Erwachsenenalter häufig auch Stimmungsschwankungen stärker in den Vordergrund.

> Michael leidet an einer ausgeprägten motorischen Unruhe. Als Kind konnte er nicht stillsitzen, musste ständig aufstehen und herumlaufen. Das hat ihm häufig den Ärger der Lehrer oder der Eltern eingebracht. Mit etwa 12 Jahren hat er das Rauchen angefangen. Es machte ihn innerlich ruhiger und außerdem konnte er immer mal wieder zu den Raucherpausen verschwinden. Heute, im Alter von 34 Jahren, ist er Projektleiter in einem großen Betrieb und sehr angesehen. Die innere Unruhe besteht weiterhin. Oft wird er darauf angesprochen, dass er mit dem Bein wippt oder mit dem Kugelschreiber spielt. Das sind Verhaltensweisen, die ihm gar nicht mehr auffallen. Manchmal muss er noch aufstehen und beim Herumlaufen sprechen. Als Erwachsener hat er gelernt, diese Verhaltensweisen nur zu zeigen, wenn es in einem Meeting passt oder sonst niemanden stört. Und dann sind da ja auch immer noch die Raucherpausen. Am Abend freut er sich auf die ausgedehnten Fahrradtouren oder auf das Badminton. Wenn er sich da so richtig ausgepowert hat, war es ein guter Tag.

Wie alle Menschen sind auch Betroffene mit ADHS im Entwicklungsverlauf bemüht, sich an ihr soziales Umfeld anzupassen. Dort, wo es gut gelingt, sind die Symptome der ADHS nach außen nicht mehr so eindeutig sichtbar. Innerlich bleibt die Symptomatik häufig weiterhin bestehen. So ist der Auslöser für die motorische Hyperaktivität eine innere Unruhe. Die Betroffenen mit ADHS kommen nicht zur Ruhe, fühlen sich schnell gelangweilt und sind wie angetrieben, stets etwas tun zu müssen. Diese Unruhe kann nur mit Mühe unterdrückt werden. Nicht selten entwickeln Erwachsene mit ADHS Anpassungs- oder Copingstrategien im sozialen Miteinander. Manchmal wird exzessiv Sport getrieben oder es sind mehr oder

4.2 Symptome der ADHS in der Adoleszenz und im Erwachsenenalter

weniger subtile Verhaltensweisen vorhanden, wie das Wippen der Füße, das Bewegen der Hände oder das Spielen mit einem Kugelschreiber, um dem inneren Gefühl von Unruhe oder Gehetztsein entgegenzuwirken. Andererseits führt auch z. B. das Rauchen über eine Aktivierung des sogenannten Belohnungssystems im Gehirn zu einer Verbesserung der inneren Ruhe und Konzentration. Für den Verlauf und die Prognose bedeutet dies, dass es wichtig ist, neben der Bewertung der äußerlich sichtbaren auffälligen Verhaltensweisen auch stets die innere Befindlichkeit zu erfragen bzw. die bereits erfolgten und die möglichen Anpassungsleistungen zu erfassen.

Analog zur standardisierten Erfassung der Symptome der ADHS in der Kindheit wurden für das Erwachsenenalter die Wender-Utah-Kriterien entwickelt (Ebert et al. 2003):

1. Aufmerksamkeitsstörung, z. B.
    a. mangelnde Fähigkeit, Gesprächen aufmerksam zu folgen
    b. erhöhte Ablenkbarkeit durch innere (ablenkende Gedanken) oder äußere Reize
    c. Schwierigkeiten, sich auf schriftliche Texte oder Arbeitsaufgaben konzentrieren zu können
    d. Vergesslichkeit bezüglich wichtiger Utensilien (z. B. werden Schlüssel, Brillen, Handys etc. häufig verlegt oder verloren)
2. Hyperaktivität, z. B.
    a. innere Unruhe, die sich in einer motorischen Unruhe oder auch in ständigen Gedankenschleifen äußern kann (»die Gedanken stehen nie still«)
    b. mangelnde Fähigkeit, sich zu entspannen oder sitzende Tätigkeiten auszuüben
    c. dysphorische Stimmungslage bei Inaktivität (an freien Tagen oder wenn keine äußeren Strukturen vorgegeben sind, macht man »irgendetwas oder nichts« und eben dieses »irgendetwas machen« führt am Ende des Tages zur Unzufriedenheit bzw. »Dysphorie«, weil man die Dinge nicht zu Ende gebracht bzw. nicht strukturiert abgearbeitet hat)

Neben den Bereichen 1. und 2. müssen nach den Wender-Utah-Kriterien noch mindestens zwei der folgenden Kriterienbereiche zutreffen:

3. Impulsivität, z. B.
   a. Ungeduld
   b. andere werden im Gespräch unterbrochen bzw. Sätze von anderen werden zu Ende geführt
   c. impulsiv ablaufende Einkäufe
   d. verringerte Fähigkeit, Handlungen im Verlauf zu verzögern oder Belohnungen aufzuschieben
4. Affektlabilität, z. B.
   a. ausgeprägte Stimmungsschwankungen, z. T. »von himmelhoch jauchzend bis zu Tode betrübt« im Tagesverlauf
5. Gestörte Affektkontrolle, z. B.
   a. mangelnde Fähigkeit, den Wechsel der Stimmungen zu beeinflussen, erhöhte Reizbarkeit
   b. kurzfristiges Absagen von Verabredungen
6. Emotionale Überreagibilität, z. B.
   a. schnelle Begeisterung für neue Themen
   b. schnelles Nachlassen der Begeisterung bei Routinetätigkeit und Gefühle von Langeweile oder Unzufriedenheit
   c. Gefühle von Verzweiflung und Hilflosigkeit bei Situationsänderungen bzw. Unvorhergesehenem
7. Desorganisiertes Verhalten, z. B.
   a. mangelnde Fähigkeit, zu planen oder Ordnung zu halten
   b. planloses Bearbeiten von Projekten, unsystematische Wechsel von einer Aufgabe zur nächsten, Aufgaben werden nicht zu Ende gebracht
   c. Termine bzw. Fristen werden nicht eingehalten

In den Wender-Utah-Kriterien werden die kognitiven Einschränkungen der Erwachsenen mit ADHS weniger gut erfasst. Dies betrifft besonders Beeinträchtigungen in der Bewertung von Handlungsergebnissen und der daraus abgeleiteten Selbstkorrektur, welche mit

4.2 Symptome der ADHS in der Adoleszenz und im Erwachsenenalter

Zielen, Erfahrungsinhalten und anderen höheren kognitiven Prozessen zusammenhängen. Dies führt dazu, dass Erwachsene mit ADHS insgesamt eingeschränkt imstande sind, ihr Verhalten an wechselnde Situationen anzupassen. So gesellen sich zu den Hauptsymptomen noch zahlreiche weitere Auffälligkeiten in den unterschiedlichen Lebensbereichen.

Beispielsweise sind ADHS-Betroffene im Straßenverkehr häufiger in Unfällen verwickelt, zeigen Fahrfehler, sind unsicherer beim Fahren, fahren dennoch risikobereiter und schätzen die Dichte des Verkehrs und die Geschwindigkeiten der Verkehrsteilnehmer schlechter ein als Menschen ohne ADHS (Fuermaier et al. 2017). Zahlreiche Studien haben gezeigt, dass die medikamentöse Behandlung mit Stimulanzien zu einer deutlichen Verbesserung der Fahrleistungen insbesondere im jungen Erwachsenenalter führt (Gobbo et al. 2014).

Die erhöhte Impulsivität bei ADHS trägt zu einer generell erhöhten Risikobereitschaft bei, z.B. in Form von riskanten bzw. promiskuitiven sexuellen Verhaltensweisen, dem bereits erwähnten Fahren mit hohen Geschwindigkeiten sowie zu einer erhöhten Experimentierfreude mit Drogen (Barkley et al. 2008). ADHS-Betroffenen aller Altersstufen fällt es gleichermaßen schwer, aus der Fülle der Informationen das Relevante auszuwählen und die daraus abgeleiteten Entscheidungen zu treffen. Zu vieles stürmt auf sie ein und Belohnungserwartungen können nur mit Mühe aufgeschoben werden. Das Leben spielt sich »im Hier und Jetzt« ab. Die aktuellen Gefühle entscheiden darüber, worauf die Aufmerksamkeit im Moment gerichtet wird. Dadurch erscheinen die Betroffenen zwar präsent und fokussiert, handeln aber zugleich wenig vorhersehbar und ohne Planung. Somit wirken Erwachsene mit ADHS zuweilen ziellos bzw. »kopflos« und unzuverlässig, da sie sich ungesteuert dem zuwenden, was sie motiviert oder ihnen gerade in den Sinn gekommen ist. Diese Symptome sind auf die mangelnde Affektkontrolle und die affektive Labilität zurückzuführen. Je nach Anpassungsleistung zeigen Erwachsene mit ADHS unterschiedliche Ausprägungen der Symptome. Während die einen sich als begeisterungsfähige und vielseitig interessierte, kreative Menschen wahrnehmen, leiden die anderen unter der eingeschränkten Emotionsregulation und reagieren z.b. mit Verzweiflung, Angst und Depression oder Rückzug. Behandelt wird nicht per se das »ADHS-Gehirn«, sondern vielmehr die von den Betroffenen wahrgenommen Leiden, wenn ihre Copingstrategien versagen und sie in ihrem Lebenskontext nicht mehr ausreichend leistungs- und funktionsfähig sein sowie zufrieden leben können.

In der folgenden Analogie vom »ausgetretenen Pfad« sollen die lebenslang erfolgenden Anpassungsleistungen vom Gehirn sowie die Abweichungen bei ADHS verdeutlicht werden.

Analogie vom »ausgetretenen Pfad«
Im Verlauf der menschlichen Entwicklung werden erlernte Prozessabläufe vom Gehirn in automatisierter Form gesteuert. Dieser Vorgang ist vergleichbar mit einem Pfad, der, wenn er wiederholt gegangen wird, ausgetreten und leicht begehbar ist. Man weiß, was einen erwartet und muss nicht alles neu erkunden. Trotzdem müssen beim Begehen des Pfades ständig Zusatzinformationen aufgenommen und verarbeitet werden, z.b., ob sich noch andere Passanten auf dem Weg befinden oder ob von hinten ein Fahrradfahrer naht und man ausweichen muss. Somit kommt es zu situationsbedingten Anpassungen. Darüber hinaus kann es sein, dass am Wegesrand eine Vogelfamilie ihr Nest gebaut hat und Ruhe zum Brüten benötigt. Dies trägt beim aufmerksamen Wanderer dazu bei, dass er beim Begehen des Weges einen größeren Bogen um das Nest einplant und somit der Weg leicht verändert wird. An der Metapher vom »ausgetretenen Pfad« wird deutlich, dass das Gehirn über Mechanismen verfügt, die es ermöglichen, kurz- und mittelfristig erlernte und automatisierte Prozessabläufe anzupassen. Bei Betroffenen mit ADHS reagieren die Gehirne »zu schnell« im einmal erlernten Modus. Die Zusatzinformationen werden entweder gar nicht wahrgenommen oder, wenn sie wahrgenommen werden, sind die Betroffenen mit ADHS beein-

4.2 Symptome der ADHS in der Adoleszenz und im Erwachsenenalter

trächtigt, den erlernten automatisch ablaufenden Prozess an die situativen Erfordernisse anzupassen.

Rosaline hat immer wieder Mühe, morgens rechtzeitig am Arbeitsplatz zu sein. Sie steht rechtzeitig auf und beginnt mit der Morgentoilette, die ihr sehr wichtig ist. Dabei fallen ihr immer wieder Dinge ein, die sie ablenken und die sie noch schnell dazwischenschiebt. Statt dann wieder zügig zu ihrer Aktivität zurückzukehren, beendet sie erst andere Dinge und denkt: »Es wird schon reichen.« Aber jedes Mal wird sie eines Besseren belehrt. Häufig schafft sie es nur mit Mühe, den Bus zum Arbeitsplatz zu erreichen. Ein paar Mal ist sie schon zu spät gekommen. Nachdem ihr Vorgesetzter sie abmahnte, hat Rosaline alles daran gesetzt, pünktlich zu sein. Aber immer wieder ließ sie sich ablenken. Schließlich musste sie ein paar Mal ein Taxi rufen, hat es aber doch nicht immer rechtzeitig zur Arbeit geschafft. Das Ganze hat sich über Monate hingezogen, bis Rosaline schließlich die Kündigung erhielt. Sie litt sehr unter der Situation, hat sie sich doch stets bemüht, rechtzeitig am Arbeitsplatz zu sein. Aber irgendwie hat sie es nicht geschafft. Es war wie ein Schicksal, das sie immer wieder eingeholt hat. Es gelang ihr nicht, ihr Verhalten anzupassen und die ablenkenden Aktivitäten zu unterdrücken. Erst ein gezieltes Training befähigte sie, die Disziplin aufzubringen, sich nicht ablenken zu lassen und vor allem die Fehlannahme zu stoppen, es würde schon klappen.

ADHS-Betroffene verfügen in der Regel über eine hohe Sensitivität, jedoch haben sie häufig kein gutes Gespür für die Lautstärke ihrer Stimme oder für die Kraft, mit der sie Türen oder Schränke zumachen oder andere Menschen berühren. Auch drängen sie sich vor, fallen anderen ins Wort und beachten kaum grenzsetzende Signale, wenn sie ihre Meinung zu Themen äußern. Die geringe Reizfilterung kann im sozialen Miteinander dazu beitragen, dass kleinste Änderungen in Mimik, Gestik oder Körperhaltung registriert werden, jedoch sind

ADHS-Betroffene selten in der Lage, derartige Signale korrekt zu interpretieren. Oft nehmen sie etwas am anderen hypersensitiv wahr, spüren, dass irgendetwas nicht stimmt, müssen dies jedoch auf sich selbst beziehen mit Fragen wie z. B.:»Habe ich etwas falsch gemacht?«. Auch werden Menschen mit ADHS häufig schnell von den auf sie einwirkenden Reizen überflutet und neigen dazu, Treffen kurzfristig abzusagen oder Aktivitäten mit Menschenansammlungen, wie z. B. Konzertbesuche oder große Einkaufszentren, ganz zu vermeiden und sich zurückzuziehen. In der Folge sind Betroffene mit ADHS nicht so gut in das Gruppenleben ihrer Peers integriert und fühlen sich ausgegrenzt. So können bei Adoleszenten mit ADHS häufiger Störungen im Sozialverhalten nachgewiesen werden im Vergleich zu Gleichaltrigen ohne ADHS (Fosco et al. 2015). Andererseits reagieren Jugendliche und Adoleszente mit ADHS häufig sehr positiv auf Zuwendungen von einzelnen Personen, z. B. Lehrer oder Vorgesetzte. Sie zeigen sich dann motiviert, zuweilen sogar übermotiviert, können Termine einhalten und ihre Leistungen steigern. Dies verdeutlicht, dass für den Verlauf der ADHS nicht nur die Förderung der emotionalen Steuerungsfähigkeit und Impulsinhibition, sondern auch unterstützende Sozialkontakte von großer Bedeutung sind.

Im Alltag erscheinen Betroffene mit ADHS häufig zu spät zum Unterricht oder zur Arbeit. Sie haben Mühe, Aufgaben fristgerecht zu erledigen und verlieren sich in Details. Darüber hinaus reagieren sie bei Routinearbeiten häufig gelangweilt, was sich sowohl emotional als auch in schlechten Leistungen ausdrückt. Bei monotonen Aufgaben oder Verwaltungstätigkeiten sind sie leicht ablenkbar und chaotisch. Sie haben Mühe, Prioritäten umzusetzen und Entscheidungen zu treffen. Das trägt dazu bei, dass sie wesentlich länger für die Erledigung einer Aufgabe benötigen als Menschen ohne ADHS. Da Betroffene mit ADHS immer wieder in der Erfüllung ihrer Aufgaben scheitern und entsprechendes Feedback aus ihrer Umgebung erhalten, sinken auch ihr Selbstwert sowie die Motivation und Zuversicht, ein »normales Leben« führen zu können. So entwickeln sie im Laufe

4.2 Symptome der ADHS in der Adoleszenz und im Erwachsenenalter

des Lebens nicht selten Resignation, Hoffnungslosigkeit, Ängste und Depressionen.

Bettina war schon als Kind eine Träumerin. Unter großem Druck und mit viel Mühe hatte sie ihren Abschluss und ein Studium geschafft. Dabei war sie schon im Verruf, eine ewige Studentin zu bleiben, weil sie fast doppelt so lange bis zum Abschluss gebraucht hatte wie die anderen. Heute, mit 48 Jahren, arbeitet sie seit fünf Jahren am gleichen Arbeitsplatz. Oft hat sie Mühe, sich zu konzentrieren. Besonders, wenn die Arbeit sehr gleichförmig wird, leidet sie viel früher unter Langeweile als ihre Kollegen. Der Betrieb ermöglicht ihr gleitende Arbeitszeiten, was Bettina sehr schätzt. Wenn es sehr schlimm wird mit der Langeweile, dann macht sie ein oder zwei Stunden Pause und geht in die Stadt. Dort kauft sie sich etwas oder schaut nur die Auslagen in den Geschäften an. Leider ist das mit dem Kaufen nicht immer eine gute Idee, weil es das Budget schmälert. Wenn eine verlängerte Pause mal nicht möglich ist, geht sie ins Internet und spielte eine kurze Runde eines Strategiespiels. Manchmal vergisst sie dann die Zeit und wenn sie sich wieder ihrer Arbeit zuwendet, hat sie ein schlechtes Gewissen. Ihr Chef hat sie schon einige Male zum Gespräch gebeten und sie gefragt, ob ihr die Arbeit keinen Spaß mache. Aber es ist ja nicht die fehlende Freude an der Arbeit. Bettina braucht zwischendurch immer wieder eine Abwechslung, um ihre Aufgaben erledigen zu können. Leider hat sie dadurch schon einige »Minusstunden« angesammelt. Es fällt ihr schwer, diese abzubauen. Immer wieder nimmt sie sich vor, konzentriert zu arbeiten. Aber es will nicht gelingen. Leider förderte dies auch eine depressive Entwicklung. Bettina macht sich Vorwürfe, hat das Gefühl, schlechter zu sein als die Kollegen, und oft ertappt sie sich dabei, dass sie denkt, es gelinge ihr sowieso nichts und sie sei zu dumm für diesen Job. Dann muss sie weinen und möchte am liebsten weglaufen. Wenn dann doch etwas gelingt, ist die Stimmung wieder bestens und alles Grübeln ist schnell vergessen. Bettina fühlt sich diesen Stimmungsschwankungen hilflos ausgeliefert, wie ein Spielball der Geschehnisse, ohne Möglichkeit, ihre Stimmungswechsel steuern zu können. Und so fängt sie jeden Morgen wieder neu an, ohne zu wissen, was ihr der Tag bringen wird. Abends dient ihr der Alkohol dazu, sich zu beruhigen und einschlafen zu können. Tagsüber freut sie sich schon auf den abendlichen Konsum, der wie selbstverständlich in ihren Alltag eingebaut ist. Das ist die einzige Möglichkeit, zumindest für ein paar Stunden abschalten zu können.

Die ADHS im Erwachsenenalter zeichnet sich neben den bereits genannten Symptomen auch durch eine ausgeprägte Affektlabilität mit Wechsel zwischen neutraler, niedergeschlagener und gehobener Stimmungslage aus. Oft wechseln die Stimmungen innerhalb von Stunden, was differenzialdiagnostisch gegen manisch-depressive Erkrankungen abgegrenzt werden muss. Für die Entwicklung der Störungen im Sozialverhalten soll insbesondere die mangelnde Kontrolle über die Stimmungen verantwortlich sein (Bunford et al. 2015). Die eingeschränkte Fähigkeit, alltägliche Stressoren ausreichend zu bewältigen, bzw. eine reduzierte Stresstoleranz und die erhöhte Impulsivität tragen dazu bei, dass es zum Teil aus geringem Anlass zu Reizbarkeit oder Wutausbrüchen kommt.

Merke
Die Symptome der Erwachsenen mit ADHS sind insgesamt komplex und umfassen Denken, Fühlen und Verhalten der Betroffenen. Sie wirken chaotisch und desorganisiert infolge der mangelnden Planung und Organisation. ADHS-Betroffene haben Mühe, sich zu motivieren und Aufgaben fristgerecht zu beenden. Dies führt zu Misserfolgen und zum Scheitern in der sozialen Gemeinschaft. Fehlende Schul- oder Berufsabschlüsse sowie Isolation tragen zusätzlich dazu bei, dass neben den Hauptsymptomen der ADHS auch Beeinträchtigungen in der Persönlichkeitsentwicklung und im Selbstwert auftreten. So unterstützen sich die Symptome der ADHS und die negativen Erfahrungen wechselseitig im Sinne von

> dysfunktionalen Schleifen, was das Auftreten weiterer psychischer Störungen begünstigt.

4.3 ADHS und weitere psychische Störungen

Neurobiologische Veränderungen im Gehirnstoffwechsel und in der Hirnarchitektur tragen sowohl zu den Symptomen der ADHS als auch zu zahlreichen weiteren Störungsbildern bei (Gold et al. 2014). In der Kindheit ist die ADHS häufig mit oppositionellem Verhalten und Autismus-Spektrum-Störungen und im Erwachsenenalter häufig mit affektiven Störungen und Sucht assoziiert (Rommelse et al. 2010). So wurden 2023 bei einer Metaanalyse von neun Studien beim Vergleich von Erwachsenen mit (n = 550.748) und ohne (n = 14.546.814) ADHS gepoolte Wahrscheinlichkeiten von 5.0 für das gleichzeitige Auftreten von ADHS und Angststörung, von 4.5 für das gleichzeitige Auftreten von ADHS und Depression, von 8.7 für das gleichzeitige Auftreten von ADHS und bipolarer Störung sowie von 4.6 für das gleichzeitige Auftreten von ADHS und Sucht ermittelt (Hartmann et al. 2023). Eine Wahrscheinlichkeit mit dem Faktor 1 bedeutet, dass die komorbiden Störungen wie Angst, Depression etc. in der Allgemeinbevölkerung genauso häufig vorkommen wie in der Gruppe der ADHS-Betroffenen. Insgesamt war der aufmerksamkeitsgestörte Subtyp der ADHS häufiger mit depressiven Episoden und der hyperaktiv-impulsive Subtyp häufiger mit hypomanischen Episoden oder antisozialer Persönlichkeitsstörung vergesellschaftet (van de Glind et al. 2014).

Die Zusammenhänge für das gemeinsame Auftreten von ADHS und anderen psychischen Erkrankungen sind im Detail nicht geklärt. Es wird ein Zusammenspielen von genetischen, epigenetischen und umweltbedingten Faktoren angenommen. So ergaben genomweite Assoziationsuntersuchungen Hinweise auf geteilte, gleiche genetische Veränderungen bei ADHS und einigen komorbiden Störungen (Smoller et al. 2019), was in bildgebenden Studien bestätigt wurde, indem man ähnliche strukturelle Hirnveränderungen sowohl bei ADHS als auch zeitgleich auftretenden psychischen Störungen gefunden hat (Radonjic et al. 2021).

Da sich die ADHS sehr früh manifestiert, stellt sie einen Risikofaktor für die Entwicklung und den Verlauf der meisten anderen psychischen Störungen dar, die selten vor der späten Kindheit oder Adoleszenz auftreten. Bedeutsam sind vor allem die Schwere und die Persistenz der ADHS-Symptome über die Adoleszenz hinaus, da dies eine kontinuierliche Belastung infolge funktioneller Beeinträchtigungen im Alltag und Beruf sowie negative Auswirkungen auf die Sozialkontakte und die Lebensqualität darstellt. Treten zeitgleich weitere Störungen auf, so entwickeln sich nicht selten ungünstige Wechselwirkungen, die die Aufrechterhaltung der jeweils anderen Störung begünstigen können (Spencer et al. 2016; Weber et al. 2011). Dabei wird die Entwicklung einer Abhängigkeit unter anderem als Form einer fehlgeleiteten Selbstmedikation verstanden, um die Symptome der ADHS zu lindern. Manche Symptome sind gleichzeitig als Hauptsymptome von ADHS und einer anderen psychischen Störung nachweisbar, wie beispielsweise Impulsivität bei ADHS und Borderline-Persönlichkeitsstörungen oder ausgeprägte Stimmungsschwankungen bei ADHS und bipolaren Störungen. Insgesamt gilt es, die Komplexität aller Symptome und deren zeitlichen Verlauf zu erfassen, um die einzelnen Symptomkomplexe besser voneinander abgrenzen zu können. Schließlich kann eine Person sowohl an einer ADHS als auch an einer bipolaren Störung oder einer Depression gleichzeitig leiden. Liegen mehrere psychische Störungsbilder vor, so werden in der Regel zuerst diejenigen Symptome behandelt, unter denen die Betroffenen am meisten leiden.

Eine frühzeitige Behandlung der ADHS lohnt sich in jedem Lebensalter und stellt eine Prävention zur Verhinderung von schweren Beeinträchtigungen und Folgestörungen dar. So ergaben Untersuchungen an unbehandelten Erwachsenen mit ADHS, dass diese auch jenseits des 50. Lebensjahres häufiger als Gleichaltrige ohne ADHS unter Störungen des Selbstbewusstseins und der Selbstkontrolle litten sowie häufiger allein lebten, arbeitslos waren, weniger soziale und familiäre Kontakte aufwiesen und eine geringere Lebensqualität zeigten (Torgersen et al. 2016).

4.4 ADHS und Schlaf

Schlafstörungen treten bei ADHS-Betroffenen in jedem Lebensalter gehäuft auf (Ahlberg et al. 2023). Während 20 bis 40 % der Kinder und Jugendlichen ohne ADHS Schlafstörungen zeigen, steigen die Zahlen bei ADHS-Betroffenen auf 25 bis 73 % (Gonzalez-Safont et al. 2023). Neben der Tagesmüdigkeit und einem veränderten Tag-Nacht-Rhythmus bestehen vor allem Einschlafstörungen.

Auch bei Erwachsenen mit ADHS treten in über 60 % Schlafstörungen auf (Valsecchi et al. 2022). Nach einer großen schwedischen Geburtsregisterstudie mit über sechs Mio. Teilnehmenden zeigte die Gruppe der ADHS-Betroffenen über die Altersstufen zwischen fünf und 60 Jahren ein achtfach erhöhtes Risiko, an Schlafstörungen zu erkranken (Ahlberg et al. 2023). Auch bei den Erwachsenen spielen Einschlafstörungen (2–3-fach erhöht) und erhöhte Tagesmüdigkeit (3-fach erhöht) bis zu Zuständen von Narkolepsie eine große Rolle. Es finden sich aber auch erhöhte Raten an Schlafapnoe (3–6-fach erhöht), Restless-Legs-Syndrom (RLS) und periodische Beinbewegungen (periodic limb movement syndrome, PLMS), die, wenn sie nachts auftreten, das Durchschlafen behindern können. Nach einem systematischen Übersichtsartikel und einer Metaanalyse von 208 Studien ist insbesondere das RLS bei ADHS häufig vertreten und wurde bei Erwachsenen in 20 bis 33 % und bei Kindern in 11 bis 42,9 % gefunden, während dieses Phänomen zur gleichen Zeit in der Allgemeinbevölkerung zwischen 2,6 und 15,3 % auftrat (Migueis et al. 2023). Ebenso sind zirkadiane Rhythmusstörungen und Schlafphasenverlagerungen beschrieben. Neurobiologisch findet man die bei ADHS typischen

Aktivitätsbeeinträchtigungen im Präfrontalen Cortex auch bei Schlafstörungen. Ein gestörter Schlaf kann darüber hinaus zu erhöhten oxidativen Stressphänomenen und über Störungen der kognitiven Funktionen zu Beeinträchtigungen der Exekutivfunktionen und der Impulskontrolle beitragen. Auch ist hinlänglich bekannt, dass eine verkürzte Schlafdauer ebenso kognitive Probleme verursachen kann wie eine Tagesmüdigkeit bzw. fragmentiertes Schlafverhalten. So verwundert es nicht, dass sich insgesamt die ADHS-Symptome und Schlafstörungen wechselseitig negativ beeinflussen. Darüber hinaus treten bei Schlafstörungen auch häufiger psychische Störungen wie Ängste und Depressionen auf und das Risiko für Stoffwechselstörungen, z. B. Diabetes mellitus, Adipositas oder Herzerkrankungen, steigt.

Ein- und Durchschlafstörungen traten nach einer Metaanalyse von 1.126 Studien bei ADHS in etwa 60 % auf (Lugo et al. 2020). Die Einschlaflatenz, d. h. die Zeit bis zum Schlafbeginn, sollte zwischen 5 und 30 Minuten liegen. Bei ADHS werden verkürzte Einschlaflatenzen unter 5 Minuten mit einem sogenannten Erschöpfungseinschlafen in Verbindung gebracht, wenn das Gehirn tagsüber infolge der Verarbeitung zu großer Reizmengen überlastet ist. Andererseits ist bei ADHS eine Einschlaflatenz über 30 Minuten auch nicht selten. Dies ist meist durch eine mangelnde Kontrolle kreisender Gedanken bedingt. Betroffene berichten, dass die »Gedanken rasen, sobald das Licht ausgeht«. Der »Körper« sei »müde«, das »Gehirn« sei »wach«.

Bei den *Schlafphasenverlagerungen (delayed sleep phase syndrom, DSPS)* stellt sich der Schlafdruck erst verspätet ein. ADHS-Betroffene haben häufig Mühe, vor Mitternacht zu Bett zu gehen, während sie in den frühen Abendstunden (z. B., wenn sie den Kindern eine Gute-Nacht-Geschichte erzählen) einschlafen könnten. Normalerweise wechseln sich schlafhemmende und schlafinduzierende Hirnareale je nach Tageszeit ab. Am Abend erfolgt eine Reduktion des Aktivitätshormons Cortisol, während die Ausschüttung von Melatonin zunimmt, bis sich ein ausreichend großer Schlafdruck einstellt. Warum ADHS-Betroffene erst später müde werden, ist nicht genau bekannt. Eine Hypothese geht davon aus, dass die Melatoninsekretion später ansteigt als bei Personen ohne ADHS. Dabei ist die Melatoninsekretion tageslichtabhängig. Die Ausschüttung beginnt in der Regel mit der Dämmerung und nimmt Höchstwerte zwischen Mitternacht und zwei Uhr in der Nacht an. Bei der Schlafphasenverlagerung zeigen die Kurven zwar vergleichbare Steilheiten, beginnen aber später mit Peaks jenseits von zwei oder drei Uhr morgens. Diese zeitlich spätere Melatoninausschüttung führt nicht nur zu einem späteren zu Bett gehen, sondern trägt auch zu einer morgendlichen Schlafträgheit bei, d. h., beim Aufstehen in den frühen Morgenstunden ist die Melatoninsekretion noch nicht ausreichend gesunken bzw. bringt die nach dem Aufstehen einsetzende Cortisolausschüttung nicht genügend Aktivitätsanschub, was zu Anlaufschwierigkeiten am Morgen führen kann. ADHS-Betroffene berichten, dass sie erst im Laufe des Vormittags richtig wach seien, um projektbezogene Konzentrationsleistungen durchführen zu können. Ob hier ein genetisch bedingter spezifischer Chronotyp als Ursache für die Schlafphasenverlagerung vorliegt oder ob das ADHS-typische Verhalten, z. B. in den späten Abendstunden noch etwas erledigen zu wollen, die Ursache für das spätes Zubettgehen ist, konnte bislang nicht geklärt werden (Coogan et al. 2017). Womöglich handelt es sich um eine Kombination mehrerer Risikofaktoren. Ein weiterer interessanter Punkt ist, dass ADHS-Betroffene im Vergleich zu gesunden Kontrollen tagsüber eine eher geringere Cortisolausschüttung zeigten. Derartige Befunde liefern einen Erklärungsansatz für die reduzierte Stressresistenz bei ADHS. Dies könnte sich insbesondere am Abend auswirken, wenn der »Akku« von den Tagesaktivitäten leer ist. Dann führen aktivierende Aktivitäten zu einer situativen Cortisolausschüttung, an die ADHS-Betroffene nicht ausreichend adaptiert sind. Wenn dann in den Abendstunden Melatonin ausgeschüttet wird, »verliert« das Hormon sozusagen als Gegenpol zum Cortisol, bis dessen Level ausreichend gesunken sind. Diese Hypothesen verdeutlichen, wie wichtig bei ADHS eine abendliche Schlafhygiene ist, z. B. abends ausreichend Zeit zum »Runterfahren« zu haben, da alle Aktivitäten, auch angenehme, eine Cortisolausschüttung fördern können.

Zahlreiche Studien befassten sich mit der Verbesserung des Schlafs und Schlafverhaltens bei ADHS. Untersucht wurden z. b. die Effekte von Lichttherapie, von Gewichtsdecken, von Schlafcoaching und der Einfluss von schlaffördernden Medikamenten (Surman et al. 2021). Dabei zeigte sich die Kombination aus Lichttherapie am Morgen zwischen 7:00 und 8:00 Uhr in Kombination mit einer Melatoningabe am Abend 1,5 bis zwei Stunden vor dem Zubettgehen als erfolgversprechende Maßnahme zur Unterstützung der körpereigenen Melatoninausschüttung der ADHS-Betroffenen während der Dämmerlichtphase (Van Andel et al. 2022). Personen mit Depressionen, Angststörungen und ADHS profitierten nach vierwöchiger Anwendung von Gewichtsdecken durch eine höhere Schlafdauer, eine verbesserte Tagesaktivität sowie eine reduzierte Tagesmüdigkeit (Eckholm et al. 2020). Kritik an dieser Studie war, dass die Effekte als Prä-/Post-Vergleich erhoben und nicht mit einer Kontrollgruppe verglichen wurden.

Wenngleich nur in einer kleinen Gruppe von ADHS-Betroffenen mit Schlafstörungen angewendet, verbesserten sich insbesondere die Einschlafstörungen nach Anwendung einer spezifischen schlafbezogenen kognitiv-behavioralen Therapie in Kombination mit Förderung der Schlafhygiene (Jernelöv et al. 2019). Zu den schlafhygienischen Maßnahmen gehören z. B. die Etablierung von konstanten Schlaf- und Wachzeiten sowie die Einhaltung einer Tagesroutine mit fixen Zeiten für Mahlzeiten und Tagesaktivitäten. ADHS-Betroffene neigen abends besonders dazu, nach Aktivitäten wieder »hochzudrehen« und benötigen dann ein bis zwei Stunden zum »herunterregulieren«. Somit scheinen abendliche Routinen mit stressregulierenden Interventionen, z. B. Yoga, Meditation oder achtsamkeitsbasierte Verfahren, hilfreich zur Schlafanregung.

Es existieren zahlreiche Studien zum Thema Schlaf und Stimulanzien bei ADHS, die übereinstimmend zeigen konnten, dass sich bei medikamentöser Behandlung von Erwachsenen mit Langzeit-Stimulanzien sowohl die Ein- und Durchschlafstörungen als auch die Tagesmüdigkeit verbesserten (Fadeuilhe et al. 2021). Werden Antidepressiva mit schlafanstoßender Wirkung Off-Label eingesetzt, so sollte insbesondere auf serotonerge oder anticholinerge Wechselwirkungen in Kombination mit Stimulanzien geachtet werden. Ob ggf. auch Orexin-Rezeptor-Antagonisten bei ADHS-Betroffenen mit Schlafstörungen sinnvoll eingesetzt werden können, muss aufgrund der noch fehlenden Studienlage abgewartet werden. Diese Medikamente blockieren die Orexin-Rezeptoren im Hypothalamus, die an der Aufrechterhaltung von Wachheit beteiligt sind. Da Orexin-Rezeptor-Antagonisten auch positive Effekte auf die Stimmung, die Aufmerksamkeit, die Motivation, das Belohnungsverhalten und auf höhere kognitive Funktionen haben, könnten sie nicht nur eine interessante Wirkstoffgruppe zur Augmentierung der Stimulanzieneffekte darstellen, sondern auch bei der Komorbidität von ADHS und Sucht erfolgreich eingesetzt werden (Katzman et al. 2022).

5 Ätiologie der ADHS

Der internationale Weltverband zu ADHS kam im Konsensuspapier aus dem Jahr 2021 übereinstimmend zu dem Ergebnis, dass bei der Diagnose einer ADHS ein hoher genetischer Anteil mit sehr frühen umweltbedingten Faktoren, z. B. Gewalteinwirkungen auf das Gehirn oder Meningitis in den ersten Lebensjahren (Stojanovski et al. 2019), zusammenkommt (Faraone et al. 2021).

So ist aus zahlreichen Familien- und Zwillingsstudien bekannt, dass eine Erblichkeit zwischen 70 bis 90 % vorliegt. Dies wird auch im Ländervergleich immer wieder bestätigt, wie z. B. in einer großen schwedischen Studie an knapp 60.000 Zwillingen, welche zwischen 1959 und 2011 geboren wurden und eine Vererbungsrate von 0,88 (0,83–0,92), also 88 %, zeigten (Larsson et al. 2013). Dabei steigt das Risiko, an ADHS zu erkranken bei Familienangehörigen ersten Grades, wenn die Symptome der ADHS über die Adoleszenz hinaus weiter bestehen, bzw. sinkt das Risiko, wenn die Symptome sistieren (Faraone et al. 2000). Die Zusammenhänge zwischen genetischen Veränderungen und ADHS sind unabhängig vom Geschlecht und lassen sich sowohl für die Aufmerksamkeitsstörung als auch für die Hyperaktivität/Impulsivität gleichermaßen nachweisen (McLoughlin et al. 2007; Franke et al. 2012).

Seit der Aufschlüsselung des menschlichen Genoms ist klar, dass komplexe Störungen wie ADHS nicht auf Veränderungen an einem einzelnen Genort zurückgeführt werden können (Demontis et al. 2019). Vielmehr tragen Veränderungen an zahlreichen Genorten, sogenannte Polymorphismen, zu den Beeinträchtigungen und der bunt gemischten Symptomatik bei (Akutagava-Martins et al. 2013). Die bislang durchgeführten genomweiten Assoziationsuntersuchungen an Kindern (Zayats et al. 2015) und Erwachsenen mit ADHS erbrachten Hinweise auf aussichtsreiche genetische Varianten, sogenannte Kandidatengene (Franke et al. 2009), die dopaminerge, noradrenerge und serotonerge Transporter und Rezeptoren sowie verschiedene Enzyme codieren (Franke et al. 2012; Wu et al. 2012). Als Folge ist in den betroffenen Hirnregionen die Übertragung dieser Botenstoffe beeinträchtigt (Banerjee et al. 2015, Ribases et al. 2009), was die Kommunikation zwischen den Nervenzellen und die Funktion ganzer Nervenzellverbände schwächt. In bildgebenden Verfahren, wie z. B. der Positronenemissionstomografie (PET), können entsprechende Funktionsveränderungen und in der Magnetresonanztomografie (MRT) können neuroanatomische Veränderungen in der Größe oder Dichte der Vernetzungen verschiedener Hirnareale dargestellt werden (Krause et al. 2009; Volkow et al. 2012).

Auf der Symptomebene können die Funktionsbeeinträchtigungen mittels neuropsychologischer Untersuchungen erfasst werden. Beispielsweise wird eine erhöhte Fehlerrate im sogenannten »continuous performance test« bei ADHS auf eine genetische Variabilität im Dopamintransportergen zurückgeführt (Barkley et al. 2006b). Auch können Beeinträchtigungen von Impulshemmung, Reaktionszeiten, Gedächtnis oder Intelligenz neuropsychologisch erfasst werden (Boonstra et al. 2008).

Neben den polygenetischen Faktoren spielen bei der Komorbidität von ADHS und Autismus-Spektrum-Störungen auch seltene genetische Mutationen eine Rolle (Satterstrom et al 2019). Bei den zahlreichen weiteren psychischen (Depressionen, Angststörungen, Abhängigkeitserkrankungen, bipolaren Störungen, Essstörungen, Persönlichkeitsstörungen, etc.) und somatischen Erkrankungen, wie Migräne oder Adipositas, werden vor allem Gen-Umfeld-Interaktionen, im Sinne gemeinsamer neurobiologischer Dysregulationen, angenommen (Demontis et al. 2019).

Die Zusammenhänge bei ADHS – von der Genetik zum Symptom – sind in Abbildung 5.1 dargestellt (▶ Abb. 5.1).

Da die neurobiologischen und neuroanatomischen Veränderungen wichtig für das Verständnis von Diagnostik und Therapie bei der ADHS sind, sollen diese im Folgenden kurz dargestellt werden.

5 Ätiologie der ADHS

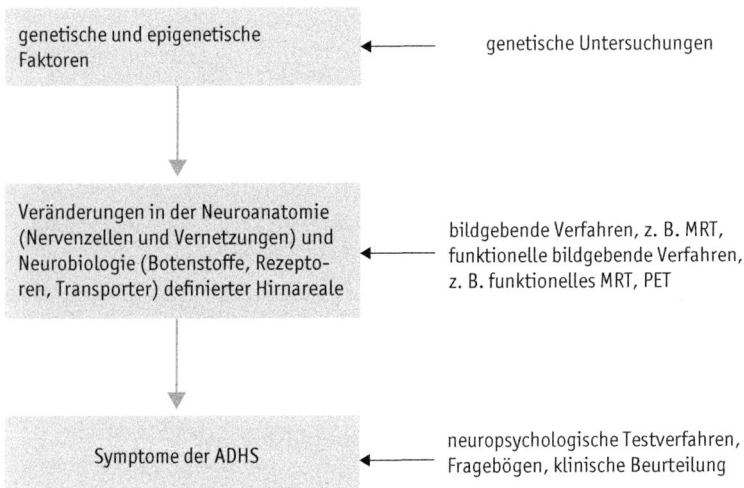

Abb. 5.1: Ätiologische Zusammenhänge bei ADHS und Nachweismethoden

5.1 Dopamin und ADHS

Bei der ADHS am besten untersucht und belegt sind Veränderungen im dopaminergen System (Gold et al. 2014). Nach der Dopaminmangelhypothese liegt der ADHS eine Unteraktivierung in dopaminergen Netzwerken des Gehirns zugrunde, was zu den typischen Symptomen führt (Swanson et al. 2007).

Grundsätzlich erfolgt die Signalübermittlung zwischen den Nervenzellen durch Freisetzung der Neurotransmitter in den synaptischen Spalt, der sich zwischen den beiden Nervenzellen befindet. Das Dopamin, das in der präsynaptischen Zelle gespeichert ist, wird bei einem Aktionspotenzial in den synaptischen Spalt ausgeschüttet. Dies erfolgt über die Öffnung von Kalziumionenkanälen. Die Dopaminmoleküle werden von den postsynaptischen Rezeptoren erkannt und so wird das Aktionspotenzial an die nächste Zelle weitergeleitet. Der

Vorgang wird beendet, indem die Dopaminmoleküle von den Dopamintransportern wieder zurück in die präsynaptische Zelle befördert werden.

Bei ADHS konnten im Vergleich zu altersgleichen nicht-betroffenen Personen erhöhte Dopamintransporterdichten (DAT) im Striatum und der Großhirnrinde festgestellt werden (Volkow et al. 2011; Silva et al. 2014). Dies führt dazu, dass das Dopamin, welches in den synaptischen Spalt ausgeschüttet wurde, von den Dopamintransportern wieder zurück in die präsynaptische Zelle befördert wird, bevor es an den postsynaptischen Rezeptoren ein Aktionspotenzial auslösen kann. Wenn also von der Dopaminmangelhypothese gesprochen wird, ist damit nicht gemeint, dass der Körper zu wenig Dopamin produziert, sondern dass eine mangelnde Dopaminwirksamkeit für die ADHS-spezifischen Symptome verantwortlich ist. Dies ist insofern bedeutsam, da die Einnahme von Vorläuferprodukten des Dopamins, wie z.B. Levodopa oder die Aminosäure Tyrosin, keine wesentliche Besserung bringen kann, da ja kein Mangel an Dopamin vorliegt. Die Veränderungen in der Struktur und Funktion der Dopamintransporter werden einerseits genetisch gesteuert, andererseits wirken sich auch Einflüsse in frühen Reifungsphasen des Gehirns aus.

Vertiefung
Die bei der ADHS nachgewiesenen erblichen Anteile im dopaminergen Bereich führten zur Dopaminmangelhypothese. Hier konnte gezeigt werden, dass spezifische genetische Varianten mit der erhöhten Dichte der Dopamintransporter und der daraus resultierenden mangelnden Wirksamkeit des Dopamins im synaptischen Spalt verbunden sind. Sowohl Kinder als auch Erwachsene mit ADHS sind häufiger Merkmalsträger der doppelten (homozygoten) Ausprägung der sogenannten 10-Repeat-Variante des Dopamintransportergens (Van Dyck et al. 2002; Van de Giessen et al. 2009; Franke et al. 2010). Des Weiteren konnte gezeigt werden, dass ADHS-Betroffene, die das 7-Repeat-Allel tragen, welches eine

weitere Variante des Dopamintransportergens ist, im Elektroenzephalogramm (EEG) häufiger Beta-Wellen aufwiesen (Loo et al. 2010). Dies ist ein Befund, der mit Veränderungen in der Aufmerksamkeit und mit Schlafstörungen in Verbindung gebracht wird. Die Bedeutung dieser messbaren Veränderungen in den Hirnströmen ist noch nicht geklärt. Gegenwärtig wird geprüft, ob Betroffene mit ADHS, die derartige Auffälligkeiten zeigen, auf spezifische Medikamente oder Trainings besonders positiv reagieren, z. b. durch Neurofeedback-Behandlungen, bei denen die Betroffenen lernen, durch Echtzeitrückmeldungen der Gehirnstromkurven die eigenen Hirnstrommuster im Sinne einer besseren Selbstregulation zu steuern (Zuberer et al. 2015; ▶ Kap. 8.4).

Die dopaminergen Bahnen reifen in den ersten Lebensjahren vom Zentrum des Gehirns bis zur Großhirnrinde. Äußere Einflüsse auf das Gehirn, wie z. B. Traumatisierungen, Entzündungen oder Mangelernährungen, können in den empfindlichen frühen Phasen der Hirnreifung zu einer Entwicklungsverzögerung und schließlich einer mangelnden Dopaminwirkung beitragen, was in Tierversuchen gezeigt werden konnte (Mergy et al. 2014). Derartig frühe negative Umwelteinflüsse beeinflussen zudem den Umgang mit Stress. So reagierten Versuchstiere, die frühen Belastungen ausgesetzt waren, bei später im Leben auftretenden Stresssituationen vermehrt mit Ängsten oder Orientierungslosigkeit, welche als Nebensymptome der ADHS auftreten können (Zhang et al. 2002).

Auch beim Menschen gibt es Hinweise, dass umweltbedingte oder sogar vorgeburtliche Faktoren die Ausprägung der ADHS beeinflussen können. Allerdings wurden nicht alle Befunde bestätigt. Beispielsweise wurde mütterliches Rauchen während der Schwangerschaft mit ADHS in Verbindung gebracht (Tiesler et al. 2014). Nachdem in einer Metaanalyse über drei Mio. Datensätze analysiert werden konnten, stellte sich heraus, dass nicht das Rauchen, sondern eine persistierende ADHS der Mutter das Hauptrisiko des Neugeborenen darstellt, an ADHS zu erkranken (Nilsen et al. 2020). Konsistent und

5.1 Dopamin und ADHS

länderübergreifend wurde ein erhöhtes Risiko für das Auftreten von ADHS bei Neugeborenen nach Einnahme von bestimmten Medikamenten in der Schwangerschaft gefunden, beispielsweise für den Wirkstoff Paracetamol, wie große Kohortenstudien bei über 10.000 taiwanesischen und 113.000 norwegischen Geburten zeigen konnten (Chen et al. 2019), wobei diese Effekte dosisabhängig waren (Ystrom et al. 2017). Auch die Einnahme von Valproat während der Schwangerschaft war in einer dänischen Studie von 913.000 Kindern mit einem erhöhten Risiko einer ADHS assoziiert (Christensen et al. 2019). Darüber hinaus sollen auch reduzierte Vitamin-D-Spiegel bei Schwangeren eine Rolle für die Entwicklung einer ADHS bei den Kindern spielen (Sucksdorff et al. 2019).

Bei den toxischen Belastungen scheint Blei von Bedeutung zu sein. So fand eine Metaanalyse von 14 Studien mit über 17.000 teilnehmenden Kindern, dass ein erhöhter Bleigehalt in deren Blut mit einem bis zu 4-fach erhöhten Risiko für ADHS assoziiert war (Nielsen et al. 2020). Die Befunde für Belastungen durch Nahrungsmittelfarbstoffe oder Luftverschmutzungen sind nicht eindeutig. Keine Zusammenhänge wurden zwischen ADHS und Zuckerkonsum in der Kindheit gefunden (Farsad-Naeimi et al. 2020).

Schließlich wurden auch bei ungünstigen familiären und sozioökonomischen Bedingungen, wie Armut, Arbeitslosigkeit oder niedrige Schulbildung, erhöhte Raten von ADHS gefunden (Keilow et al. 2020). Die Umgebungsbedingungen zeigten eine kumulative Dynamik auch auf einen schwereren Verlauf der ADHS, wenn zusätzlich noch Kriminalität, Drogenmissbrauch oder psychische Störungen in der Familie auftreten (Bjorkenstam et al. 2018) Sind die Betroffenen zusätzlich in frühen Lebensjahren Mangelernährungen, Vernachlässigungen oder traumatischen Erlebnissen ausgesetzt, so kommt es bei entsprechender Exposition häufiger und schneller zur Ausprägung von posttraumatischen Belastungsreaktionen als Komorbidität zur ADHS (Biederman et al. 2014).

Abbildung 5.2 zeigt eine vereinfachte Darstellung dieser genetischen und frühkindlichen Einflüsse auf die Hirnreifung und Hirnfunktion im Zusammenhang mit den spezifischen Symptomen der

5 Ätiologie der ADHS

ADHS (▶ Abb. 5.2). Die für die Suchtentwicklung bedeutsamen Veränderungen der dopaminergen Signalübermittlung im sogenannten Belohnungssystem, insbesondere im Nucleus accumbens (Vokow et al. 2011), werden im ▶ Kap. 6 »Spezielle Suchtdynamik« näher erläutert.

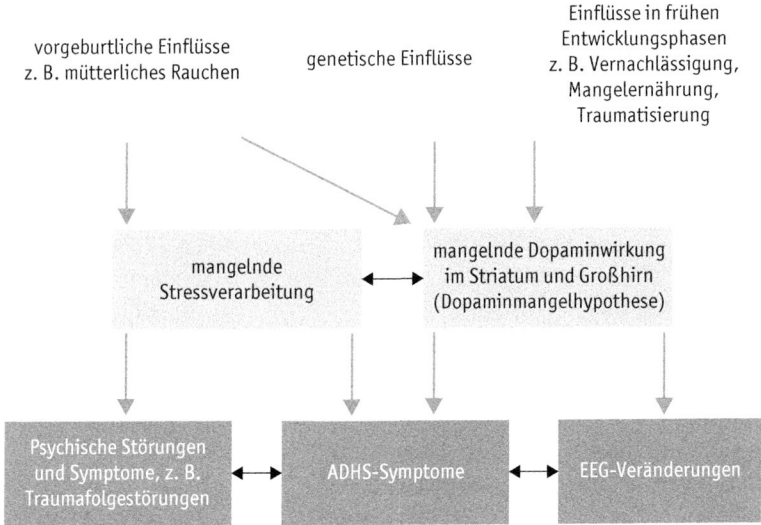

Abb. 5.2: Ätiologische Zusammenhänge zwischen komplexen Gen-Umwelt-Interaktionen, neurobiologischen Veränderungen, psychischen Auffälligkeiten und ADHS-Symptomatik

Die Zusammenhänge zwischen dem dopaminergen System und den frühen Einflüssen sind hilfreich für ein besseres Verständnis der Ätiologie bei ADHS. Veränderungen in der Neuroplastizität und Funktion des dopaminergen Systems sind jedoch nicht auf die Vererbung und frühe Phasen der Entwicklung beschränkt. So können in jedem Lebensalter Vernetzungen der Nervenzellen und die dopaminerge Neurotransmission durch Umwelteinflüsse, Interaktionserfahrungen und Kommunikation, Bewegung und Meditation, durch gezieltes Training sowie durch therapeutische oder medikamentöse

Maßnahmen beeinflusst werden. Dies hat dann wiederum Auswirkungen auf den Verlauf der Symptomatik und kann therapeutisch genutzt werden. Somit sind die in Abbildung 5.2 dargestellten Zusammenhänge nicht statisch zu verstehen, sondern sollen einem ersten Verständnis für das komplexe Zusammenspiel dienen (▶ Abb. 5.2).

5.2 Noradrenalin und ADHS

Noradrenalin ist der wichtigste Neurotransmitter im Mittelhirn mit Verbindungen zum Großhirn, zum Kleinhirn und zum Thalamus, der zentralen Schaltstelle für die Reizfilterung. Die Neurotransmission von Noradrenalin spielt vor allem eine Rolle bei der Orientierung und der Aufmerksamkeit. Darüber hinaus ist es an der Regulation von Spannung und Entspannung und von Schlaf und Wachsein beteiligt.

Bei der ADHS wird insbesondere die Aufmerksamkeitsstörung auf genetische Varianten im Noradrenalin-Transporter-Gen zurückgeführt (Thakur et al. 2012). Für ein funktionelles Verständnis ist wichtig, dass zwischen Dopamin, Serotonin und Noradrenalin ein gewisses Gleichgewicht besteht. So wirkt sich eine mangelnde dopaminerge Wirksamkeit auch auf noradrenerg und serotonerg vermittelte Hirnfunktionen aus.

Die Beeinträchtigungen der noradrenergen Neurotransmission erklären, dass Medikamente, die die Wiederaufnahme von Noradrenalin in die Nervenzelle hemmen und dadurch zu einer erhöhten Wirksamkeit des Noradrenalins im synaptischen Spalt beitragen, wie beispielsweise Atomoxetin, zur Behandlung der ADHS wirksam eingesetzt werden können.

5.3 Serotonin und ADHS

Serotonerge Nervenzellen finden sich im Hirnstamm und in verschiedenen Großhirnregionen, insbesondere im vorderen Anteil, dem Stirnhirn oder präfrontalen Cortex. Funktionell werden auf diesem Weg Erwartungshaltungen und Emotionen gesteuert. Störungen der Serotoninwirkung im synaptischen Spalt werden nicht nur mit depressiven Verstimmungen, sondern auch mit Beeinträchtigungen der Schmerzempfindung, des Lernens und des Erinnerns in Verbindung gebracht.

Bei der ADHS trägt eine beeinträchtigte serotonerge Neurotransmission zu emotionalen Störungen und Lernschwierigkeiten und in Kombination mit der Dopaminmangelhypothese zu einer Beeinträchtigung der Impulsregulation bei (Zepf et al. 2010). Darüber hinaus soll die reduzierte Serotoninwirksamkeit bei ADHS das Auftreten von Störungen im Sozialverhalten und oppositionelles Verhalten fördern, wenn es bereits im Kindesalter zu klinischen Symptomen der Depression gekommen ist (Bunford et al. 2015). Dementsprechend ist eine frühe Behandlung von emotionalen Auffälligkeiten bei ADHS sinnvoll, da sich dies präventiv auf die Integration in die soziale Gemeinschaft auswirken könnte.

Medikamentös haben sich die Serotonin-Wiederaufnahmehemmer (SSRI) zur Stimmungsstabilisierung und zur Verbesserung der Impulssteuerung als wirksam bewährt, insbesondere, wenn Stimulanzien allein keine ausreichende Verbesserung der ADHS ergeben haben (Banerjee et al. 2015). Auch die Zufuhr von Vitamin D und Omega-3-Fettsäuren, welche zu einer Erhöhung der Serotoninverfügbarkeit führen, können sich bei ADHS positiv auf die Stimmung und Konzentration auswirken (Patrick et al. 2015). Nicht nur Medikamente beeinflussen die Serotoninverfügbarkeit. Auch z.B. Meditationsübungen führten zu einem Anstieg der Serotoninspiegel im Stirnhirnbereich und Linderung der ADHS-spezifischen Symptome (Yu et al. 2011; Mitchell et al. 2013).

5.4 Acetylcholin und ADHS

Die Bedeutung des Neurotransmitters Acetylcholin bei der Entwicklung der ADHS ist noch unklar. Cholinerge Fasern verlaufen vor allem vom Striatum zum Frontalhirn. Beteiligt ist vor allem eine Region des Limbischen Systems, der Gyrus cinguli. Verschaltet werden Funktionen des Gedächtnisses, der Aufmerksamkeit und der Emotionsregulation. Im Gyrus cinguli findet eine emotionale Bewertung der Umgebung statt, die mit der inneren Gefühlslage verknüpft wird. So spielt diese Hirnregion eine große Rolle bei der Entwicklung von Empathie und Mitgefühl. ADHS-Betroffene zeigen genetisch vermittelte Aktivitätsveränderungen in diesen zentralen Bereichen, wobei Methylphenidat hier regulierend einwirkt (Vogt 2019).

Erste Hinweise auf eine Verbindung zwischen Acetylcholin und ADHS waren Befunde, dass ADHS häufiger als bei Menschen ohne ADHS mit der Entwicklung einer Tabakabhängigkeit einhergeht (McClernon et al. 2008). Dabei sollen genetische Veränderungen im Acetylcholin-Rezeptor-Gen für das erhöhte Risiko verantwortlich sein (Polina et al. 2014). Eine Behandlung mit Acetylrezeptor-Agonisten brachten bei ADHS und der Komorbidität von ADHS und Tabakabhängigkeit vielversprechende Ergebnisse (Fleisher et al. 2014). Nach wie vor befindet man sich jedoch bei der therapeutischen Regulation cholinerger Hirnregionen noch im experimentellen Bereich.

> **Merke**
> Auf der Ebene der Neurotransmission können die ADHS-spezifischen Symptome mit Störungen in der Wirkung der Botenstoffe Dopamin, Serotonin, Noradrenalin und Acetylcholin in Verbindung gebracht werden. Diese Botenstoffe sind für die Nachrichtenübertragungen von Nervenzelle zu Nervenzelle verantwortlich. Dabei bestehen bei der ADHS die Veränderungen jeweils in definierten Hirnarealen, z. B. beim Dopamin im frontalen Großhirnbereich und Striatum, beim Serotonin im Großhirn und Hirn-

> stamm und beim Noradrenalin insbesondere im Mittelhirn, Thalamus, Großhirn und Kleinhirn. Dies ist insofern von Bedeutung, als dass die unterschiedlichen Hirnbereiche jeweils verschiedene Funktionen steuern. Die Komplexität wird dadurch vergrößert, dass die einzelnen Hirnareale über Netzwerke in Verbindung stehen und sich damit auch gegenseitig beeinflussen.

Aus dem Verständnis der Komplexität der Nervenzellverbindungen im Gehirn kann eine Zuordnung von Symptomen der ADHS zu Störungen in der Übertragung von einzelnen Botenstoffen nur als grobe Vereinfachung dienen. Andererseits unterstützen derartige Vereinfachungen das Verständnis für die Wirkungen von Medikamenten, da diese in der Regel über Beeinflussungen von Botenstoffübertragungen erklärt werden.

So sollte die in Abbildung 5.3 gezeigte vereinfachte Zuordnung von Funktionsbeschreibungen zu Hauptbotenstoffen verstanden werden (▶ Abb. 5.3). Wenn, wie in der Abbildung zu sehen, die Motorik mit dem Botenstoff Dopamin in Verbindung gebracht wird, so meint dies im Zusammenhang mit ADHS, dass die beeinträchtigte Dopaminübertragung mit Störungen in der Motorik, also der Hyperaktivität, zusammenhängt. Ziel dieser Zusammenstellung ist es, auf die »Feinheiten« in der Bewertung von ADHS-spezifischen Symptomen hinzuweisen: So kann eine Konzentrationsstörung auf eine beeinträchtigte Noradrenalinwirkung hinweisen. Oder die Konzentrationsstörung kann mit einer Depression einhergehen und würde dann positiv auf eine Verbesserung der serotonergen Wirksamkeit reagieren. Wird die Konzentration aber durch mangelnde Steuerung von einschießenden Gedanken oder infolge Ablenkung durch von außen kommenden Impulsen gestört, so kann eine Förderung der dopaminergen Neurotransmission zu einer Verbesserung der Konzentrationsleistung führen.

5.5 Strukturelle und funktionelle Veränderungen bei ADHS

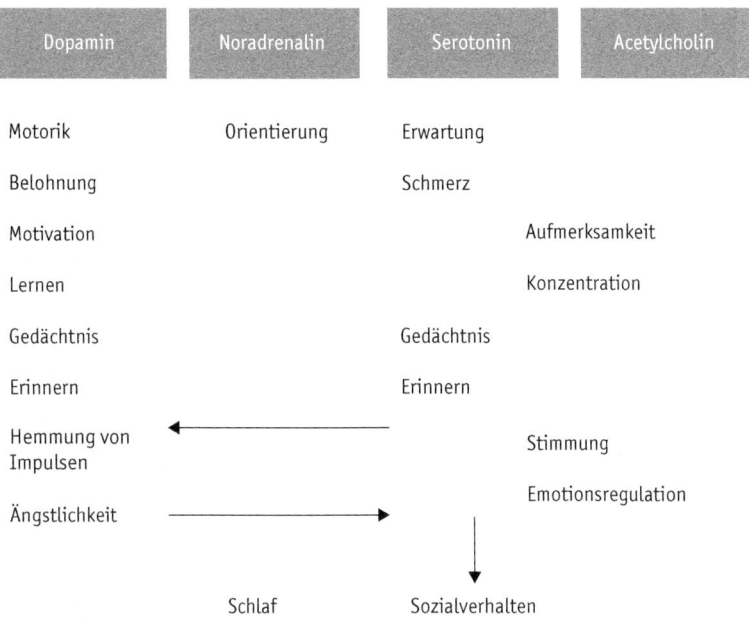

Abb. 5.3: Botenstoffe und deren Funktionsbereiche im Zusammenhang mit ADHS-Symptomen (Pfeile symbolisieren jeweils sekundäre Auswirkungen auf Symptome)

5.5 Strukturelle und funktionelle Veränderungen bei ADHS

In zahlreichen bildgebenden Studien mittels Magnetresonanztomografie (MRT) wurden bei Kindern (Hoogman et al. 2017; 2019) und Erwachsenen mit ADHS strukturelle Veränderungen im Sinne von Volumenminderung kortikaler und subkortikaler Hirnbereiche gefunden (Boedhoe et al. 2020). Betroffen waren vor allem frontale und temporale Großhirnbereiche und das Kleinhirn (Cortese et al. 2012a) sowie tiefere Hirnanteile, wie die Basalganglien und der Hippocampus als Teil des Limbischen Systems. In einer genomweiten bildgebenden Assoziationsstudie konnten Volumenminderungen in verschiedenen zentralen Hirnregionen (z. B. im Putamen, im Nucleus caudatus, in der Amygdala) mit Genvarianten assoziiert werden, die für die dendritischen Verbindungen zwischen den Nervenzellen verantwortlich sind (Klein et al. 2019). Dabei korreliert das Ausmaß der Volumenminderung in diesen Hirnarealen mit dem Grad der Einschränkung durch die ADHS-Symptome.

Auch diese strukturellen Hirnveränderungen werden auf Gen-Umwelt-Interaktionen zurückgeführt, wie z. B. die Verminderung des Kleinhirnvolumens bei ADHS auf einen mütterlichen Konsum von Zigaretten oder Alkohol während der Schwangerschaft (de Zeeuw et al. 2012). Derartige angeborene oder früh erworbene Veränderungen der Hirnstruktur sind jedoch nicht unveränderlich. Beispielsweise führt ein konsequentes Lerntraining in jedem Lebensalter zu einer Verbesserung der ADHS-Symptomatik und zu einer Zunahme der grauen Hirnsubstanz (Nakao et al. 2011). Womöglich profitieren insbesondere Subgruppen von derartigen Trainings. So war z. B. bei Kindern mit ADHS eine Volumenminderung im PFC und Kleinhirn, die mit einer genetischen Variante im Dopaminrezeptor, dem sogenannte 7-Repeat-Allel, in Verbindung gebracht wurde, nach einer spezifischen Behandlung im Erwachsenenalter nicht mehr nachweisbar (Shaw et al. 2007; Monuteaux et al. 2008). Obwohl diese Befunde mit Vorsicht zu interpretieren sind, geben sie doch erste Hinweise auf die neuroplastischen Ressourcen des Gehirns. So entscheidet nicht nur die Genetik über die Ausprägung einer Störung. Vielmehr sind durch lebenslanges Lernen strukturelle Anpassungen in der Hirnarchitektur mit Veränderung der Symptomatik möglich.

Strukturelle und funktionelle Veränderungen wurden auch beim gemeinsamen Auftreten von ADHS und weiteren psychischen Störungen gefunden, beispielsweise als Volumenminderungen im Bereich der Basalganglien, des Hippocampus und des frontalen Cortex bei Zwangsstörungen und ADHS (Norman et al. 2016), als Volumenminderungen im Bereich des Stirnhirns bei Autismus-Spektrum-

5.5 Strukturelle und funktionelle Veränderungen bei ADHS

Störungen und ADHS (Lukito et al. 2020) oder in Form von verstärkt vernetzenden Fasern zwischen Amygdala und Stirnhirn bei Angststörungen und ADHS (Posner et al. 2011). Bei Erwachsenen mit ADHS konnte eine Volumenminderung der Amygdala mit einer mangelnden Impulskontrolle und mit einer emotional instabilen Persönlichkeitsstörung in Verbindung gebracht werden (Tajima-Pozo et al. 2015).

Bei den bildgebenden Verfahren konnten neben den anatomischen auch funktionelle Veränderungen der Hirnaktivitäten bei ADHS nachgewiesen werden (Cortese et al. 2012a; Chen et al. 2016). In der funktionellen Magnetresonanztomographie (MRT) wurden bei Kindern und Erwachsenen erhöhte Aktivitäten in Netzwerken des Stirnhirns, des Scheitellappens, der visuellen Anteile des Großhirns sowie in tieferen Anteilen des Gehirns beobachtet. Die leichte Ablenkbarkeit und die Lernbeeinträchtigungen bei der ADHS werden auf diese Veränderungen zurückgeführt (Sonuga-Barke et al. 2007). Demgegenüber soll eine verminderte Aktivität im Bereich der Basalganglien und des Temporallappens die mangelnde Unterdrückung von Impulsen widerspiegeln (Sebastian et al. 2012), weshalb Betroffene mit ADHS andere nicht ausreden lassen oder von einschießenden Impulsen aus dem Inneren in Form von Gedanken oder Gefühlen oder aus der Außenwelt in Form von Sinneseindrücken von ihrem aktuellen Handeln abgelenkt werden. Neben den bereits genetisch bedingten Ursachen wird auch diskutiert, dass ein Eisenmangel bzw. Störungen des Eisenstoffwechsels mit Störungen der Markreifung von Nervenfasern und mit einer verminderten synaptischen Plastizität in Verbindung stehen (Cortese et al. 2012b; Adisetiyo et al. 2014). In der funktionellen Bildgebung konnten auch Veränderungen der belohnungsabhängigen Aktivierung des medialen orbitofrontalen Cortex bei Erwachsenen mit ADHS nachgewiesen werden (Wilbertz et al. 2012). Der orbitofrontale Cortex ist für die Selbstregulation, für das Lernen und für komplexe Entscheidungsprozesse verantwortlich. Im Vergleich zu Probanden ohne ADHS wurden Reize mit geringem Belohnungseffekt überbewertet, während z. B. geldbezogene Reize mit hohem Belohnungseffekt unterbewertet wurden. Dies erklärt, warum sich beispielsweise Gehaltserhöhungen bzw. die Aussicht auf finanzielle Gratifikationen nicht unbedingt als motivationsfördernde Maßnahmen für ADHS-Betroffene eignen. Der orbitofrontale Cortex steuert auch das motivationale Verhalten. Klinisch fallen Kinder und Erwachsene mit ADHS immer wieder dadurch auf, dass sie zwar schnell zu begeistern sind, die Motivation aber auch ebenso schnell wieder nachlässt. Darüber hinaus fällt es Betroffenen mit ADHS häufig schwer, Entscheidungen über die Rangfolge von Aufgaben zu treffen, z.T., weil alles gleich wichtig wahrgenommen wird oder weil sie andere Prioritäten setzen als Menschen ohne ADHS. Zusammenfassend werden Erwachsene mit ADHS von ganz anderen Dingen motiviert und angezogen als es für Erwachsene ohne das Störungsbild üblich und nachvollziehbar ist.

5.6 Neuropsychologische Veränderungen bei ADHS und Zusammenhänge mit Sucht

Neben den Leitsymptomen der ADHS sind sowohl bei Kindern als auch bei Erwachsenen Schwierigkeiten bei der Organisation des Alltags vorherrschend. Termine werden vergessen oder verspätet wahrgenommen, den Betroffenen fällt es schwer, Ordnung zu halten, Aufgaben zu organisieren oder zu planen. Dabei wird die Gesamtheit der ADHS-spezifischen Symptome mit umfassenden Defiziten im Bereich der Exekutivfunktionen in Verbindung gebracht (Hervey et al. 2004). Beeinträchtigungen der Funktionen des Exekutivsystems können durch neuropsychologische Testverfahren sichtbar gemacht und für Vergleiche herangezogen werden.

Die Definition der Exekutivfunktionen ist nicht einheitlich. Im weitesten Sinne versteht man unter Exekutivfunktionen Hirnleistungen, mit denen das Verhalten zielgerichtet gesteuert und an die

5.6 Neuropsychologische Veränderungen bei ADHS und Zusammenhänge

Umweltbedingungen angepasst wird. Bei ADHS sind vor allem folgende Funktionen beeinträchtigt (Barkley 2012):

- Aufmerksamkeitsleistungen, dabei auch Wachheit und Wahrnehmungsleistungen;
- Hemmung und Kontrolle von Reizen, die von außen über die Sinneswahrnehmungen einwirken oder aus dem Inneren kommen (z. B. einschießende Gedanken), sowie die damit verbundene Steuerung von Verhaltensweisen;
- das sogenannte Arbeitsgedächtnis mit der Fähigkeit zu lernen, indem situative aktuelle Erlebnisse mit der Vergangenheit und Gegenwart in Verbindung gebracht werden;
- die emotionale und motivationale Selbstregulation;
- das Planen und Entscheiden sowie die Problemlösung und damit die Steuerung von motorischen, kognitiven und emotionalen Prozessen.

Bei der ADHS betreffen die Störungen der Exekutivfunktionen vor allem drei zentrale Netzwerke des Gehirns. Dabei ist der vordere Teil des Großhirns, das Stirn- oder Frontalhirn bzw. der Präfrontale Cortex (PFC) an allen drei Netzwerken beteiligt.

- Das fronto-striatale Netzwerk ist an den Inhibitionsleistungen des Gehirns, am Arbeitsgedächtnis, an der Organisation und an der Planung beteiligt.
- Das fronto-cerebelläre Netzwerk verläuft vom Stirnhirn bis zum Kleinhirn. Dieses Netzwerk steuert die motorische Koordination und den Umgang mit der Zeit.
- Das fronto-limbische Netzwerk verläuft vom Stirnhirn in tiefere Hirnbereiche. Dieses Netzwerk steuert die emotionale Kontrolle, Motivation und Neigung zu Aggressionen.

Störungen im Bereich der Exekutivfunktionen, insbesondere die mangelnde Impulskontrolle, aber auch Störungen der Emotionsregulation, z. B. Aggressivität, Unruhe oder eine mangelnde Motivation stehen im Zusammenhang mit süchtigen Verhaltensweisen, worauf im Detail nachfolgend eingegangen wird.

5.6.1 Inhibitorisches System

Im neuropsychologischen Sinne bestehen Alltagsleistungen überwiegend aus hemmenden Mechanismen, d. h., es müssen Störimpulse bei der Durchführung von Aktionen unterdrückt werden. Finden keine Impulshemmungen statt, so verlaufen Handlungen meist wenig konsequent und wirken ungerichtet und chaotisch. Neuroanatomisch werden diese Hemmungs- oder Inhibitionsoperationen auf Verbindungen zwischen Großhirn (Cortex) und dem Striatum zurückgeführt (kortiko-striatale Kreisläufe).

In ▶ Abb. 5.4 sind die Netzwerkverbindungen des kortiko-striatalen Kreislaufs vereinfacht dargestellt. Das Striatum und der daneben liegende Thalamus sind die Eintrittspforten für Informationen, die vom Cortex weiterverarbeitet werden. Dabei kann es sich um externe oder interne Reize handeln. Die externen Informationen werden über die Sinnesorgane aufgenommen. Bei den internen Impulsen handelt es sich um situativ einschießende Gedanken, Bilder, Erinnertes oder Ideen. Im Striatum und den nachgeschalteten Basalganglien findet eine primäre Informationsverarbeitung statt, d. h., Striatum und Basalganglien dienen als erster Filter für die Weiterleitung zum Thalamus. Dieser Vorgang wird auch als »Gating« bezeichnet. Der Thalamus hat eine modulatorische Funktion. Vereinfacht ausgedrückt zeigt sich der Thalamus als Bewertungsinstanz, in welcher »entschieden« wird, welche Informationen an das Großhirn weitergeleitet werden. Die so gefilterten und bewerteten Informationen gelangen dann ins Bewusstsein und werden über das Großhirn weiterverarbeitet. Funktionell bedeutet dies, dass im Thalamus reguliert wird, was im Moment gerade wichtig ist.

Bei der ADHS sind die Netzwerkverbindungen zwischen Cortex, Striatum, Basalganglien Thalamus und wieder zurück zum Cortex geschwächt (Barkley 2012; Arnsten et al. 2012). Dies zeigt sich neu-

5.6 Neuropsychologische Veränderungen bei ADHS und Zusammenhänge

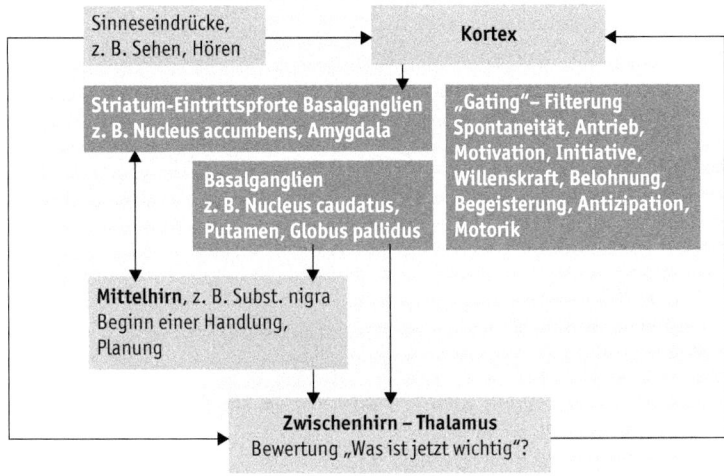

Abb. 5.4: Grafische Darstellung der kortiko-striatalen Vernetzungen und Funktionen, welche beim ADHS beeinträchtigt sind

ropsychologisch in einer Beeinträchtigung der primären Filterung im Striatum und in den Basalganglien. Klinisch imponiert dies als mangelnde Hemmung von äußeren oder/und inneren Impulsen bzw. Reizen. Diese Quasi-Reizüberflutung mit Signalen führt im ohnehin schon geschwächten Thalamus zur Überlastung. Im Alltag geben die Erwachsenen mit ADHS an, dass sie Mühe haben, Entscheidungen zu treffen und zu priorisieren. Aktivitäten werden immer wieder durch einschießende Impulse, die nicht unterdrückt werden können, unterbrochen. Dadurch wird die Fertigstellung von Aufgaben gestört. Oder sie halten an stereotypen, redundanten Verhaltensmustern fest und haben Mühe, sich auf neue Verhaltenspläne einzustellen. Viele Betroffene leiden unter der mangelnden Impulsunterdrückung. Obwohl sie die unangebrachten (dysfunktionalen) Verhaltensweisen häufig sehr gut beschreiben können, versagt immer wieder situativ ihre Steuerungsfähigkeit. Neben der mangelnden Impulshemmung spielt die Fülle der sensorischen und internalen Reize bei der Steuerung eine Rolle. Der präfrontale Cortex ist überfordert, kann die Reize nicht mehr koordinieren. Um Lernen oder Durchhalten zu steigern, profitieren manche ADHS-Betroffene von einer sensorischen »Übersteuerung«, z. B., indem sie parallel zu einer Aktivität Musik hören oder selbst ein Lied summen.

> Sabrina hat projektbezogen einen befristeten Arbeitsvertrag. Die Arbeit im Team und die Aufgaben gefallen ihr sehr gut. Allerdings gelingt es ihr nur mit Mühe, die Arbeiten termingerecht zu erledigen. Obwohl sie bereits Monate im Voraus weiß, wann ihre Anstellung ein Ende findet, kann sie sich nicht aufraffen, ihr Bewerbungsschreiben zu überarbeiten, geschweige denn, Stelleninserate durchzusehen oder sich zu bewerben. So verpasst sie eine interessante Stellenausschreibung, weil sie diese zu spät gesehen hat. Dabei ist ihr sehr klar, welche Dinge in welcher Reihenfolge erledigt werden müssten. Abends oder am Wochenende, wenn sie die Zeit für die Suche nach einer neuen Anstellung hätte, kann sie sich nicht motivieren und wird von einschießenden Gedanken und Impulsen überflutet. Da geht sie dann eher spontan ins Kino, als ihre Unterlagen zu bereinigen.

Betroffene mit ADHS folgen häufig automatisch ihren Impulsen, was Außenstehenden als unüberlegt, ziel- oder planlos erscheint. Da diese Verhaltensweise nicht bewusst überdacht bzw. entschieden werden, werden auch, wie in der obigen Fallvignette, Konsequenzen für die Lebensführung nicht ausreichend berücksichtigt. So stehen die Betroffenen dann vor einem Scherbenhaufen und reagieren verzweifelt oder sind voller Selbstvorwürfe, weil es ihnen wieder einmal nicht gelungen ist, sich angemessen zu verhalten. Auf der anderen Seite fällt es ihnen schwer, eine Handlung zu beginnen. Die Betroffenen berichten, sie können sich nicht »aufraffen«, das zu tun, was wichtig

5.6 Neuropsychologische Veränderungen bei ADHS und Zusammenhänge

ist bzw. sie benötigen Druck oder Fristen, um eine Aufgabe zu beginnen bzw. die Hürde für den Beginn zu überwinden. Oft steckt nicht eine mangelnde Motivation dahinter, sondern das Gefühl, »wie gelähmt« zu sein, einen »Blackout« zu haben und nicht mehr zu wissen, was zuerst, als nächstes etc. zu tun ist. Dabei sind die ADHS-Betroffenen von ihren Gefühlen so sehr überflutet, dass der Zugriff auf den präfrontalen Cortex als Steuerungseinheit blockiert wird. Sie lenken sich ab oder erledigen einfachere und leichtere Dinge, tun eben das, was ihnen in derartigen Augenblicken ein besseres Gefühl gibt und nicht das, was aktuell wichtig oder dringend wäre. Zusammengefasst tragen die neurobiologischen Veränderungen in fronto-striatalen Netzwerken bei den Betroffenen mit ADHS dazu bei, dass sie nur eingeschränkt in der Lage sind, konsequent organisiert und planerisch bzw. strategisch vorzugehen.

Bei der kognitiven Bearbeitung und in der Therapie wirken die Betroffenen »lernresistent«, d. h., sie können sehr wohl reflektieren, welche Verhaltensweisen in welcher Reihenfolge und zu welchen Zeiten zu dem erwünschten Ergebnis führen würden, sind jedoch trotz unterstützender Techniken und Hilfsmittel nicht in der Lage, die Planung in den jeweiligen Situationen umzusetzen. Man findet solche Phänomene einer sogenannten »Anschubhemmung« auch bei der Parkinsonkrankheit, welche auf eine Degeneration von dopaminübertragenden Nervenzellen in der Substantia nigra im Mittelhirn zurückgeführt wird. Bei der ADHS werden die Veränderungen in kortiko-striatalen Netzwerken mit dem unüberwindlichen Hindernis für den Beginn einer Handlung in Verbindung gebracht. Hier spielen im Gegensatz zum Morbus Parkinson keine degenerativen Prozesse, sondern eine Beeinträchtigung der neuronalen Transmission der Botenstoffe Dopamin, Noradrenalin und untergeordnet Serotonin eine Hauptrolle. Die Behandlung mit Stimulanzien verbessert die Neurotransmission in den betroffenen Hirnregionen und fördert so auf der neurobiologischen Ebene die Fähigkeit, sich angemessen zu verhalten. Damit dies auch im Alltag umgesetzt werden kann, benötigen Betroffene zusätzliche Trainingsmaßnahmen und Therapien.

5 Ätiologie der ADHS

Ein weiterer wichtiger Teilaspekt der Störungen des inhibitorischen Systems bei der ADHS ist das mangelnde Konflikt- und Zielmanagement. Hierunter versteht man die Fähigkeit, Unterschiede zwischen Zielen bzw. eigenen Erwartungen und tatsächlich erbrachten Leistungen zu erkennen und das Verhalten entsprechend anzupassen. Diese Funktionen werden ebenfalls über die fronto-striatalen Bahnen und den Thalamus gesteuert. Bei ADHS werden Situationen fehlerhaft eingeschätzt. Dies führt zu Reaktionen, die von Menschen ohne ADHS nur schwer nachvollziehbar sind. Im Sozialkontakt entstehen hierdurch leicht Missverständnisse, und es kommt schließlich zur Ausgrenzung aus der Gruppe. Die ausgegrenzten Betroffenen mit ADHS können dabei meist nicht nachvollziehen, wie es zu den Reaktionen ihrer Umwelt gekommen ist, da sie keinen Zugang zu einem anderen Bewertungssystem haben bzw. ihre innere emotionale Welt nicht mit den von außen wahrgenommenen Signalen ihrer Umwelt zusammenbringen können. Sie fühlen sich ohnmächtig und hilflos, was sich letztlich ungünstig auf ihren Selbstwert und ihre Selbstwirksamkeit auswirkt.

> Kevin bemüht sich, auf dem zweiten Bildungsweg sein Abitur nachzuholen. Die mathematisch-naturwissenschaftlichen Fächer machen ihm Spaß. Die künstlerischen und sprachlichen Fächer liegen ihm nicht so sehr und langweilen ihn. Bei einer Hausaufgabe hat er schnell die Lust verloren und einige Flüchtigkeitsfehler gemacht. Bei der Kontrolle macht ihn der Lehrer vor den anderen Schülern auf die Fehler aufmerksam. Kevin fühlt sich in mehrfacher Hinsicht vorgeführt und betrogen. Einerseits hatte er gehofft, er sei »clever« genug gewesen, sodass der Lehrer seine kleinen Fehler übersehen würde. Hier hat er sich getäuscht und kann dies gar nicht verstehen. Andererseits erlebt er den Hinweis auf die Fehler in Gegenwart der anderen Schüler als persönliche Kritik und Demütigung. Er hat große Mühe, die Situation zu akzeptieren. Bereits am Ende des Schultages stellt er den Lehrer zur Rede. Abends kommt Kevin gar nicht mehr zur Ruhe. Er hat das Gefühl, dass er weder vom Lehrer noch von den Mitschülern akzeptiert

5.6 Neuropsychologische Veränderungen bei ADHS und Zusammenhänge

werde, und entscheidet sich, die Schule abzubrechen. Bei einem gemeinsamen Gespräch zwischen Kevin, dem Direktor der Schule und dem Lehrer wird deutlich, dass von Seiten des Lehrers keinerlei Bedenken oder Vorurteile bestehen. Kevin kann sich jedoch überhaupt nicht mehr auf die wohlwollenden und unterstützenden Angebote des Lehrers einlassen und bricht die Schule ab.

An der Fallvignette von Kevin wird deutlich, dass bei ADHS die fehlerhaften Einschätzungen von Situationen und Personen zu extremen Verhaltensweisen beitragen, entsprechend dem »Schwarz-Weiß-« bzw. »Alles-oder-Nichts-Prinzip«. Die Betroffene mit ADHS haben Mühe, an ihren ursprünglichen Zielen oder Motiven festzuhalten. Sie reagieren impulsiv, aus einem momentanen Gefühl in der jeweiligen Situation. Haben sie das Gefühl, sie werden bestätigt, dann reagieren sie spontan und ungefiltert positiv und begeistert. Haben sie den Eindruck von Missachtung, Zurückweisung oder Entwertung, dann folgen Rückzug, Aggressionen oder Depression. Sie reagieren unmittelbar auf das, was sie gerade erleben, bzw. wie ein »Fähnchen im Wind«. Die beeinträchtigte Emotionssteuerung wird ebenfalls auf die mangelnden Vernetzungen zwischen den Bewertungsinstanzen von Striatum, Basalganglien und Thalamus mit gelerntem Wissen und Erfahrungen aus kortikalen Hirnregionen zurückgeführt.

So ist es im Fall von Kevin für Betroffene ohne ADHS wenig nachvollziehbar, dass er aufgrund einer einzigen negativen Erfahrung mit einem Lehrer das lang ersehnte Ziel des Abiturs aufgibt. Aus einem Impuls heraus entscheidet sich Kevin, die Schule abzubrechen, ohne Fähigkeit, diese Entscheidung auf der Basis der möglichen Konsequenzen zu reflektieren. Für die Umgebung erscheinen Betroffene mit ADHS demzufolge stur, kompromisslos und wenig flexibel. Anpassungen erfolgen meist von Seiten der Umgebung, z.B. im Fall von Kevin durch einen vermittelnd eingreifenden Direktor. Häufig stößt das Verständnis der Systeme irgendwann an Grenzen und es kommt schließlich zum Bruch, was im beruflichen Kontext zur Entlassung oder in der Partnerschaft zur Trennung führt. Dementsprechend sind ADHS-Betroffenen häufige Arbeitsstellen- und

Wohnungswechsel sowie Promiskuität nicht fremd. Ohne therapeutische Intervention haben sie kaum Zugang zu ihren fehlerhaften Bewertungssystemen. Dabei wird durch eine medikamentöse Behandlung lediglich die Steuerbarkeit der Bewertungssysteme verbessert, also die Art der Reaktion, d. h., die Betroffenen müssen nicht mehr unmittelbar reagieren. Damit sie auch inhaltlich angemessen reagieren können, benötigen ADHS-Betroffene zusätzlich psychotherapeutische Unterstützung und Förderung ihres Durchhaltevermögens.

Zusammenhänge zwischen ADHS und Sucht finden sich neurobiologisch im Bereich des Belohnungssystems auf der Grundlage der Dopaminmangelhypothese. Bei ADHS ist die beeinträchtigte dopaminerge Neurotransmission im kortiko-striatalen System mit schwachen Belohnungssignalen verbunden. Dadurch sind positive Belohnungserfahrungen bzw. Erinnerungen an eine zu erwartende Belohnung kaum oder unvollständig verankert, was dazu führt, dass Bedürfnisse unmittelbar befriedigt werden müssen bzw. nur unter größter Anstrengung aufgeschoben werden können (Tripp et al. 2009). Dieser mangelnde Bedürfnisaufschub ist ein zentrales Element sowohl bei der ADHS als auch bei der Entwicklung und Aufrechterhaltung einer Sucht. Durch Wiederholung werden die süchtigen Verhaltensweisen gewohnheitsmäßig verstärkt. Bei ADHS sind sowohl der kontrollierte Konsum als auch die Abstinenzerzeugung erschwert. Eine Erklärung hierfür ist, dass die genetisch bedingte Erhöhung der Dopamintransporter, die zu einer mangelnden dopaminergen Wirksamkeit im striatalen System führt, das zeitliche Fenster für den Bedürfnisaufschub bei Betroffenen mit ADHS im Vergleich zur Durchschnittsbevölkerung verkürzt und die Löschung von vorangegangenem verstärktem Verhalten unvollständig macht (Sagvolden et al. 2005). Vereinfacht ausgedrückt soll bei ADHS bereits gelerntes Verhalten schwieriger wieder »verlernt« bzw. gelöscht werden können. Im Zusammenhang mit Sucht soll dies dazu beitragen, dass die »Belohnungseffekte« nach Konsum von psychoaktiven Substanzen, wenn sie zu einer konditionierten positiven Erwar-

5.6 Neuropsychologische Veränderungen bei ADHS und Zusammenhänge

tungshaltung geworden sind, bei Betroffenen mit ADHS hartnäckig verinnerlicht bleiben und somit abstinentes Verhalten erschweren. Zentrale Hirnbereiche für die Entwicklung einer Sucht sind das limbische System und der Nucleus accumbens, der im Striatum angesiedelt ist. Häufig erfolgt der Einstieg in die Sucht über den Probierkonsum von psychoaktiven Substanzen. Durch den Konsum derartiger Substanzen, aber auch bei bestimmten Verhaltensweisen wie z.B. Gaming, kommt es zur Ausschüttung von Dopamin, wodurch die Belohnungssignale im Striatum verstärkt werden. Bei ADHS ist infolge der Veränderungen im Verstärkungsvorgang insgesamt das Risiko für die Entwicklung einer Abhängigkeit erhöht. Insbesondere ein kurzes Zeitfenster zwischen der Einnahme der Substanz und der positiven Wirkung im Belohnungssystem, wie man es z.b. beim Rauchen von Zigaretten findet, trägt dazu bei, dass die Droge häufiger und gezielt eingenommen wird, um die erwartete Wirkung zu erzeugen. Durch Wiederholungen und entsprechende Lernerfahrungen entwickeln sich infolge der Konditionierung süchtige Verhaltensweisen. In diesem Zusammenhang wird die Entwicklung einer Sucht bei ADHS als fehlgeleitete Selbstmedikation verstanden (▶ Kap. 6.2).

5.6.2 Aufmerksamkeitssystem

Die Organisation der Aufmerksamkeit beinhaltet die Aufnahme und Weiterleitung von Informationen sowie die anschließende Verarbeitung derselben. Von besonderer Bedeutung ist dabei das Sinnessystem. Die zu verarbeitenden Informationen stammen aus der Umgebung oder direkt aus dem Inneren des Körpers. Die durch die Sinnesorgane aufgenommenen Informationen werden im Striatum bzw. in den Basalganglien verschlüsselt und über den Thalamus, der sich im Zwischenhirn befindet, an die Großhirnrinde weitergeleitet. Dabei dient der Thalamus als Filter für die Informationen, da Reize nur dann weitergeleitet werden, wenn sie ein bestimmtes Schwellenpotenzial überschreiten. Die so gefilterten Reize gelangen ins Bewusstsein und werden in kortikalen Regionen weiterverarbeitet.

5 Ätiologie der ADHS

Als Konzentration wird die Intensität und Dauer der Aufmerksamkeit, die im Bewusstsein gehalten werden kann, bezeichnet. Bei ADHS ist die Konzentration im eigentlichen Sinne nicht gestört, jedoch wird die Daueraufmerksamkeit durch die erhöhte Ablenkbarkeit verkürzt. Neuropsychologisch werden bei der Aufmerksamkeitsorganisation die selektive Aufmerksamkeit, die Orientierung in Raum und Zeit sowie die Vigilanz, d. h. die Wachheit, unterschieden (Nigg et al. 2004).

Das Gehirn ist zu jedem Zeitpunkt einer Fülle von Informationen ausgesetzt. Um eine Reizüberflutung zu verhindern, gelangen nur relevante Informationen ins Bewusstsein. Diesen Prozess bezeichnet man als selektive Aufmerksamkeit und versteht darunter die Fähigkeit, bedeutsame Reize zu filtern und sich auf Wichtiges zu fokussieren.

Bei der ADHS wurde lange Zeit die Informationsüberflutung des Gehirns so erklärt, dass die Aufmerksamkeitsschwelle dauerhaft niedriger sei im Vergleich zu Menschen ohne ADHS, also dass die selektive Aufmerksamkeit strukturell gestört sei, wie es z. B. bei Störungen des autistischen Formenkreises, bei Borderline-Persönlichkeitsstörungen oder Psychosen vorkommt. Dies war einer der Gründe, weshalb eine ADHS und eine Autismus-Spektrum-Störung nicht gleichzeitig diagnostiziert werden durften. Heute ist bekannt, dass die Hirnstrukturen nicht geschädigt sind, sondern dass die Symptome der ADHS auf einer mangelnden Anpassungsleistung im Striatum und Thalamus beruhen, die das Halten der Aufmerksamkeit zum zentralen Problem bei ADHS macht. Somit sollen im engeren Sinne bei der ADHS weder eine Störung der selektiven Aufmerksamkeit noch der Orientierungsfähigkeit in Raum und Zeit vorliegen, was auch erklärt, dass Kinder und Erwachsene mit ADHS bei Aufgaben, die sie motivieren oder interessieren, intensiv und dauerhaft konzentriert bleiben können und zuweilen die Zeit vergessen, was als Hyperfokussierung bezeichnet wird (Hegerl et al. 2012).

Durch die Schwächung der kortiko-striatalen Netzwerke sind Betroffene mit ADHS ablenkbarer als Personen ohne ADHS, d. h., sie neigen zu einer schneller wechselnden Zuwendung des Bewusstseins

5.6 Neuropsychologische Veränderungen bei ADHS und Zusammenhänge

zu äußeren Reizen oder inneren Impulsen, z.B. Gedanken oder Gefühlen. Die Fülle an Informationen macht es schwierig, wichtiges von unwichtigem zu unterscheiden. Um nun richtige Entscheidungen treffen oder an einer Aufgabe dranbleiben zu können, muss die Reizschwelle für alle ablenkenden Impulse angehoben werden. Dazu sind Menschen mit ADHS aufgrund der mangelnden Wirksamkeit insbesondere der dopaminergen und noradrenergen Botenstoffe nur mit Mühe in der Lage. Demzufolge müssen die ins Bewusstsein gelangenden Impulse bei einer Konzentrationsaufgabe immer wieder aktiv »ausgeblendet« werden, während sie bei Menschen ohne ADHS gar nicht erst ins Bewusstsein gelangen. Wie gut dies gelingt, hängt mit der Fülle an Informationen zusammen, aber auch mit der Zeit, in der eine Aufgabe bewältigt werden muss. Geraten ADHS-Betroffene unter Druck, zeigen sie die klassischen Überforderungszeichen in Form von Gedankensprüngen oder schnell wechselnden Tätigkeiten, wie z.B. Aufstehen während der Erledigung einer Aufgabe bis hin zur völligen Blockade im Denken und Verhalten. Zusammenfassend sind ADHS-Betroffene also nicht grundsätzlich in ihren Aufmerksamkeitsleistungen eingeschränkt, wie dies bei Autismus-Spektrum-Störungen der Fall ist, sondern sie können sich situativ nicht ausreichend anpassen. Viele Betroffene berichten, dass Planungs- und Entscheidungsfähigkeiten bei ihnen durchaus erhalten sind, wenn sie sich nicht unter Druck gesetzt fühlen und Aufgaben in »ihrer Zeit« erledigen können.

> Lisa fiel erst während der ADHS-Behandlung mit einem Medikament auf, wie sehr sie daran gewöhnt war, verschiedene Reize und Informationen gleichzeitig wahrzunehmen. So berichtete sie, dass sie beim Autofahren oder beim Spaziergang durch eine belebte Stadt stets »aus dem Augenwinkel« Personen wahrnehme und intuitiv deren Bewegungsmuster erfassen würde, d.h., sie »wisse«, ob diese in ihre Richtung gehen würden und sie ausweichen müsse. Wenn sie ihre Medikamente eingenommen habe, dann nehme sie die Personen gar nicht mehr wahr, d.h., sie sehe diese erst, wenn sie unmittelbar ihr Blickfeld kreuzen. Am Anfang der Behandlung

sei es Lisa ein paar Mal passiert, dass sie eine Person fast umgerannt hätte. Dies sei für sie ein völlig neues Lebensgefühl und sie müsse sich erst an die neue Situation gewöhnen.

Es darf also bei allen Interventionen davon ausgegangen werden, dass Betroffene mit ADHS grundsätzlich in der Lage sind, Prioritäten und Ranglisten zu bilden. So unterstützen beispielsweise To-do-Listen die Planung von Arbeitsabläufen, wenn die ADHS-Betroffenen mit den Prinzipien von Wichtigkeit und Dringlichkeit vertraut sind. Psychotherapeutisch steht darüber hinaus die gezielte Förderung von Wachheit und Daueraufmerksamkeit im Vordergrund, verbunden mit der Frage, wie ablenkende Impulse abgewehrt werden können (▶ Kap. 8.4).

Bei der Komorbidität von ADHS und Sucht führen die toxischen Wirkungen der Drogen auch zu Störungen der Aufmerksamkeit, wie z. B. beim Wernicke-Korsakow-Syndrom, einem Endzustand bei chronischem Alkoholismus. Andersherum können psychoaktive Substanzen auch die Konzentration, Wachheit oder Aufmerksamkeitsleistungen verbessern, wie z. B. nach Konsum von Kaffee oder nach dem Rauchen von Zigaretten. So ergibt sich aus der Eigenwirkung von bestimmten psychoaktiven Substanzen ein erhöhtes Risiko für eine Suchtentwicklung im Sinne einer fehlgeleiteten Selbstmedikation, wenn sich durch den Konsum »Durststrecken« leichter überwinden lassen.

5.6.3 Emotionsregulationssystem

Für die Verschaltungen der Emotionen im Gehirn ist das sogenannte limbische System (LS) oder Belohnungssystem zuständig. Die Hauptaufgabe des LS besteht darin, Emotionen funktionell an innere und äußere Reize anzupassen und zielorientiert auszurichten. Als Schaltzentrale des LS gelten die Amygdala und der Hippocampus. Anatomisch bilden die Strukturen des LS einen doppelten Ring um die Basalganglien und den Thalamus mit Anteilen in der Großhirnrinde.

5.6 Neuropsychologische Veränderungen bei ADHS und Zusammenhänge

Funktionell werden die Informationen über fronto-limbische Netzwerke kreisförmig von der Amygdala und dem Großhirn über den Hippocampus an den Thalamus und wieder ans Großhirn und die Amygdala geleitet. Dabei übernimmt der Thalamus wiederum eine Filterfunktion, diesmal für die Emotionen, die ins Bewusstsein gelangen. In den Großhirnregionen werden diese dann mit Inhalten aus dem Gedächtnis und mit Sinnesreizen verbunden.

Der Hippocampus ist an der Überführung vom Kurz-ins Langzeitgedächtnis beteiligt. Neue Gedächtnisinhalte werden ausgehend vom Hippocampus in der Amygdala und im Thalamus emotional bewertet und schließlich im Großhirn gespeichert. Die Informationen über Ort und Zeit verbleiben im Hippocampus. Menschen mit Schädigungen im Hippocampus können einen Weg finden, sind aber außerstande, eine Wegbeschreibung zu geben. Neben ADHS (▶ Kap. 5.5) wurden auch chronischer Stress, Depressionen und schwere emotionale Traumatisierungen mit Volumenminderungen im Hippocampus in Verbindung gebracht. Auch können Schlafstörungen bzw. verkürzter oder fraktionierter Schlaf diese Abläufe und »Speichervorgänge« in höheren zentralen Einheiten behindern.

Die Amygdala ist für Angst-Flucht-Verhalten verantwortlich. Aktuelle Situationen werden mit bekannten Situationen verglichen und hinsichtlich potenzieller Gefahren geprüft. Dabei erhält die Amygdala Informationen aus dem Hippocampus und dem Thalamus. Wird eine Situation als gefährlich bewertet, so leitet die Amygdala die notwendigen vegetativen Reaktionen zum Schutz des Organismus ein, beispielsweise eine Erhöhung der Stresshormonausschüttung, die Stimulierung des Atems und der Herzfrequenz, die Aktivierung der mimischen Muskulatur zu einem ängstlichen Gesichtsausdruck und die Erhöhung von Wachheit und Aufmerksamkeit.

Bei ADHS sind im Vergleich zu Menschen ohne ADHS die Netzwerkverbindungen innerhalb des Emotionsregulationssystems verändert. Beispielsweise wurden in bildgebenden Verfahren bei Kindern mit ADHS eine Überaktivierung der Amygdala und Unteraktivierungen des orbito-frontalen Cortex, einem Bereich des Großhirns, der für Lernen, Selbstregulation und komplexe Entscheidungsprozesse zuständig ist, gefunden (Ho et al. 2015). Diese Veränderungen waren bei den betroffenen Kindern mit einer erhöhten Aggressivität, mit Störungen im Sozialverhalten, einer Neigung, Regeln zu brechen sowie mit einer verminderten Fähigkeit zur Verantwortungsübernahme assoziiert. Auch bei Erwachsenen mit ADHS waren eine verminderte Aktivierung im LS und in verschiedenen Großhirnbereichen mit Störungen der Gefühle, wie z. B. Traurigkeit oder Neigung zum Pessimismus (Castellanos et al. 2012a), sowie im weiteren Sinne mit Störungen in der Motivation, der Aufmerksamkeit, der motorischen Kontrolle und mit Behinderung von Lernprozessen verbunden (Cortese et al. 2012).

Die Veränderungen der emotionsregulierenden Netzwerke, insbesondere des Nucleus accumbens, werden mit der Komorbidität von ADHS und süchtigen Verhaltensweisen in Verbindung gebracht (Gehricke et al. 2015). Bedeutsam für die Entwicklung von Abhängigkeiten sollen vor allem die Verstärkung von negativen Emotionen und die erhöhte Reaktionsbereitschaft für Umgebungsreize sein, was nach zahlreichen Studien zu erhöhter Enthemmung, Untreue, promiskuitivem Sexualverhalten, riskanten finanziellen Transaktionen und Neigung zum Substanzkonsum beigetragen hat (Gehricke et al. 2015).

> Robert hat mit 35 Jahren schon alles im Leben erreicht. Er zeigt wenig Angst und ist zu hohen Risiken bereit. Er arbeitet in einer eigenen Firma, fährt schnelle Autos, kauft sich alles, was er begehrt, und ist gern für andere Menschen da. In seinem Leben folgt er seiner Lust, arbeitet aber auch schon mal nächtelang durch. Erst nach der Trennung von seiner Frau reflektiert er seinen Lebensstil. Jetzt spürt er den Verlust, wobei er in der Ehe wenig Zeit für seine Frau und wenig Geduld für die eigenen Kinder aufgebracht hat. Er ist am Boden zerstört, meint, die anderen Menschen seien nur für ihn da gewesen, solange er ihnen etwas gegeben habe. Damit verbindet er vor allem finanzielle Zuwendungen in Form von Urlauben, Kleidung, Schmuck etc. Er zieht sich nach der Trennung emotional zurück, arbeitet Tag und Nacht und nimmt unterstüt-

5.6 Neuropsychologische Veränderungen bei ADHS und Zusammenhänge

zende Angebote von Freunden aus seiner Umgebung gar nicht wahr. Stattdessen gibt er sich vermehrt seinen Impulsen hin, fährt die PS seiner Autos aus, hat nächtliche Essattacken und konsumiert vermehrt Alkohol und Drogen.
Die medikamentöse Behandlung vermindert seine innere Unruhe, die Stimmung bessert sich. Robert ist besser in der Lage, die Situation aus einem Abstand heraus zu betrachten. Schon immer hatte er die Tendenz, vor allem negative Gefühle überzubewerten. Obwohl er die Phasen der Risikobereitschaft kennt, z. B. beim Autofahren oder Fallschirmspringen, übermannt ihn in den Phasen der, wie er sagt, tiefen Depression eine große Ängstlichkeit verbunden mit dem Gefühl, versagt zu haben und völlig wertlos zu sein. Das ADHS-Medikament hilft ihm einerseits, solche Stimmungstiefs abzufangen, andererseits mache ihn die ADHS-Medikation »gewöhnlich«. Er werde dann so wie alle anderen Menschen. Und gerade in den Phasen der tiefen Traurigkeit und des Pessimismus wolle er sich gern wie ein »Held« fühlen dürfen. Die Symptome der ADHS führen bei Robert zur Beschleunigung der Gedanken. Er sei dann kreativ, werde von Ideen überflutet und sei leistungsfähig. Andererseits könne er die zahlreichen Gedanken nur unter Medikation »sortieren« und sich organisiert und angepasst verhalten. Somit erlebt Robert die Medikation als »Fluch und Segen zugleich«.

Die Störungen der Emotionsregulation im Sinne einer mangelnden Verarbeitung emotionaler Stimuli sowie die Bereitschaft, auf Umgebungsreize impulsiv zu reagieren, verbindet ADHS mit süchtigen Verhaltensweisen. Neurobiologisch werden beide Störungen auf beeinträchtigte Funktionen in der Amygdala, im Nucleus accumbens und in Teilen des Großhirns zurückgeführt. Negative Stimmungen, erhöhte Risikosuche (»sensation seeking«), Enthemmung und Impulsivität erhöhen direkt das Risiko für den Konsum psychoaktiver Substanzen. Andererseits können, wie im Fall von Robert, psychoaktive Substanzen über die Aktivierung von Dopamin im Belohnungssystem die Vernetzungen mit anderen Hirnregionen fördern.

5.6.4 Gedächtnis

Das Gedächtnis beinhaltet die Fähigkeit, Informationen aufzunehmen, zu speichern und unter bestimmten Bedingungen wieder abzurufen. Der Prozess der Informationsspeicherung wird als Lernen bezeichnet. Die gespeicherten Informationen bilden das Gedächtnis. Im Ultrakurzzeitgedächtnis wird eine Fülle von Informationen über die Sinnesorgane aufgenommen und im Kurzzeitgedächtnis bzw. dem Arbeitsgedächtnis zwischengespeichert. Das Kurzzeitgedächtnis speichert die neuen Gedächtnisinhalte in der Regel unter einer Minute lang und leitet diese an das Langzeitgedächtnis zur Verarbeitung und Speicherung weiter. An diesen Prozessen sind insbesondere Netzwerke des Großhirns, des Hippocampus, des Striatums und des Thalamus beteiligt.

Neurobiologisch werden die bei ADHS gestörten Gedächtnisfunktionen auf eine dopaminerge Unterfunktion im Hippocampus und Teilen des Striatums zurückgeführt. In der Regel ist die Informationsaufnahme nicht beeinträchtigt. Vielmehr soll das Einspeichern neuer Gedächtnisinhalte aus dem Arbeitsgedächtnis aufgrund der Menge an Informationen gestört sein. So wird bei Kindern und Erwachsenen mit ADHS häufig von Schwierigkeiten berichtet, die Fülle der bewusst gewordenen Informationen zu verarbeiten (Klingberg et al. 2005; Söderqvist et al. 2010). Durch die vielen Wechsel zwischen den Themen verlieren die ADHS-Betroffenen sozusagen den Überblick über die Gedächtnisinhalte. Die bei der ADHS typische Vergesslichkeit kann in diesem Zusammenhang als Schutz vor Überflutung durch zu viele Inhalte verstanden werden. Das Arbeitsgedächtnis ist überfordert. Sicherheit geben Gewohnheiten bzw. ritualisierte Abläufe, weil das Erinnern über bereits verarbeitete Gedächtnisspuren erfolgt und somit die Strukturen des Arbeitsgedächtnisses nicht mit neuen Inhalten und Eindrücken überfordert

5.6 Neuropsychologische Veränderungen bei ADHS und Zusammenhänge

werden. Erwachsene mit ADHS berichten häufig von Tagesmüdigkeit, was in Teilen auf eine Erschöpfung durch eine zu große Menge zu verarbeitender Eindrücke zurückzuführen ist. Da ADHS-Betroffene die Informationen nicht internal filtern bzw. abwehren können, muss die Reizabschirmung von extern erfolgen, z. B. durch Rückzug, Vermeidung von Menschenmengen oder Benutzen von Kopfhörern, etwa zur Abschirmung im Zug oder beim Einkaufen in Einkaufszentren.

Egon und Stefanie berichten über ihre Symptome der gestörten Reizregulation

Stefanie hat große Mühe, in einem Gespräch von einem zu einem anderen Thema zu wechseln. Sie bleibt sozusagen am vorherigen Thema »hängen« bzw. benötigt mehr Zeit, um sich umzustellen. Zwar ist sie einerseits leicht ablenkbar. Andererseits merkt sie, dass es ihr schwerfällt, von einer Ebene auf eine andere zu wechseln. Wenn sie beispielsweise mit einer Projektaufgabe beschäftigt ist, dann kann sie kaum eine Frage zu abendlichen Aktivtäten beantworten. Es ist, als sei ihr Gehirn emotional an die Projektaufgabe gebunden und brauche erst eine gewisse Zeit, um sich auf ein anderes Thema umzustellen. Ganz extrem habe sie dies bemerkt, als sie um die Mittagszeit mit einem Kollegen joggen war, anschließen duschte und etwas zu Mittag aß. Das Laufen sei mit sehr angenehmen Gefühlen verbunden gewesen. Sie hatte am Nachmittag dann große Mühe, sich wieder auf ihre Arbeit zu konzentrieren. Hier erschien es ihr, als sei das Gehirn an den Gefühlen beim Laufen »hängen geblieben«.

Egon beschreibt die Reizüberflutung in einem ganz anderen Bereich. Wenn er seine Medikamente einnimmt, kann er tagsüber seine Aufgaben am Arbeitsplatz gut erfüllen. Am Abend sei es dann häufig so, als sei sein Gehirn »voll mit Eindrücken«. Er brauche dann eine Zeit der Reizabschirmung, ziehe sich zurück und höre Musik oder mache nichts. Dies sei für seine Umgebung zuweilen sehr schwierig nachvollziehbar. Und so habe er sich schon manchen Ärger eingehandelt, wenn er Verabredungen mit Freunden oder seiner Partnerin kurzfristig abgesagt habe. Insgesamt trägt dieses »Ruhebedürfnis« dazu bei, dass er in der Partnerschaft Wochenendbeziehungen bevorzugt, da er sich nur so ausreichend auf seine Partnerin und die Situationen einlassen kann. An den Abenden ist es ihm oft zu anstrengend, noch einmal »umzuschalten«.

6 Spezielle Suchtdynamik

Im klinischen Alltag rückt das gemeinsame Auftreten, die Komorbidität von ADHS und Sucht, zunehmend in den Fokus der Aufmerksamkeit. Während die ADHS bereits seit der Kindheit besteht, entwickelt sich die Sucht im Laufe der Adoleszenz bzw. des Erwachsenenalters von einem regelmäßigen über einen problematischen bis hin zu einem abhängigen Konsum (Ohlmeier et al. 2010). Insgesamt erfüllen in Europa etwa 3–7 % der erwachsenen Bevölkerung die Kriterien der Abhängigkeit von unterschiedlichen Substanzen. Nach dem bevölkerungsrepräsentativen Epidemiologischen Suchtsurvey aus dem Jahr 2021 lag in Deutschland ein problematischer Konsum von Tabak bei 7,8 % und von Alkohol bei 17,6 % der Erwachsenen vor (Rauschert et al. 2022).

Wie auch bei der ADHS handelt es sich bei der Sucht um eine komplexe Störung. Sie entsteht aus dem Zusammenwirken von biologischen, psychologischen und sozialen Faktoren. Die süchtig machenden psychoaktiven Substanzen bzw. Verhaltensweisen müssen leicht verfügbar sein, werden regelmäßig konsumiert bzw. »gebraucht« und zeigen zuverlässig und prompt eine erwünschte bzw. erwartete Wirkung. Die Lebensverläufe von Abhängigen sind ähnlich wie bei ADHS mit erhöhtem Leistungsversagen in Schule und Beruf, mit Ängsten und Depression, mit Suizidgedanken, mit weiteren psychischen Störungen oder mit Delinquenz verbunden.

Die Erklärungsansätze für die Entwicklung der Komorbidität von ADHS und Sucht sind so mannigfaltig wie die beiden Störungsbilder komplex und uneinheitlich sind. Zum einen werden gemeinsame genetische und epigenetische Faktoren diskutiert. Andererseits sollen störungsübergreifende, gemeinsame Symptome, wie z. B. eine erhöhte Impulsivität, eine gestörte Emotionsregulation oder Störungen im Sozialkontakt, sowohl die Schwere der ADHS als auch das Auftreten einer Sucht begünstigen. In diesem Zusammenhang ist die

Selbstmedikationshypothese für die Entwicklung einer Abhängigkeit ebenso unbestritten wie die Tatsache, dass sich die Symptome der ADHS und der Sucht bei komorbidem Bestehen gegenseitig ungünstig beeinflussen, was die Prognose von beiden Störungsbildern verschlechtert. In diesem Zusammenhang wirken sich nicht nur die Symptome, sondern auch die Konsequenzen der ADHS, wie z.B. mangelnde Schul- oder Berufsabschlüsse, negativ auf die Suchtentwicklung und den Suchtverlauf aus (Molina et al. 2014). Zusammengefasst ergeben sich somit für die Komorbidität von ADHS und Sucht insgesamt komplexe Zusammenhänge, die sich auf die Entwicklung, die Aufrechterhaltung und die Prognose der Abhängigkeitserkrankung auswirken.

6.1 Gemeinsame genetische Varianten bei ADHS und Sucht

ADHS und Sucht zeigen ähnliche Symptome, z.B. hohe Impulsivität, starke innere Unruhe oder mangelnde Aufmerksamkeit. Hierfür wird eine gemeinsame genetische Grundlage diskutiert, was in der Summe das Auftreten beider Störungsbilder gleichermaßen fördern soll.

In den großen genomweiten Assoziationsstudien (GWAS) wurden sowohl für die Sucht als auch bei ADHS mehrere Kandidatengene gefunden, die mit einem erhöhten Risiko für das Auftreten der jeweiligen Störung verbunden sind. Bei den Abhängigkeitserkrankungen müssen auch die unterschiedlichen Substanzen berücksichtigt werden. Erschwerend kommt noch hinzu, dass die Übergänge von einem problematischen zu einem abhängigen Konsum in der Regel fließend sind. In diesem Sinne leisten die großen genomweiten genetischen Assoziationsstudien einen wichtigen Betrag, aussichtsreiche Kandidatengene zu identifizieren, deren Bedeutung in Folgestudien weiter untersucht werden kann. Ziel ist es, bei genetischen

6.1 Gemeinsame genetische Varianten bei ADHS und Sucht

»Risikokonstellationen« frühzeitig intervenieren und gegenwirken zu können, um das Auftreten einer Abhängigkeit möglichst zu verhindern. Dabei stellt die ADHS in der Kindheit per se eine Risikokonstellation dar, weshalb diese Gruppe frühzeitig diagnostisch erfasst werden sollte. Unsere eigene Forschungsgruppe war maßgeblich an der ersten GWAS bei Alkoholabhängigkeit beteiligt (Treutlein, Cichon, Ridinger et al. 2009). Hier und in Folge-GWAS fanden sich Risikovarianten vor allem in Genen, die alkoholmetabolisierende Enzyme kodieren (Clarke et al. 2017). Inkonsistente Befunde wurden auf die Heterogenität der Stichproben zurückgeführt, da komorbide psychische Störungen, wie z.b. Schizophrenie oder schwere Depressionen, gleichzeitiger Substanzkonsum verschiedener psychoaktiver Substanzen, z.b. Alkohol, Tabak oder Cannabis, aber auch das Bildungsniveau wichtige Einflussfaktoren für die unterschiedliche Gesamtbeurteilung der Daten darstellen (Walters et al. 2018).

Bei der Komorbidität von ADHS und Alkoholabhängigkeit soll die Störung im Sozialverhalten (CD = conduct disorder), die sich meist bereits in der Kindheit ausbildet, eine wichtige triggernde Rolle spielen. Als Kandidatengene für die Verbindungen zwischen CD, ADHS und Alkoholabhängigkeit werden Genvarianten im Dopamintransportergen DAT1 (van der Zwaluw et al. 2009), im Bereich der Rezeptorregulation der Gamma-Aminobuttersäure (GABRA2) (Dick et al. 2006) und im Bereich acetylcholinerger Rezeptoren (CHRM2) (Dick et al. 2008) sowie Genen, die die Zellmembrandurchlässigkeit regulieren (CDH13) (Franke et al. 2009; Treutlein et al. 2009), diskutiert. Die Studien deuten darauf hin, dass nicht nur die genetisch verankerten Veränderungen der Neurotransmission bei der Komorbidität von ADHS und Alkoholabhängigkeit eine Rolle spielen, sondern auch Genorte, die die anatomische Struktur, also die Neuroplastizität des Gehirns, beeinflussen.

Auch für die Komorbidität von ADHS und Tabakabhängigkeit konnten in genomweiten Untersuchungen genetische Varianten aufgespürt werden (Loukola et al. 2014), die für die synaptische Plastizität in spezifischen Hirnregionen und für die Kognition bedeutsam sind (Alemany et al. 2015).

Für die Opioidabhängigkeit ergab eine Multi-Trait-Analyse mehrerer GWAS von Personen europäischer und afrikanischer Herkunft genetische Assoziationen im OPRM1-Gen sowie an 18 weiteren Genorten (Deak et al. 2022; s. Vertiefung). Entsprechend hatte auch eine ältere Studie für das gemeinsame Auftreten von ADHS und Substanzabhängigkeit ohne Angabe einer spezifischen psychoaktiven Substanz genetische Assoziationen im OPRM1-Gen gefunden (Carpentier et al. 2013). Auch für die Cannabisabhängigkeit wurden genetische und kausale Zusammenhänge mit ADHS gefunden (Artigas et al. 2020; Dhamija et al. 2023). Für die Komorbidität von ADHS und Spielsucht konnten bislang keine Risikogene identifiziert werden (Piasecki et al. 2019).

Insgesamt ist nicht davon auszugehen, dass sich Veränderungen an einem einzigen Genort maßgeblich für die Risikoaufklärung der Komorbidität von ADHS und Sucht eignen, und wie bereits erwähnt, spielen auch die unterschiedlichen psychoaktiven Substanzen eine Rolle sowie Einflüsse durch weitere psychische Störungsbilder und soziökonomische Faktoren, wie in der nachfolgenden Vertiefung am OPRM1-Gen dargestellt werden soll.

Vertiefung
Über das OPRM1-Risikogen werden spezifische Opioidrezeptoren reguliert. Es existieren zwei Varianten. Statt der Base Adenin ist bei opioidabhängigen Erwachsenen mit ADHS die Base Guanin (G-Variante) überrepräsentiert. Träger der G-Variante reagieren empfindlicher auf körperlichen Schmerz, aber auch auf soziale Ausgrenzung. In bildgebenden Verfahren zeigten sich Veränderungen im vorderen Großhirnbereich und in der sogenannten Inselregion (Way et al. 2009). Die G-Variante soll nicht nur einen Risikofaktor für die Entwicklung einer Opioidabhängigkeit darstellen (Beer et al. 2013), sondern auch eine Rolle bei der Tabakabhängigkeit spielen (Zhang et al. 2008). Hinsichtlich der Alkoholabhängigkeit sollen Träger der G-Variante eher geschützt sein (Koller et al. 2012). Funktionell ergibt sich ein Erklärungsmodell

für die Komorbidität von ADHS und Opioid- oder Tabakabhängigkeit bei den Genträgern der G-Variante durch die erhöhte Empfindlichkeit auf soziale Ausgrenzung, die bei der ADHS häufiger auftritt als bei Gesunden.

6.2 Modell der fehlgeleiteten Selbstmedikation

Das Modell der fehlgeleiteten Selbstmedikation ist ein zentraler Erklärungsansatz für das gemeinsame Auftreten von ADHS und Sucht. Neurobiologisch sind zentrale Netzwerke, die mit Motivation und Belohnung in Verbindung stehen, beteiligt. Hauptsächlich betroffen sind das Exekutiv-Netzwerk mit dem präfrontalen Cortex und den Netzwerkverbindungen zum Thalamus und zu den Baselganglien (Nucleus accumbens, Amygdala etc.), das Aufmerksamkeitsnetzwerk, in dem sensorische Informationen verarbeitet werden, sowie das Default-Mode-Netzwerk (DMN), das Ruhezustandsnetzwerk, mit Regelkreisläufen zwischen kortikalen Regionen und Hippocampus.

Werden diese zentralen Strukturen des Belohnungssystems durch natürliche Prozesse aktiviert, entstehen angenehme Gefühle wie Zufriedenheit, innere Ruhe und Gelassenheit. Üblicherweise kommt es nach Konsum aller psychoaktiver Substanzen zu einer Aktivierung der Netzwerkstrukturen des Belohnungssystems über eine direkte oder indirekte Stimulation der Dopaminausschüttung (Soyka und Küfner 2008). Darüber hinaus aktivieren die jeweiligen Substanzen weitere Netzwerke, was zu unterschiedlichen Wirkprofilen der psychoaktiven Substanzen führt. So wirkt Alkohol anders als Cannabis und dieses wiederum anders als Heroin oder Kokain, aber alle Substanzen führen zu einer dopaminergen Aktivierung im Belohnungssystem. Nach der Dopamindefizit-Hypothese zeigen Menschen mit einer mangelnden Dopaminwirkung ein erhöhtes Risiko für die Entwicklung einer Abhängigkeit, da sie anfälliger für die positiven Wirkungen der psychoaktiven Substanzen sind (Nutt et al. 2015). In zahlreichen bildgebenden Studien mit funktionellem Charakter konnte gezeigt werden, dass bei ADHS die erhöhte Dopamintransporterdichte mit einer mangelnden Dopaminwirksamkeit in den Netzwerkstrukturen des Belohnungssystems assoziiert ist. Der Konsum von psychoaktiven Substanzen verbessert die Dopaminwirksamkeit durch eine Blockade von Dopamintransportern und/oder einer erhöhten Freisetzung von Dopamin in den synaptischen Spalt, was sich direkt auf die ADHS-Symptomatik auswirkt. Die Erfahrung, dass der Substanzkonsum die innere Unruhe oder das Einschießen von störenden Gedanken und Außenreizen reduziert oder die Konzentration und Emotionsregulation verbessert, fördert schließlich im Sinne einer fehlgeleiteten Selbstmedikation den wiederholten Konsum. Neurobiologisch ist der Substanzkonsum bei ADHS mit einem verbesserten Hirnmetabolismus in den beeinträchtigten Hirnregionen, insbesondere in der Amygdala und in hippocampalen Bereichen, assoziiert, wie eine 2023 publizierte bildgebende Studie mittels 18-Fluorodeoxyglucose Positronenemissionstomografie (18-FDG PET) bei männlichen Kokainabhängigen zeigen konnte (Carli et al. 2023). So ergibt sich nach Substanzkonsum ein kurzfristiger Gewinn durch Ausgleich der dopaminergen und kognitiv-behavioralen Defizite bei ADHS, was einer fehlgeleiteten Selbstmedikation entspricht. Die Erwartung, dass der Substanzkonsum zuverlässig mit einer Symptomlinderung verbunden ist, fördert die Motivation und das Verlangen nach einem regelmäßigen Konsum. Schließlich entsteht über Konditionierungsprozesse sekundär eine Sucht parallel zur ADHS.

Grundsätzlich gelten diese Mechanismen auch für Verhaltenssüchte, z.B. dem pathologischen Spielen. Anders als bei den substanzgebundenen Süchten spielt dort zusätzlich die Illusion der Kontrolle und die Vorstellung des vermeintlichen Gewinns eine große Rolle für die Entstehung und Aufrechterhaltung der Abhängigkeitserkrankung (Murch et al. 2015).

Hat sich die Sucht erst einmal entwickelt, so besteht diese eigenständig, d.h., die Behandlung der ADHS-spezifischen Symptome führt

6.2 Modell der fehlgeleiteten Selbstmedikation

nicht automatisch zur Rückentwicklung der süchtigen Verhaltensweisen. Zwar beeinflussen sich die Symptome der Sucht und der ADHS wechselseitig, aber bei Besserung der einen Störung folgt nicht automatisch eine Verbesserung der anderen Störung. Da die ADHS bereits ab der Kindheit besteht und sich die Sucht sekundär im Laufe der Adoleszenz entwickelt, ist die Prävention die beste Maßnahme. So hat eine ältere längsschnittliche Untersuchung an Adoleszenten mit ADHS ergeben, dass eine medikamentöse Behandlung der ADHS das Risiko für die Suchtentwicklung senkt (Molina et al. 2014). Dies konnte in zahlreichen Folgestudien bestätigt werden (Chang et al. 2019). Dabei sank gemäß einer schwedischen Geburtsregisterstudie das Risiko, eine Substanzabhängigkeit zu entwickeln, mit der Dauer der medikamentösen ADHS-Behandlung (Chang et al. 2014). Umgekehrt wurde auch untersucht, ob die Behandlung mit Stimulanzien das Auftreten einer Sucht fördern kann. Eine der ersten Langzeituntersuchung hierzu ergab kein erhöhtes Abhängigkeitsrisiko (Huss et al. 2008). Ein Erklärungsansatz für diese Ergebnisse ist, dass Betroffene mit ADHS die Stimulanzien als Medikamente zur Symptomlinderung bewerten und nicht als Droge zur Leistungssteigerung, was in Folgestudien bestätigt werden konnte. Darüber hinaus ergab eine Metaanalyse, dass bei Einsatz von Stimulanzien auch kein erhöhtes Suchtrisiko für andere psychoaktive Substanzen wie Alkohol, Nikotin oder Cannabis besteht (Humphreys et al. 2013). Im Gegenteil reduzierte sich nach heutigem Kenntnisstand das Risiko, an irgendeiner Sucht zu erkranken, wenn die ADHS bereits ab der Kindheit oder frühen Adoleszenz medikamentös mit Stimulanzien behandelt wird.

Für den Langzeitverlauf und die Prognose von ADHS und Sucht sind neurobiologische und neuroplastische Veränderungen verantwortlich, die sich durch den fortgesetzten Konsum entwickeln. Hier spielen der stimulierende Neurotransmitter Glutamat und der inhibierende Neurotransmitter Gamma-Aminobuttersäure (GABA) jeweils wichtige Rollen. Das Gleichgewicht zwischen diesen beiden Substanzen wird bei chronischer Einnahme einer psychoaktiven Substanz zugunsten der GABA verschoben. Da das Gehirn die Tendenz zum Ausgleich hat, stellt sich auf der Grundlage dieser vermehrten GABA-Ausschüttung ein neues Gleichgewicht zwischen GABA und Glutamat ein (Tritsch et al. 2012). Bei Entzug der Droge kommt es zu einer überschießenden Wirkung der stimulierenden glutamatergen Neurotransmission, was zu den typischen Entzugssymptomen wie Übererregbarkeit, Unruhe und vegetative Reaktionen führt und in der Folge den Drang zum Wiederkonsum der Droge, das sogenannte Craving, fördert. Häufig sind es diese Symptome, die zu einem frühen Abbruch einer Entzugsbehandlung oder zu einem Rückfall beitragen (Kawata et al. 2023). Zusätzlich leiden die ADHS-Betroffenen ja auch unter ihren spezifischen Symptomen, wie Impulsivität, innere Unruhe und dem mangelnden Bedürfnisaufschub, was das Durchhalten einer Entzugs- oder Entwöhnungsbehandlung negativ beeinflusst. Dies erklärt, wie eine ältere Studie aus meiner eigenen Forschungsgruppe zeigen konnte, dass bei ADHS und Alkoholabhängigkeit schwerere Verlaufsformen mit ungünstigen Prognosen resultieren (Johann et al. 2003).

6.3 Risikofaktoren für die Komorbidität von ADHS und Sucht

Die Diskussionen darüber, dass die Symptome der ADHS bzw. die durch ADHS bedingten Folgen (z.B. weitere psychische Komorbiditäten, soziale Ausgrenzungen und negative Lebenserfahrungen etc.) die Suchtentwicklung fördern können, sind nach wie vor nicht abgeschlossen und bleiben kontrovers.

In zahlreichen Studien konnte gezeigt werden, dass die Hauptsymptome der ADHS, wie z.B. innere Unruhe, Impulsivität oder Stimmungsschwankungen, die im Zusammenhang mit einer beeinträchtigten Selbst- und Stressregulation stehen (Beheshti et al. 2020), die Entwicklung von Abhängigkeitserkrankungen fördern können

6.3 Risikofaktoren für die Komorbidität von ADHS und Sucht

(Biederman et al. 2014). Jugendliche in einem sogenannten Brokenhome-Umfeld, vergesellschaftet mit fehlenden Vorbildern und dem Konsumverhalten des direkten sozialen Umfelds, z. B. der Eltern oder Geschwister, sind hier besonders gefährdet. Aber auch die Folgeerscheinungen der ADHS, wie etwa schlechtere Schulbildung, Arbeitslosigkeit (Fleming et al. 2021), Delinquenz (Young et al. 2021) oder Beeinträchtigungen in den sozialen Fertigkeiten, können als allgemeine Risikofaktoren die Suchtentwicklung fördern. Metaanalysen fanden, dass ADHS-Betroffene weniger beliebt waren oder Mühe hatten, längerdauernde Freundschaften zu entwickeln, was auf Beeinträchtigungen in sozialen Fertigkeiten wie Teilen, Kooperation und Problemlösung zurückgeführt wurde (Ros & Graziano 2018). Demzufolge sind ADHS-Betroffene sozial nicht so gut in die Peer-Gruppe integriert. In konsumierenden Peer-Gruppen wird der Zusammenhalt häufig über den Substanzkonsum reguliert. Der Wunsch dazuzugehören kann bei Heranwachsenden mit ADHS den Substanzkonsum fördern, wenn sie sich in konsumierenden Gleichaltrigengruppen aufhalten. Wenn der Konsum nicht als unangenehm empfunden wird bzw. wenn das Bedürfnis der Zugehörigkeit zur konsumierenden Peer-Gruppe entsprechend groß ist, fördert die positive Verstärkung durch Wiederholung des Konsums der Drogen die Entwicklung zur Sucht, wobei Konditionierungs- und Lernprozesse eine wichtige Rolle spielen. In der Alkoholikertypologie von Cloninger und Mitarbeitern wurde bereits in den 1980er Jahren ein Risikotyp beschrieben, der mit erhöhtem »sensation seeking« verbunden war. Hierbei handelte es sich um Menschen, die eine erhöhte Risikobereitschaft zeigten, stets auf der Suche nach Herausforderungen waren, getrieben und impulsiv wirkten. Sie konsumierten große Mengen Alkohol bis zum Kontrollverlust und entwickelten im Vergleich zu anderen Alkoholikern sehr früh, d. h. meist vor dem 25. Lebensjahr, das Vollbild der Abhängigkeit (Cloninger et al. 1988). Cloninger verband diesen Risikotyp mit Störungen in der dopaminergen Neurotransmission. Als Cloninger seinen Risikotyp formulierte, war ADHS als Störungsbild gerade in das diagnostische Manual aufgenommen worden. Er selbst hat die Zusammenhänge von

ADHS und seinem »Cloninger-Risikotyp« noch nicht beschrieben. Bei einer prospektiven Fall-Kontroll-Studie alkoholabhängiger Erwachsener mit und ohne ADHS konnten wir in unserer Forschungsgruppe zeigen, dass ADHS-Betroffene häufiger mit dem Cloninger-Risikotyp assoziiert waren (Johann et al. 2005). Derartige Zusammenhänge zwischen hohem »sensation seeking«, Impulsivität und dopaminerger Dysregulation in motivationalen und belohnungsabhängigen Systemen wurden bei Erwachsenen mit ADHS auch im Zusammenhang mit erhöhtem Cannabis- und Kokainkonsum gefunden (Spera et al. 2021).

Eine weitere wichtige Rolle für die Entwicklung von Abhängigkeiten spielen die bei ADHS im Entwicklungsverlauf häufig auftretenden Störungen im Sozialverhalten (CD = conduct disorder) bzw. das oppositionelle Verhalten oder die sich jenseits der Adoleszenz entwickelnde antisoziale Persönlichkeitsstörung (Retz et al. 2020). Bereits in einer älteren Studie konnten Edwards und Mitarbeiter an 1.774 männlichen Zwillinge zeigen, dass sowohl eine Störung im Sozialverhalten als auch eine ADHS in der Adoleszenz allein und in Kombination robuste Risikofaktoren für die Entwicklung einer Alkoholabhängigkeit darstellen (Edwards et al. 2012). Dabei stieg das Risiko, an einer Alkoholabhängigkeit zu erkranken, wenn zusätzlich eine CD oder eine antisoziale Persönlichkeitsstörung vorlagen. Hier trugen Störungen im Sozialverhalten und andere externalisierende Beeinträchtigungen im Sinne von moderierenden Faktoren dazu bei, dass sich bei den Betroffenen mit ADHS die Alkoholabhängigkeit besonders früh entwickelte und besonders schwer verlief (Perkins et al. 2022). Für diese Risikokonstellation von ADHS, Störung im Sozialverhalten bzw. antisozialer Persönlichkeitsstörung und Abhängigkeitserkrankungen werden gemeinsame genetische Varianten angenommen (Luderer et al. 2021).

Schließlich ist auch der gesellschaftliche Rahmen nicht unwichtig hinsichtlich des Risikos für die Suchtentwicklung. Religiöse Zugehörigkeit bestimmt genauso den Umgang mit dem Konsum psychoaktiver Substanzen wie die Gesetzgebung, welche die Kosten, Legalität und Verfügbarkeit von Substanzen reguliert. Auch nicht zu unter-

6.3 Risikofaktoren für die Komorbidität von ADHS und Sucht

schätzen sind Einflüsse von Mode und Werbeindustrie. Zusammenhänge zwischen gesellschaftlichen Rahmenbedingungen und ADHS sind bislang kaum untersucht.

Die Selbstmedikationshypothese zeigt, dass Menschen mit ADHS insgesamt stärker gefährdet sind, sich wiederholt mit psychoaktiven Substanzen zu stimulieren. Die Impulsivität, die mangelnde Fähigkeit zum Bedürfnisaufschub und zur Löschung von Erwartungshaltungen sind darüber hinaus konsumfördernd. Zusätzlich neigen Betroffene mit ADHS dazu, Regeln zu brechen, und sind nur eingeschränkt in der Lage, ihre Stimmungen zu regulieren und sich situationsangemessen zu verhalten, was im Entwicklungsverlauf mit Störungen im Sozialverhalten bzw. oppositionellem Verhalten in Verbindung gebracht wird. Salopp ausgedrückt, tun sie das, was ihnen Spaß macht, und das so häufig wie möglich, ohne die Konsequenzen ihres Verhaltens ausreichend zu berücksichtigen.

Merke
Zentrales Erklärungsmodell für die Komorbidität von ADHS und Sucht ist die Selbstmedikationshypothese. Der Konsum von psychoaktiven Substanzen führt über die Förderung der Dopaminwirkung im Belohnungssystems zu einer kurzfristigen Verbesserung der ADHS-spezifischen Symptomatik. Die Sucht entsteht schließlich durch den wiederholten bzw. regelmäßigen Konsum von Drogen. Als begünstigende Faktoren wirken sich direkte und indirekte Folgen der ADHS aus, z. B. niedriges Bildungsniveau, Broken-home-Situation, Arbeitslosigkeit, mangelnde soziale Zugehörigkeit, reduzierte Lebensqualität sowie Beeinträchtigungen der Stress- und Emotionsregulation, oder Störungen im Sozialverhalten. Dadurch kommt es bei ADHS zu einer frühen Suchtentwicklung. Hat sich eine Abhängigkeitserkrankung entwickelt, so besteht diese eigenständig. Darüber hinaus wirken sich die wechselseitigen Beeinflussungen von ADHS und Sucht negativ auf den Verlauf und die Prognose beider Störungsbilder aus.

Tom ist 24 Jahre alt und hat ADHS. Er berichtet, er sei seit der Kindheit in Behandlung, zunächst wegen Lernschwierigkeiten, später wegen der nicht enden wollenden inneren Unruhe und der leichten Ablenkbarkeit. In der Kindheit habe es eine kurze Phase der Behandlung mit Ritalin® gegeben. Er wisse eigentlich nicht, ob und wie das Medikament gewirkt habe. In der kinder- und jugendpsychiatrischen Praxis sei er für einige Jahre regelmäßig zu ambulanten Gesprächen gegangen, aber irgendwann, als er älter wurde, sei er nicht mehr hingegangen. Einen Schulabschluss habe er nicht geschafft und auch die Lehre als Gärtner habe er abgebrochen. Auch da sei er irgendwann nicht mehr hingegangen. Mit dem Rauchen habe er schon im 10. Lebensjahr begonnen. Mittlerweile rauche er in Stresssituationen bis zu 40 Zigaretten am Tag. Geld habe er nicht wirklich. Zu Hause sei er rausgeworfen worden, nachdem er mehrfach im elterlichen Haus Party gemacht habe. Wenn die Eltern im Urlaub waren, habe er seine Freunde eingeladen oder zumindest diejenigen, von denen er dachte, es seien seine Freunde. Das Haus sei nach den Feiern jeweils völlig verwüstet gewesen. Tom habe es nicht geschafft, es wieder sauber zu bekommen. Als dann bei einer Party im Haus einiges kaputt gegangen war und zusätzlich auch einige Wertgegenstände der Eltern abhandengekommen seien, hätten die Eltern einen Schlussstrich gezogen und Tom zum Auszug gedrängt. Sie zahlen ihm seither ein Einzimmerappartement und das Essen. Für alle weiteren Dinge muss Tom selbst aufkommen. Er arbeite auf Abruf als Hilfsgärtner und helfe bei Umzugsunternehmen. Bereits mit 12 Jahren habe er angefangen, regelmäßig Cannabis zu konsumieren. Jetzt komme auch schon mal Ecstasy hinzu. Alkohol trinke er, wann immer ihm das Geld reiche. Er sei eigentlich ein sehr körperbewusster Mensch, versuche Sport zu machen und sich gesund zu ernähren. Aber obwohl er sich dies immer wieder vornehme, schaffe er es meist nicht. Und am Ende des Tages habe er doch wieder irgendetwas gegessen, was er nicht wollte, und mehr auf dem Sofa gelegen als sich zu bewegen. Auch von den Drogen könne er nicht lassen. Obwohl er wisse, dass diese ihm nicht guttun, investiere er den Großteil seines verdienten Geldes in Zigaretten und weitere Substanzen, für die sein Geld reiche. Er habe sich schon oft vorgenommen, in eine Entzugsbehandlung zu gehen. Aber sobald es an die konkrete Umsetzung gehe, fehlen ihm die Energie und Motivation. Am Ende sei er dann immer wieder ärgerlich auf sich, auf die Welt und auf das Leben, welches ihm nicht ermögliche, seine Absichten in die Tat umzusetzen.

7 Diagnosen und Differenzialdiagnosen

In den USA wurde das Störungsbild ADHS erstmals 1980 in das »Diagnostic and Statistical Manual for Mental Disorders« (DSM, s. American Psychiatric Association), damals noch in der Version drei (DSM-III), als attention deficit disorder (ADD), also als reine Störung der Aufmerksamkeit, und ab 1987 als attention deficit hyperactivity disorder (ADHD) mit zusätzlicher Berücksichtung der Hyperaktivität aufgenommen. Neben den Hauptsymptomen der Aufmerksamkeitsstörung, der Hyperaktivität und der Impulsivität sind bei der ADHS häufig zusätzlich eine ausgeprägte affektive Labilität und eine Desorganisation nachweisbar. In Europa wird nach der von der Weltgesundheitsorganisation (WHO) herausgegebenen ICD (»International classification of diseases«) kodiert. Dabei wurde ADHS unter den hyperkinetischen Störungen als einfache Aktivitäts- und Aufmerksamkeitsstörung (F90.0) aufgenommen. Bei dem seit 2013 gültigen DSM-5 werden drei Subtypen unterschieden, der aufmerksamkeitsgestörte, der hyperaktiv-impulsive und der gemischte Typ der ADHS. Nach der ICD in der 10. revidierten Fassung wird primär nur der gemischte Typ als ADHS klassifiziert. Das unterschiedliche diagnostische Vorgehen hat nicht nur dazu geführt, dass in Europa nach ICD im Vergleich zum DSM nur halb so häufig eine ADHS diagnostiziert wurde, sondern auch die Vergleichbarkeit der Studien eingeschränkt. In den revidierten Fassungen haben sich die beiden Klassifikationssysteme angenähert, und so folgt auch die seit Januar 2022 inkraftgetretene ICD-11 der Logik des DSM mit drei Subtypen bei ADHS. Die Hauptsymptome der ADHS müssen vor dem 12. Lebensjahr nachweisbar sein. Für Adoleszente und Erwachsene über 17 Jahren wurden die Cut-off-Werte von sechs auf fünf zutreffende Kriterien herabgesetzt. Die Symptome müssen in mindestens zwei Lebensbereichen bestehen und dürfen nicht durch andere psychische Störungen besser erklärbar sein. Nach wie vor handelt es sich bei der Diagnosestellung einer ADHS sowohl im Kindes- als auch im Erwachsenenalter um eine klinische Diagnose, d.h., sie beruht auf der Einschätzung einer in der Diagnostik und Therapie erfahrenen Fachperson (s. Konsensuspapier, Faraone et al. 2021). Für die Diagnosestellung und die Einschätzung der Schwere der Symptomatik werden immer der individuelle Entwicklungsverlauf sowie differenzialdiagnostische Abgrenzungen zu weiteren psychischen Störungsbildern berücksichtigt. Wenn möglich, werden nicht nur die Betroffenen befragt, sondern auch wichtige Bezugspersonen. Bei den Kindern sind das in der Regel die Eltern oder nahe Bezugspersonen. Erst in zweiter Linie oder als Bestätigung einer vorangegangenen klinischen Verdachtsdiagnose bzw. zur Abgrenzung gegenüber anderen Störungen kommen Fragebögen, neuropsychologische Testverfahren, Laboruntersuchungen oder apparative Verfahren, wie z. B. EEG-Ableitungen oder Magnetresonanztomographien (MRT), zur Anwendung.

7.1 ADHS-Diagnostik im Kindesalter

Bei Kindern erfolgt die Diagnosestellung auf den sechs Achsen des multiaxialen Klassifikationssystems der Kinder- und Jugendpsychiatrie. Hier werden erfasst:

- klinisch psychiatrische Symptome,
- umschriebene Entwicklungsstörungen,
- Intelligenzniveau,
- körperliche Symptome,
- aktuelle assoziierte psychosoziale Umstände und Abweichungen,
- Globalbeurteilung der psychosozialen Anpassung.

7 Diagnosen und Differenzialdiagnosen

In der Regel werden zunächst die Anamnesen (z.B. Familien- und Sozialanamnese) erhoben. Im Anschluss erfolgen eine körperliche Untersuchung und Verhaltensbeobachtungen. Bei der körperlichen Untersuchung ist zu berücksichtigen, dass auch körperliche Erkrankungen zu Verhaltensweisen beitragen, die symptomatisch wie eine ADHS imponieren, beispielsweise Unruhezustände bei juckenden Ekzemen, Atemwegserkrankungen oder Allergien. Auch neurologische und sensomotorische Störungen können als Symptome einer ADHS fehlgedeutet werden. Deshalb muss stets der Entwicklungsverlauf bei der klinischen Beurteilung herangezogen werden. Neben der Intelligenztestung gehören auch testpsychologische Untersuchungen und ADHS-spezifische Fragebögen zu einer sorgfältigen Untersuchung, z.B.

• die Diagnosecheckliste für hyperkinetische Störungen (DCL-HKS),
• der Fremdbeurteilungs- und Selbstbeurteilungsbogen für hyperkinetische Störungen (FBB-HKS; SBB-HKS).

Neuropsychologisch werden die sogenannten Exekutivfunktionen überprüft und im Altersvergleich beurteilt. Darüber hinaus können Veränderungen durch Retestvergleiche erfasst werden und Trainings in spezifischen Bereichen erfolgen, die neuropsychologisch am auffälligsten waren. Bei der klinischen Diagnostik der ADHS dienen die neuropsychologischen Testverfahren als flankierende Befunde für die Erhärtung der klinischen Einschätzung. Schließlich wird das Bild abgerundet durch Zusatzuntersuchungen. So dienen beispielsweise Blutuntersuchungen der Schilddrüsenwerte dazu, die Verhaltensauffälligkeit gegen eine Schilddrüsenüberfunktion abzugrenzen. Beim EEG können vor allem Anfallsleiden ausgeschlossen werden, bzw. die EEG-Untersuchungen können zur Verlaufsbeurteilung dienen. Darüber hinaus kann es auch notwendig sein, über bildgebende Verfahren Hirnveränderungen auszuschließen, wenn sich klinisch der Verdacht auf einen Tumor ergeben sollte. Die regelmäßige Einnahme von Medikamenten muss unbedingt berücksichtigt werden, da z.B. Sympathomimetika, Kortikosteroide, die bei asthmatischen

Erkrankungen eingenommen werden, oder Schilddrüsenhormone die Verhaltensauffälligkeiten einer ADHS simulieren können.

Differenzialdiagnostisch sollte noch folgendes geprüft werden:

* Hoch- oder Minderbegabung,
* umschriebene Teilleistungsstörungen, wie z.b. Lese- oder Rechenschwächen,
* Seh- oder Hörstörungen,
* Tic-Störungen oder Tourette-Syndrom,
* Autismusspektrumstörungen und Anfallsleiden.

Die Diagnostik und Behandlung sollte sich stets an den gültigen Leitlinien orientieren, die für die ADHS im Kindesalter beispielsweise von der Deutschen Gesellschaft für Kinder- und Jugendpsychiatrie und -psychotherapie überarbeitet und durch die Arbeitsgemeinschaft der Wissenschaftlichen Medizinischen Fachgesellschaften (AWMF) im Internet zur Verfügung gestellt werden.

7.2 ADHS-Diagnostik im Erwachsenenalter

Auch im Erwachsenenalter wird die Diagnose primär anhand der klinischen Symptome gestellt. Dies erfordert ein umsichtiges Vorgehen und Erfahrungswissen in der Diagnostik und Betreuung von Erwachsenen mit ADHS, da weder einzelne Untersuchungen noch die Kombination aus bildgebenden und psychometrischen Verfahren geeignet sind, die Diagnose im Erwachsenenalter mit hinreichender Genauigkeit zu stellen (Harrison et al. 2016).

In der Regel erfolgen eine psychiatrische Untersuchung mit Anamneseerhebung, Ermittlung der Symptome im Entwicklungsverlauf und Erfassung von zusätzlichen relevanten psychischen oder körperlichen Störungen sowie der Ausschluss von Differenzialdiagnosen.

7 Diagnosen und Differenzialdiagnosen

Bereits 2003 wurden die ersten Leitlinien zur Erfassung der ADHS im Erwachsenenalter formuliert. Diese Leitlinien wurden 2010 vom europäischen (Kooij et al. 2010) und 2021 vom internationalen Netzwerk für ADHS im Erwachsenenalter bestätigt und erweitert (Faraone et al. 2021).

Für die Diagnosestellung einer ADHS im Erwachsenenalter müssen die Symptome seit der Kindheit nachweisbar sein. Ist eine ADHS-Diagnose in der Kindheit nicht gestellt worden, so muss dies rückwirkend, also retrospektiv, im Erwachsenenalter erfolgen. Deshalb ist es notwendig, den Symptomverlauf bzw. die Entwicklung der Beschwerden in den unterschiedlichen Alltags- und Lebensbereichen ebenso zu erfassen wie das Lern- und Leistungsverhalten in Schule und Beruf sowie die partnerschaftlichen, freundschaftlichen und familiären Kontexte. Auch bei den Erwachsenen werden die klinischen Befunde durch psychometrische und Screening-Verfahren ergänzt (▶ Kap. 4.2), z.B.

- die Adult ADHD Self Report Scale (ASRS) als Screening Fragebogen der WHO;
- die Wender-Utah-Rating-Skala für die retrospektive Beurteilung der ADHS in der Kindheit (WURS);
- die Homburger ADHS-Skalen für Erwachsene (HASE; bestehend aus WURS-K, Symptomchecklisten in der Selbstbeurteilung (ADHS-SB) und nach klinischem Urteil (ADHS-DC) sowie Wender-Reimherr-Interview (WRI));
- die Conners-Skalen (Conners Adult ADHD Rating Scale; CAARS);
- das Diagnostische Interview für ADHS bei Erwachsenen mit Erhebung alltagsbezogener Symptome und Funktionsbeeinträchtigungen in der Kindheit und im Erwachsenenalter (DIVA)

Schließlich werden in den Leitlinien auch neuropsychologische Verfahren vorgeschlagen, z.B. die Testbatterie zur Aufmerksamkeitsprüfung (TAP), der d2-Aufmerksamkeits-Belastungstest, der Wisconsin Card Sorting Test oder der Continuous Performance Test.

7.2 ADHS-Diagnostik im Erwachsenenalter

Zur klinischen Diagnosestellung gehört auch die sorgfältige Abschätzung weiterer psychischer Störungen. Da sich die ADHS und weitere Störungsbilder in ihrer Symptomatik überlappen oder auf gemeinsamen Ursachen beruhen können, ist eine Abgrenzung trotz sorgfältiger Vorgehensweise nicht immer möglich. Es können auch hier psychometrische Verfahren herangezogen werden, z.B. strukturierte klinische Interviews zur Erfassung für Achse-I- und Persönlichkeitsstörungen, das Beck-Depressions-Inventar (BDI) oder die Hamilton Depressions-Skala (HAMD) für die Depression, das State-Trait-Angstinventar (STAI) oder die Hamilton-Angst-Skala (HAMA) für die Angststörungen, das Childhood Trauma Questionnaire (CTQ) oder das Early Trauma Inventory (ETI) für die Traumafolgestörungen oder das Borderline-Persönlichkeits-Inventar (BPI) für emotional instabile Persönlichkeitsstörungen vom Borderline-Typ.

Differenzialdiagnostisch gewann die Abgrenzung zwischen ADHS und Autismus-Spektrum-Störungen (ASS) an Bedeutung, da seit der Einführung des DSM-5 beide Störungsbilder zeitgleich diagnostiziert werden können. Zahlreiche Studien beschäftigten sich damit, zuverlässige Messmethoden für die Unterscheidung dieser beiden Störungen zu entwickeln. Hier erscheinen Unterschiede im Schlafverhalten ebenso aussichtsreich (Singh et al. 2015) wie bildgebende Verfahren, da beispielsweise Unteraktivierungen in definierten Hirnbereichen nur bei der ADHS gefunden wurden (Christakou et al. 2013; Chantiluke et al. 2014b). Bei der differenzialdiagnostischen Abgrenzung zwischen ADHS und ASS muss auch das primäre Geschlecht berücksichtigt werden. Bei der ASS sind externalisierende Symptome wie Hyperaktivität, Aggression und Impulsivität häufiger mit dem männlichen Geschlecht assoziiert, während Depressionen, Angst oder Schlafstörungen häufiger beim weiblichen Geschlecht vorkommen (Santos et al. 2022).

Wie im Kindes- und Jugendlichenalter muss auch bei Erwachsenen ausgeschlossen werden, dass die aktuelle Symptomatik nicht besser durch eine internistische oder neurologische Grunderkrankung erklärt werden kann. Dies sind bei den Erwachsenen vor allem Schilddrüsenerkrankungen, Anfallsleiden, Schädel-Hirn-Traumata, aber auch Schlafapnoe-Syndrom, Narkolepsie oder Restless-Legs-Syndrom. Zusätzlich dürfen die Krankheitssymptome nicht auf die Einnahme von Medikamenten, wie z. b. Schilddrüsenhormone, Antiasthmamittel, Steroide oder Psychopharmaka mit anregender Wirkung, zurückgeführt werden. Blutwertbestimmungen und apparative Untersuchungen mittels EEG oder Kernspinuntersuchung des Gehirns runden schließlich auch hier die diagnostische Einschätzung ab, sind aber nicht obligater Bestandteil der Standard-Diagnostik.

Zu guter Letzt sind auch noch somatische Probleme zu berücksichtigen, die häufig mit ADHS vergesellschaftet sind, wie z. b. Übergewicht, Allergien, Asthma, Diabetes mellitus und/oder Schlafstörungen (Faraone et al. 2021) (auf die Zusammenhänge zwischen ADHS und Schlaf wurde im ▶ Kap. 4.4 näher eingegangen). Auch bei der Suchtentwicklung, z. b. von Cannabis, spielen insbesondere Einschlafstörungen bei ADHS eine große Rolle. Da die meisten ADHS-Medikamente am Abend keine Wirksamkeit mehr zeigen, besteht insbesondere bei Einschlafstörungen ein großes Risiko für den Missbrauch von Cannabis zum »Herunterregulieren« des quälenden »Gedankenkinos« und zur Erzeugung eines ausreichend großen Schlafdrucks.

7.3 Diagnostik der Sucht

Auch für die Sucht erfolgt die Diagnose nach klinischer Einschätzung. In der Regel führt ein regelmäßiger Konsum über den schädlichen Gebrauch zur Abhängigkeit. Dabei können wie beim problematischen Alkoholkonsum Jahre vergehen, bis sich die Abhängigkeit in ihrem Vollbild entwickelt hat. Besteht eine Komorbidität von ADHS und Sucht, so werden die Einzelstörungen jeweils unabhängig voneinander diagnostiziert.

Nach ICD-11, die seit Januar 2022 mit einer Übergangsfrist von fünf Jahren angewendet werden soll, wird im Vergleich zur ICD-10 stärker auf den dimensionalen Risikoverlauf bei der Entwicklung einer Sucht fokussiert. Es besteht Übereinkunft, dass die ICD-11 erst angewendet werden soll, wenn sie in deutscher Übersetzung vorliegt. Zum Zeitpunkt der Drucklegung des Buchs war dies noch nicht umgesetzt. Somit wird im Folgenden noch die kategoriale Anwendung der ICD-10 beschrieben.

Nach ICD-10 erfolgt die Diagnose einer Abhängigkeit, wenn mindestens drei der sechs Kriterien innerhalb eines Jahres gleichzeitig nachweisbar sind:

- Ein starker Wunsch oder ein Art Zwang, die Substanz zu konsumieren (Craving);
- eine verminderte Kontrollfähigkeit bezüglich des Beginns, der Beendigung und/oder der Menge des Konsums (Kontrollverlust);
- das Auftreten eines körperlichen Entzugssyndroms bei Beendigung oder Reduktion des Konsums;
- der Nachweis einer Toleranzentwicklung, d. h., um die ursprüngliche Wirkung bei Konsum der Substanz zu erzielen, sind zunehmend höhere Dosen erforderlich;
- eine fortschreitende Vernachlässigung von Vergnügen oder Interessen zugunsten des Substanzkonsums bzw. ein erhöhter Zeitaufwand, um die Substanz zu beschaffen, zu konsumieren oder sich von den Folgen des Konsums zu erholen;
- ein fortgesetzter Substanzkonsum trotz des Nachweises eindeutiger schädlicher psychischer, körperlicher oder sozialer Folgen. Dies beinhaltet Leberschädigungen durch exzessives Trinken, depressive Verstimmungen oder kognitive Funktionseinbußen sowie soziale Beeinträchtigungen z. B. durch Verlust des Arbeitsplatzes oder Trennung der Paarbeziehung. Es sollte dabei geprüft werden, dass der Konsument sich tatsächlich über Art und Ausmaß der schädlichen Folgen im Klaren war oder dass zumindest davon auszugehen ist.

Nach dem in den USA seit 2013 gebräuchlichen DSM-5 gelten elf Kriterien als Grundlage für die Beurteilung einer Substanzgebrauchsstörung. Hierfür wurden die sieben Kriterien aus dem DSM-IV für die Diagnose der Abhängigkeit übernommen und zusätzlich noch das Kriterium des »Cravings« aufgenommen, das bis zu diesem Zeitpunkt nur nach der ICD-10 ein diagnostisches Kriterium für die Abhängigkeit war. Darüber hinaus wurden drei der vier Kriterien für den nach DSM-IV diagnostizierten Missbrauch hinzugefügt. Je nach Anzahl der zutreffenden Kriterien erfolgt die Beurteilung des Gebrauchs- oder Verhaltensmusters ebenfalls dimensional. Wenn nach DSM-5 innerhalb eines 12-Monats-Zeitraums zwei bis drei Kriterien erfüllt sind, spricht man von einer »moderaten«, bei Vorliegen von mindestens vier Merkmalen von einer »schweren« Sucht:

- Craving;
- Kontrollverlust;
- das Auftreten eines körperlichen Entzugssyndroms bei Beendigung oder Reduktion des Konsums;
- der Nachweis einer Toleranzentwicklung;
- eine fortschreitende Vernachlässigung von Vergnügen oder Interessen zugunsten des Substanzkonsums;
- ein fortgesetzter Substanzkonsum trotz Nachweis eindeutiger schädlicher psychischer, körperlicher oder sozialer Folgen;
- ein erhöhter Zeitaufwand, um die Substanz zu beschaffen, zu konsumieren oder sich von den Folgen des Konsums zu erholen;
- ein anhaltender Wunsch oder erfolglose Versuche, den Substanzgebrauch zu verringern oder zu kontrollieren;
- ein wiederholter Substanzgebrauch, der zum Versagen bei wichtigen Verpflichtungen in der Schule, bei der Arbeit oder zu Hause führt;
- ein wiederholter Substanzgebrauch in Situationen, in denen es aufgrund des Konsums zu einer körperlichen Gefährdung kommen kann;
- ein fortgesetzter Substanzgebrauch trotz ständiger oder wiederholter sozialer oder zwischenmenschlicher Probleme.

Somit hat sich beim Übergang vom DSM-IV zum DSM-5 die Definition der Sucht geändert. War man bis dahin kategorial vorgegangen, d. h., diagnostizierte man eine Abhängigkeit nach Erreichen eines Cut-offs einer definierten Anzahl von Kriterien, geht man nun dimensional vor und definiert den Substanzgebrauch als mehr oder weniger schädlich. Diesem Vorgehen hat sich auch die ICD-11 mit der identischen Anzahl von Kriterien angeschlossen. Die Bedeutung dieser Modifikation wurde in einer vergleichenden Studie an über 10.000 Australiern untersucht. In dieser Bevölkerungsgruppe erfüllten nach DSM-IV ca. 6 % der Teilnehmenden die Kriterien für Missbrauch und Abhängigkeit von Alkohol. Wurden die Probanden nach DSM-5 beurteilt, so zeigten 9,7 % zwei Kriterien, 5,2 % drei Kriterien und 3,0 % mindestens vier Kriterien der Alkoholgebrauchsstörung (Mewton et al. 2011). Demzufolge erfüllten nach der Definition im DSM-5 fast 15 % der untersuchten Personen die Kriterien einer moderaten Sucht und 3 % die Kriterien einer schweren Sucht. Ziel dieses dimensionalen Ansatzes ist, stärker auf Risikoverläufe durch Substanzkonsum zu fokussieren. Dies entspricht dem Public-health-Ansatz, den Schaden durch den Konsum psychoaktiver Substanzen zu minimieren (harm reduction).

Die 11. Revision der ICD folgt dieser Logik. Dort werden Störungen auf Grund von Substanzgebrauch und Suchtverhalten, z. B. Glücksspiel oder Gaming, zusammengefasst und risikoarme, riskante, schädliche und abhängige Konsummuster definiert. Auch im ICD-11 soll diese Eingruppierung einen erleichterten Zugang zu Früh- und Kurzinterventionen bzw. zu integrativen störungsspezifischen Therapieansätzen ermöglichen.

Zusammenfassung
Die Diagnosen von ADHS und Sucht beruhen primär auf klinisch-psychiatrischen Einschätzungen. Dabei werden die aktuellen Symptome ebenso berücksichtigt wie die Beeinträchtigungen im Entwicklungsverlauf. Bei der Diagnosestellung kann man sich an den aktuellen Leitlinien orientieren. Die Codierung der Störungs-

bilder erfolgt nach den gültigen diagnostischen Manualen. Für die Komorbidität von ADHS und Sucht gilt, dass beide Störungen unabhängig voneinander beurteilt werden. Darüber hinaus können psychometrische Verfahren, z. B. Fragebögen, Interviews oder neuropsychologische Tests, angewendet werden. Erweiterte diagnostische Verfahren, wie z. B. Kernspintomografie oder die Messung der Hirnströme im EEG, dienen der Vertiefung sowie der Abgrenzung zu anderen Störungen. Eine sorgfältige Erhebung aller psychiatrischer und somatischer Befunde runden das Bild ab. Zusammenfassend wird deutlich, dass die Diagnostik der komplexen Störungsbilder aufwändig ist und Kenntnisse von psychischen und somatischen Einflussfaktoren erfordert. Auf dieser Grundlage können über die Einschätzung der Schwere individualisierte störungsbezogene Interventionen erfolgen, was schlussendlich die Prognose und den Verlauf hin zu einer besseren bis guten Lebensqualität ermöglichen soll.

8 Interventionsplanung und interdisziplinäre Therapieansätze

Für die Behandlungen der ADHS und der Komorbidität mit Sucht existieren sowohl für die Kindheit als auch für das Erwachsenenalter nationale und internationale Leitlinien, die fortlaufend überarbeitet und angepasst werden (Isensee et al. 2015; NICE guidelines 2019). ADHS-Betroffene sind ab der Kindheit in ihrem familiären und sozialen Miteinander sowie in den schulischen Leistungen und in den Alltagsfunktionen beeinträchtigt, was zu einem niedrigerem Bildungs- und Sozialniveau und schließlich zu einer reduzierten Lebensqualität beiträgt. Darüber hinaus findet man auch häufig Schwangerschaften im Teenageralter, Kriminalität und Gefängnisaufenthalte sowie Unfälle und Verletzungen. Da in bis zu 70 % zusätzlich psychische Störungen als direkte oder indirekte Folgen auftreten können, werden die frühzeitige Diagnose und Behandlung der ADHS im Kindesalter unter Einbezug der Eltern empfohlen (Coghill et al. 2023), was als Prävention für eine Suchtentwicklung, aber auch für viele weitere Folgen im Zusammenhang mit ADHS verstanden werden kann (Asherson et al. 2014a).

Insbesondere der kombinierte Typ der ADHS ist mit einem frühen Beginn und einem schwereren Verlauf der Suchterkrankung vergesellschaftet. Darüber hinaus finden sich bei der Komorbidität von ADHS und Sucht häufiger Polysubstanzmissbrauch, Suizidalität, höhere Rückfallquoten, häufigere Hospitalisationen sowie insgesamt schlechtere Haltequoten in Therapien und Prognosen (Pallucchini et al. 2021).

In den Guidelines und in systematischen Reviews wird zusammengefasst, welche Behandlungsformen hilfreich sind. Dabei zeigen multimodale Behandlungsansätze die besten Effekte. Hier werden pharmakologische, psychotherapeutische und psychosoziale Therapieansätze kombiniert. Dies beinhaltet neben der Medikation Einzel- und Gruppentherapien, Psychoedukationen von Betroffenen und Angehörigen sowie begleitende Therapien, wie z. B. achtsamkeitsbasierte Verfahren, Kunst-, Bewegungs- und Ernährungstherapien.

Auf dem Boden der neurobiologischen Ätiologie der ADHS steht die medikamentöse Behandlung zur Symptomlinderung im Vordergrund. Die eingesetzten Medikamente sind gut wirksam und verträglich, was auch in Langzeituntersuchungen gezeigt werden konnte. Nichtsdestotrotz sind noch Fragen zur Behandlungsdauer offen, beispielsweise, welche Effekte von Intervallbehandlungen zu erwarten sind, oder auch Fragen zum Alter. Unbestritten führt die medikamentöse Behandlung in jedem Lebensalter zu einer Verbesserung der Lebensqualität, jedoch hat sie jenseits der Adoleszenz in der Regel wenig Einfluss auf das Bildungsniveau oder den Berufsabschluss.

Bei der Beurteilung der positiven Effekte auf die ADHS-Symptome mittels psychotherapeutischer oder psychosozialer Interventionen müssen methodische Schwächen berücksichtigt werden, z. B., dass die meisten Studien nicht verblindet wurden. So kann nicht ausgeschlossen werden, dass die Effekte zumindest in Teilen auf Erwartungshaltungen sowohl von Betroffenen als auch Therapierenden zurückzuführen sind. Zusammengefasst waren in jedem Lebensalter kognitive Therapien am geeignetsten, die Grundsymptome der ADHS zu lindern. Elterntrainings führten zwar nicht zu einer wesentlichen Verbesserung der ADHS-Symptome, waren aber geeignet, negatives Erziehungsverhalten bei den Eltern und oppositionelles Verhalten beim Kind zu reduzieren (Faraone et al. 2021). Insgesamt führte eine frühzeitige ADHS-Behandlung im Kindesalter und in der Adoleszenz zu Verbesserungen von Leistungen und Kommunikation, zur Förderung von Verständnis im sozialen, schulischen und familiären Umfeld, zur Reduktion von Versagensgefühlen und schlussendlich zur Verbesserung der Lebensqualität (Coghill et al. 2023).

8 Interventionsplanung und interdisziplinäre Therapieansätze

Werden bereits in der Kindheit funktionale Verhaltensmuster eingeübt, d. h., haben die Betroffenen gelernt ihr »ADHS-Gehirn zu benutzen«, kann im Erwachsenenalter daran angeknüpft werden, auch wenn mit der Medikation oder der Therapie pausiert wurde. Bei Erwachsenen mit ADHS stehen bei der Interventionsplanung die individuellen Ziele, die Beeinträchtigungen der Alltagsfunktionen und eine Psychoedukation der Betroffenen und ihrer nahestehenden Personen im Vordergrund. Insbesondere bei Erwachsenen, deren ADHS erst im Erwachsenenalter diagnostiziert wurde, kommt es häufig zu einer Entlastung, wenn sie verinnerlichen, dass die ADHS-spezifischen Verhaltensweisen nicht auf schlechte Eigenschaften zurückgeführt, sondern als Symptome einer Erkrankung verstanden werden können. Meist suchen die Betroffenen Hilfe, wenn ihre etablierten Verhaltensmuster unter ihren jeweiligen Alltagsbedingungen versagen. Dabei verbleibt die Verantwortung für Veränderungen stets bei den Betroffenen, auch unter Berücksichtigung einer hohen erbbedingten Komponente. Ziele der individuellen Interventionen bei ADHS sind, Krankheitsleiden zu vermindern, Folge- und Begleitstörungen zu reduzieren und eine soziale Integration zu ermöglichen bzw. aufrechtzuerhalten.

Cordula, die zwei Kinder hat, kommt mit der Frage, ob sie an einer ADHS leiden könnte, in die ADHS-Sprechstunde für Erwachsene. Sie hat ihre Ausbildung zur Pflegefachfrau erfolgreich absolviert. Mit der Familiengründung hat sie noch ein wenig gewartet, da sie sich erst im Berufsalltag besser etablieren wollte. Dann kamen die beiden Wunschkinder. Zunehmend hat Cordula gemerkt, dass ihr alles »über den Kopf wächst«, die Versorgung der Kleinkinder, zusätzlich der Haushalt, und dann arbeite sie auch noch an 2–3 Tagen in der Woche. Zwar habe die Familie Unterstützung von den Großeltern, aber Cordula stehe ständig »unter Strom«, versuche alles »unter einen Hut zu bringen« und allem gerecht zu werden. An den Abenden ist sie oft verzweifelt, aber viel zu erschöpft, um weiter darüber nachzudenken. Dann reagiert sie auch schon mal genervt, wenn die Kinder etwas wollen, nicht aufhören können zu quengeln, und am Ende gibt es dann auch noch Streit mit ihrem Ehemann. Frustriert, voller Selbstvorwürfe und ohnmächtig geht sie zu Bett. Obwohl ihr Körper hundemüde ist, kann sie nicht einschlafen, weil das Hirn »wach und aktiv« ist. Dann liegt sie noch stundenlang im Bett und grübelt darüber nach, was sie falsch gemacht habe und was sie hätte anders machen können. Aber eine Lösung hat sie nie gefunden. Irgendwann schlafe sie ein und am nächsten Morgen beginne wieder alles von vorn. In der Therapie konnte Cordula akzeptieren, dass es nicht ihr Fehler ist, sondern dass sie mit der Strukturierung der zahlreichen Alltagsaufgaben bei ADHS überfordert ist. Nach Einstellung auf ein Stimulans, welches ihr eine Verbesserung der inneren Ruhe brachte, war es ihr möglich, Dinge »klarer« zu sehen und Aufgaben zu sortieren. Sie hat sich nicht mehr »verloren« in den Tätigkeiten, konnte das, was wichtig war, zur rechten Zeit beginnen und fristgerecht beenden. Dadurch hetzte sie nicht mehr von einem zum nächsten Termin. Eine Verbesserung ihrer Planung und Organisation »entstresste« Cordula weiter. Sie konnte ihre »To-dos« einplanen und abarbeiten, und wenn mal etwas dazwischenkommt, was bei zwei kleinen Kindern ja nicht selten ist, ist sie flexibel genug, sich anzupassen, da sie nun den Überblick behalten kann.

Vertiefung
Die länderspezifischen Expertenempfehlungen zur Behandlung der ADHS mit und ohne Komorbiditäten unterscheiden sich zum Teil erheblich. Zunehmend stellt sich die Frage, wie Therapieeffekte dargestellt werden können. Neben den subjektiven Beschreibungen der Betroffenen und ihres Umfeldes stehen Fragebögen und neuropsychologische Testverfahren zur Verfügung. Darüber hinaus sind auch Labortestungen und bildgebende Verfahren geeignet, mindestens bei Subgruppen von Betroffenen mit ADHS für die Verlaufsbeobachtung herangezogen zu werden.

Bei einigen Betroffenen mit ADHS und Übergewicht wurden Hinweise auf einen Eisenmangel gefunden, was als Anzeichen chronischer Entzündungsprozesse interpretiert wurde (Cortese et al. 2012b, 2014). Unter medikamentöser Behandlung der ADHS war die Verbesserung der ADHS-spezifischen Symptomatik ohne Zufuhr von eisenhaltigen Präparaten mit einer Normalisierung der Eisenwerte assoziiert. Derartige Befunde deuten darauf hin, dass bei ADHS die Normalisierung veränderter Eisenwerte als Marker für eine effiziente medikamentöse Behandlung herangezogen werden könnte.

Die Zusammenhänge zwischen ADHS und Übergewicht werden auf gestörte Vernetzungen im Stirnhirn und Striatum zurückgeführt (Cortese et al. 2014). Betroffene mit ADHS geben an, dass sie außerstande sind, das durch Nahrungsreize ausgelöste Essverlangen zu steuern, was zu impulshaften Essattacken, dem sogenannten »binge eating«, führt. In bildgebenden Verfahren werden diese Impulsdurchbrüche als Aktivierung des Belohnungssystems sichtbar. Verhaltenstherapeutische Interventionen können die Steuerung dieser Impulse verbessern, was zu Anpassungen in der Neuroplastizität der gestörten Hirnregionen führt und in Echtzeit beispielsweise mittels funktioneller Kernspintomografie dargestellt werden kann. Diese Verfahren werden unter dem Begriff Neurofeedback zusammengefasst. Hier werden die Veränderungen der Signale in den bildgebenden Verfahren auf eine vorher durchgeführte Maßnahme, z.B. eine therapeutische Intervention, sichtbar gemacht. In der Regel sind die therapeutisch verursachten Veränderungen in den Hirnbereichen nicht bewusst und demzufolge nicht steuerbar. Durch die Neurofeedbackmethoden soll eine verbesserte Steuerungsfähigkeit trainiert und im Langzeitverlauf eine Verbesserung der Gesamtsymptomatik bei ADHS erreicht werden. Neben den Darstellungen in der funktionellen Echtzeit-Kernspintomografie eignen sich auch FEG-Ableitungen für das Neurofeedbacktraining. Derartige Kombinationen aus Diagnostik, Verlaufsbeobachtung und nicht-invasiver Therapie befinden sich in vielen Bereich in der Erprobung und sind kostenaufwändig (Val-Laillet et al. 2015).

8.1 Medikamentöse Behandlung der ADHS

Bei der *medikamentösen Behandlung* der ADHS im Kindes- und im Erwachsenenalter steht die Verbesserung der dopaminergen und noradrenergen Neurotransmission im Vordergrund. Als erste Wahl werden in allen Guidelines Stimulanzien, d.h. Methylphenidat und Amphetamine, empfohlen. Wenn die Stimulanzien nicht vertragen werden oder nicht ausreichend wirksam oder kontraindiziert sind, können andere Substanzen, z.B. Atomoxetin, Guanfacin, Clonidin oder Antidepressiva in Betracht gezogen werden, für die in Studien Verbesserungen der klinischen Symptome und der Exekutivfunktionen gefunden wurden (Cortese et al. 2018). Darüber hinaus ergab eine systematische Übersichtsarbeit, dass bei ADHS die Langzeitbehandlung mit Stimulanzien oder Atomoxetin vom Kindes- bis ins Erwachsenenalter zu anhaltenden positiven Effekten im Erwachsenenalter auch nach Beendigung der Medikamentengabe führte (Volkow et al. 2012).

In den nationalen Richtlinien wird häufig eine Reihenfolge angegeben, z.B. bei adultem ADHS Methylphenidatpräparate als »First-Line«- und Amphetamine oder Atomoxetin als »Second-Line«-Medikamente. Die vielen anderen in der wissenschaftlichen Literatur wirksamen Substanzen sind für die Behandlung der adulten ADHS häufig nicht zugelassen. Werden sie dennoch verordnet, befindet man sich im sogenannten »Off-Label«-Gebrauch, was bedeutet, dass der verschreibende Arzt das Haftungsrisiko übernimmt und die Krankenkassen zur Kostenerstattung nicht verpflichtet sind.

Ferner werden bei der Behandlung der ADHS spezielle Diäten oder eine Zufuhr von Vitaminen, Spurenelementen bzw. Nahrungsergänzungsmitteln diskutiert.

In zahlreichen Studien wurde die Bedeutung von *ungesättigten Fettsäuren (FS)* für die Entwicklung und Behandlung der ADHS untersucht. Eine erhöhte Omega-6/Omega-3-Ratio im Nabelschnurblut war mit ADHS im Kindesalter assoziiert, was darauf hinweist, dass eine Diät mit Omega-6- und Omega-3-Fettsäuren während der

8.1 Medikamentöse Behandlung der ADHS

Schwangerschaft die Entwicklung einer ADHS beeinflussen kann (Lopez et al. 2019). Bei Kindern und Adoleszenten mit ADHS wurden im Vergleich zu gesunden Kontrollen erniedrigte Blutkonzentrationen von ungesättigten Fettsäuren, insbesondere der Omega-3-Fettsäure, gefunden, was dazu führte, die Supplementierung mit Omega-3-FS systematisch zu untersuchen. Eine Cochrane-Analyse von 37 Studien mit 2.374 Teilnehmenden ergab allenfalls geringfügige Effekte auf die ADHS-Hauptsymptome bei Einnahme von ungesättigten FS (Gillies et al. 2023). Die Studienlage zur Bedeutung von ungesättigten FS in der Behandlung der ADHS ist insgesamt sehr kontrovers, was womöglich auf unterschiedliche Dosierungen und Behandlungsdauern der Supplementierung zurückgeführt werden kann. So ergab eine Metaanalyse von 22 Studien geringe positive Effekte bei einer Langzeit-Supplementierung über mindestens vier Monate mit Omega-3-Fettsäuren (Liu et al. 2023). Zusammenfassend kann somit keine allgemeine Empfehlung für ungesättigte FS ausgesprochen werden, jedoch spricht nichts gegen einen Versuch einer Langzeit-Supplementierung als Ergänzung zur Stimulanzienbehandlung.

Reduzierte Werte der Spurenelemente Magnesium, Zink, Eisen, Kupfer und Mangan wurden mit ADHS-Symptomen in Verbindung gebracht (Lange et al. 2023). Nach einer systematischen Übersichtsarbeit und Metaanalyse wurden bei ADHS im Vergleich zu gesunden Kontrollgruppen niedrigere *Magnesium-* und *25-OH Vitamin D*-Serumwerte gefunden (Effatpanah et al. 2019; Kotsi et al. 2019). Da Magnesium an zahlreichen Stoffwechselprozessen beteiligt ist und ein Magnesiummangel mit Störungen der neurokognitiven Leistungsfähigkeit assoziiert ist, verwundert es nicht, dass bei Erwachsenen die Schwere der ADHS-Symptatik in einer Pilotstudie, zwar mit kleiner Fallzahl, nach einer 12-wöchigen Magnesiumsupplementierung signifikant abnahm (Surman et al. 2021). Auch bei Kindern mit ADHS zeigte eine achtwöchige Behandlung mit Magnesium (6 mg/kg KG/Tag) und Vitamin D eine signifikante Verbesserung der Emotionsregulation und des Sozialverhaltens (Hemamy et al. 2021) beziehungsweise auch bei alleiniger Supplementierung von Vitamin D eine Reduktion aller Hauptsymptome der ADHS (Gan et al. 2019). Es werden größere Fallzahlen benötigt, um daraus allgemeine Behandlungsempfehlungen abzuleiten. Nichtsdestotrotz lohnt sich auch eine Supplementierung insbesondere in der Subgruppe Betroffener mit niedrigen Magnesium- und/oder auch Vitamin D3-Spiegeln.

In zahlreichen Studien wurden Zusammenhänge zwischen ADHS und dem *Eisenstoffwechsel* untersucht. Die in einer systematischen Übersichtsarbeit eingeschlossenen 20 Studien zeigten keine konsistenten Befunde bei den Serum-Eisenspiegeln. Jedoch konnten in zehn von 18 Studien niedrige Serum-Ferritinspiegel mit ADHS assoziiert werden. Noch eindeutiger waren die Ergebnisse von reduzierten Eisenkonzentrationen im Gehirn, insbesondere im Thalamus bei Kindern mit ADHS, was dazu führte, reduzierte Eisenkonzentrationen in spezifischen Hirnregionen als Biomarker für ADHS zu diskutieren (Degremont et al. 2021). Bei Kindern und Adoleszenten konnte ein früher Eisenmangel nicht nur mit Beeinträchtigungen in der kognitiven Verarbeitungsgeschwindigkeit (East et al. 2023), sondern auch mit der Schwere der ADHS-Symptomatik in Verbindung gebracht werden. Dementsprechend führte eine frühzeitig einsetzende Supplementierung von Eisen und Zink zu einer signifikanten Verbesserung der ADHS-Symptome (Granero et al. 2021).

Zusammenfassend erscheinen zur Verbesserung der ADHS-Symptome Langzeit-Supplementierungen von ungesättigten Fettsäuren, Eisen- und Zinkpräparaten sowie Vitamin D und Magnesium ergänzend zur Stimulanzienbehandlung durchaus erfolgversprechend.

Ebenfalls lässt sich rekapitulieren, dass bei der Behandlungsplanung der ADHS alle Symptome zu berücksichtigen sind, die bei den Betroffenen Leiden verursachen und zu Beeinträchtigungen im Alltag führen (Paslakis et al. 2013). Da die Gesamtheit aller Symptome auf Störungen in mehreren Netzwerksystemen des Gehirns zurückzuführen ist, reicht eine Monotherapie zur Regulierung der Auffälligkeiten bei Erwachsenen häufig nicht aus.

Die 24-jährige Manuela war schon bei vielen Ärzten und Therapeuten. Die letzte Therapeutin habe die Behandlung abgebrochen,

8.1 Medikamentöse Behandlung der ADHS

weil es Manuela nicht gelungen war, pünktlich zur Therapie zu erscheinen. Schließlich kommt sie in die ADHS-Sprechstunde. Am Morgen des Tages, wenn ein Termin vereinbart ist, erfolgt eine kurze E-Mail- oder SMS-Anfrage an Manuela, ob sie den Termin wahrnehmen könne. Sie antwortet stets prompt und erscheint zuverlässig. Zwar gelingt es ihr nach wie vor nicht, pünktlich zu sein, aber sie meldet sich zuverlässig, wenn sie sich verspätet. Hinsichtlich der Symptomatik zeigt sich ein gemischter Typ der ADHS mit ausgeprägter innerer Unruhe und Vergesslichkeit, Aufmerksamkeitsdefiziten, Stimmungsschwankungen und erheblicher Angstsymptomatik. Als Manuela ihren letzten Job verloren hat, zog sie sich zurück und entwickelte zunehmend Ängste vor Menschen und Situationen. Sie hatte Angst davor, das Haus zu verlassen und traf aus Scham ihre Freundinnen nicht mehr. Als sie in die ADHS-Sprechstunde kam, hatte sie keine Ideen für ihre Zukunft, alles war ihr zu viel. Auch in der Arbeitslosigkeit war sie bemüht, ihrem Tag eine Struktur zu geben, aber sie fragte sich immer häufiger, wozu dies gut sein solle. Manuela litt erheblich unter ihrer Symptomatik. Sie vergaß die naheliegendsten Dinge, z. B. den Schlüssel oder das Handy, wenn sie das Haus verließ. Oder sie machte noch etwas »mal eben schnell« und kam nicht rechtzeitig an der Bushaltestelle an, verpasste ihren Bus und erschien nicht rechtzeitig am Arbeitsplatz. Auch musste sie oft nachfragen, wenn jemand mit ihr sprach, weil sie in Gedanken abgeschweift war. Mit ihren 24 Jahren traute sie sich nichts mehr zu und hatte keine Perspektive auf eine glückliche Zukunft. Sie litt darüber hinaus unter den Stimmungsschwankungen, die sie fast im Stundentakt ereilten.

In der ADHS-Sprechstunde wurde ein gestuftes Vorgehen besprochen. Die vordringlichste Symptomatik schien die depressive Komponente zu sein mit dem Mangel an Perspektive und Tagesstruktur. Zunächst erfolgte eine Einstellung auf das Antidepressivum Venlafaxin bis zu einer Dosis von 225 mg. Hierunter kam es zu einer Stimmungsaufhellung und einer geringen Stabilisierung der Stimmungsschwankungen. Allerdings litt Manuela auch unter den

Nebenwirkungen, wie z. B. ausgeprägte Mundtrockenheit, weshalb die Dosis auf 150 mg reduziert werden musste. Mit einer gewissen Zeitverzögerung wurde parallel Methylphenidat in einer Langzeitform unter dem Handelsnamen Focalin® XR in einer Dosis von zunächst 5 mg eingesetzt. Die Dosis wurde allmählich auf 20 mg gesteigert. Hierunter kam es zu einer wesentlichen Besserung der inneren Unruhe. Allerdings merkte Manuela etwa sechs Stunden nach der Einnahme einen Abfall der Wirkung mit erheblichen Stimmungseinbrüchen am frühen Abend, was als Reboundphänomen bezeichnet wird. Reboundphänomene können als Folge des Wirkungsabfalls der Stimulanzien auftreten. »Rebound« meint in diesem Zusammenhang, dass die ADHS-Symptomatik zurückkommt. Einfach ausgedrückt, sind Reboundphänomene umso stärker, je steiler die Wirkabfallkurve ist und je besser die Wirkeffekte zuvor gewesen sind. So konnte Manuela verstehen, dass sie abends nicht »depressiv« wurde, sondern dass ihre ADHS-Symptomatik zurückgekommen war und dass sie das Wiederauftreten der ADHS-Symptome deshalb so unangenehm erlebt hat, weil sie sich infolge der positiven Wirkung durch das Stimulans tagsüber stabil gefühlt hat. Das half ihr sehr bei den Versuchen einer Dosisanpassung. Nachdem sich die Reboundphänomene jedoch nicht ausreichend bessern ließen, erfolgte schließlich eine Umstellung auf Lisdexamfetamin in einer Dosis von 30 mg. Hierunter stabilisierten sich sowohl die innere Unruhe als auch die Stimmungsschwankungen. Manuela kann eine Tagesstruktur einhalten. Sie traut sich zunehmend wieder unter Menschen, hat Freude am Leben und Austausch mit anderen. Quälend sind nach wie vor die Störungen der Aufmerksamkeit mit ausgeprägter Vergesslichkeit und hoher Ablenkbarkeit. Deshalb erfolgte eine vorsichtige Aufdosierung von Atomoxetin bis zu einer Erhaltungsdosis von zwei Mal 20 mg pro Tag. Hierunter stabilisierte sich das gesamte Zustandsbild. Manuela geht wieder unter Menschen. Sie hat einen Plan für eine berufliche Wiedereingliederung gemacht und traut sich zu, den Anforderungen gerecht zu werden. Schwankungen in ihrer Stimmung kann sie mithilfe der psychotherapeutisch erarbeiteten Coping-Strategien abfangen und lernt diese als Teil ihrer Persönlichkeit zu verstehen und zu akzeptieren. Dieses mehrstufige Vorgehen inklusive intensiver psychotherapeutischer Interventionen umfasste etwa zwölf Monate. Seither zeigt sich Manuela stabil, kann ihr Leben wieder eigenständig aufbauen und blickt positiv in die Zukunft.

8.2 Medikamentöse Behandlung von ADHS und Sucht

Alkohol, Nikotin, Cannabis, Amphetamine, Kokain und Opioide zählen zu den am häufigsten missbräuchlich konsumierten Substanzen bei ADHS. Leiden die Betroffenen verstärkt unter negativen Emotionen, greifen sie eher zum Alkohol, während Impulsivität und oppositionelles Verhalten häufiger mit Stimulanzien und Cannabis assoziiert sind (Van Emmerik-van Oortmerssen et al. 2014).

Die medikamentöse Behandlung der Komorbidität von ADHS und Sucht ist immer eine Herausforderung. Da es sich bei den Stimulanzien, die als Medikamente der ersten Wahl bei ADHS eingesetzt werden, um psychoaktive Substanzen mit einem eigenen Abhängigkeitspotenzial handelt, ist in den meisten Ländern die Behandlung der Komorbidität von ADHS und Sucht mit First-Line-Stimulanzien kontraindiziert. Demzufolge wird zunächst eine Abstinenz von psychoaktiven Substanzen bzw. zumindest ein kontrollierter Konsum oder eine stabile Substitution mit verordneten Ersatzstoffen gefordert, bevor mit der medikamentösen Behandlung der ADHS begonnen werden kann. In der Praxis lässt sich dies in der Regel nur sehr schwer erreichen, da es häufig zu einem frühzeitigen Abbruch der suchtspezifischen Behandlung kommt, wenn die ADHS-spezifischen Symptome unberücksichtigt bleiben (Aharonovich et al. 2006). Auch unabhängig von den Kontraindikationen sollten bei anhaltendem

Konsum von psychoaktiven Substanzen Stimulanzien oder Atomoxetin nur sehr zurückhaltend eingesetzt werden, da es durch die Wechselwirkungen zwischen den Medikamenten und Drogen zu nicht abschätzbaren Risiken infolge von Mischintoxikation kommen kann (Frölich et al. 2014). Darüber hinaus ist nach einer systematischen Übersichtsarbeit von 13 Studien mit insgesamt über 1.200 Patienten zu berücksichtigen, dass sich bei Komorbidität von ADHS und Sucht durch Stimulanzienbehandlung zwar die ADHS-Symptome besserten, aber nur geringe Effekte auf den Substanzkonsum oder die Haltequoten, d. h. das Verbleiben in den Therapien, erzielt werden konnten (Cunill et al. 2015). Auch führten die Nebenwirkungen der Stimulanzien im Vergleich zu Placebogaben zu frühzeitigen Behandlungsabbrüchen (Tardelli et al. 2020). Zusammenfassend handelt es sich somit beim Einsatz von Medikamenten bei ADHS und Sucht stets um eine besonders komplexe und individuelle Nutzen-Risiko-Abwägung unter Würdigung des Gesamtverlaufs beider Störungsbilder, der aktuellen Beeinträchtigungen und der Prognose (Perez de los Cobos et al. 2014).

Bei der Einschätzung, ob ein Stimulans eingesetzt werden kann, spielt die Wirkerwartung eine große Rolle. Steht für die ADHS-Betroffenen die Linderung von Krankheitssymptomen im Vordergrund, so zeigt sich in der Regel kein Missbrauch der Stimulanzien, anders als man es bezogen auf deren grundsätzliches Abhängigkeitspotenzial erwarten würde. Suchen die ADHS-Betroffenen, ob mit oder ohne Sucht, das »Kick-Gefühl« oder die Euphorisierung der Stimulanzien, so ist Vorsicht geboten (Crunelle et al. 2018). Dabei hängt das »Kick-Gefühl« mit einem schnellen Wirkanstieg zusammen, der vor allem dann erzielbar ist, wenn die Stimulanzien intravenös oder intranasal eingenommen bzw. die Dosis oder die Einnahmefrequenzen erhöht werden (Volkow et al. 2003). Hier stehen mit den langsam anflutenden und langwirksamen OROS-Darreichungsformen (▶ Kap. 8.3.1) des Methylphenidats Medikamente zur Verfügung, die nicht oder nur unter großer Mühe intravenös oder nasal eingenommen werden können, da die Substanz selbst nach Verstampfen der Tablette nicht in Lösung geht, um sie injizieren zu können (Ermer et al. 2010).

8.2 Medikamentöse Behandlung von ADHS und Sucht

Ebenfalls geeignet im Sinne eines Schutzes vor Missbrauch sind Wirkstoffe, die erst im Körper zu aktiven Wirksubstanzen überführt werden, sogenannte Prodrugs wie Lisdexamfetamin. Bei Aufnahme ins Blut ist die Substanz zunächst unwirksam. Sie wird erst im Körper zum wirksamen Dexamphetamin umgebaut. So tritt selbst bei intravenösem Gebrauch kein »Kick-Gefühl« auf (Jasinski et al. 2009). Natürlich entstehen auch Wechselwirkungen zwischen den konsumierten und den verordneten Substanzen. Deshalb ist der Kontakt bzw. das Vertrauensverhältnis zwischen den Betroffenen und dem medizinisch-therapeutischen Personal von großer Bedeutung bei der Risikoabwägung, in welchen fein abgestimmten Schritten Entzugs- und Entwöhnungsbehandlungen mit ADHS-spezifischen Therapien verzahnt werden. Der Einsatz von Stimulanzien bei Abhängigen ist immer eine Gradwanderung. Die ADHS-spezifischen neurobiologischen Veränderungen im Gehirn sind mit einem erhöhten Suchtrisiko assoziiert. Liegt eine Sucht vor, so muss diese als eigenständige Erkrankung gewürdigt werden. Andererseits halten sich die Symptome von ADHS und Sucht wechselseitig aufrecht. So befindet man sich oft in einer rekursiven Pattsituation, wie es »Der kleine Prinz« von Antoine de Saint-Exupéry eindrücklich beschreibt. Auf die Frage, warum er trinke, antwortet der Alkoholiker: »Ich trinke, weil ich traurig bin«, und auf die Frage, warum er traurig sei, antwortet er: »Ich bin traurig, weil ich trinke«. Hier wird deutlich, dass bei chronischen Verläufen von ADHS und Sucht Ursache und Wirkung nicht mehr klar voneinander abgegrenzt werden können, da zahlreiche Faktoren ineinanderfließen. Eine Möglichkeit, die Entscheidungsprozesse für den klinischen Alltag in der Behandlung der Komorbiditäten zu erleichtern, ist die spezifische Berücksichtigung der einzelnen Substanzen in den Studien.

Bei der *Kokainabhängigkeit* konnte gezeigt werden, dass die orale Einnahme von Methylphenidat (MPH) als Medikament sowohl zu einer Reduktion des Drogenkonsums und des Verlangens nach Kokain als auch zu einer Besserung psychologischer, neurologischer und somatischer Probleme bei den Süchtigen beigetragen hat (Dürsteler et al. 2015). Allerdings konnten diese Effekte nicht in allen Studien repliziert werden. Als Erklärung für die kontroversen Befunde wurde diskutiert, dass sich positive Effekte erst bei höheren MPH-Dosierungen von 40 bis 80 mg pro Tag einstellen, was im klinischen Alltag bei zugelassenen Höchstdosierungen von in der Regel 60 mg eher selten vorkommt (Manni et al. 2019). Dass sich bei chronischem Kokainkonsum Effekte erst bei höheren MPH-Dosierungen einstellen, wurde darauf zurückgeführt, dass die Anzahl der Dopamintransporter im Striatum bei Langzeitkonsum hochreguliert werden (Crunelle et al. 2013). Auch bei Behandlung mit Amphetaminen wurden positive Effekte erst bei 40 % höheren Dosierungen gefunden im Vergleich zu ADHS-Betroffenen ohne Kokainabhängigkeit (Tardelli et al. 2020). Stehen bei der Komorbidität von ADHS und Kokainabhängigkeit depressive Symptome im Vordergrund, hat sich der Einsatz des Antidepressivums Bupropion in Tagesdosierungen von 150 bis 400 mg zur Symptomlinderung, zur Reduktion des Konsums sowie zur Verbesserung der Haltequote bewährt (Verbeeck et al. 2017). Dabei ist bei Gaben von Bupropion jenseits von 300 mg das erhöhte individuelle Krampfanfallrisiko von 1:1000 zu beachten.

Nach einer Übersichtsarbeit aus dem Jahr 2023 waren auch bei der Komorbidität von ADHS und *Alkohol- oder Cannabisabhängigkeit* Stimulanzien oder Atomoxetin geeignet, die ADHS-Symptome zu lindern. Auf die Abhängigkeitssymptomatik ergaben sich jedoch keine wesentlichen Effekte (Barbuti et al. 2023). Positiv betrachtet hat der Einsatz von Stimulanzien die Sucht auch nicht verschlechtert.

Bei der Komorbidität von ADHS und *Opioidabhängigkeit* wird die frühzeitige Aufnahme in ein Substitutionsprogramm, z.B. mit Methadon, Polamidon oder Morphinpräparate, zur Verbesserung der Therapie-Haltequote und zur Verringerung von Folgeschäden bzw. zur Verbesserung der Gesamtprognose empfohlen. Auch hier zeigten die meisten Studien positive Effekte von Stimulanzien auf die ADHS-Symptomatik, jedoch nicht auf den Substanzkonsum. Womöglich spielt die Art des eingesetzten Stimulanziums eine Rolle, da sich in zwei naturalistischen Studien beim Einsatz von retardierten Methylphenidatpräparaten neben den positiven Effekten auf die ADHS-Symptomatik auch der Opioidkonsum signifikant reduzierte (Barbutti et al. 2023). Allerdings sind in den meisten Ländern die MPH-Präparate für die klinische Verordnung bei Sucht nicht zugelassen (= Off-Label-Use), was zu einem späteren Zeitpunkt noch diskutiert wird. In den letzten Jahren ist bei zahlreichen Erkrankungen der Einsatz von medizinischem Cannabis stärker in den Fokus des Interesses gerückt (Dhamija et al. 2023). ADHS-Betroffene konsumieren Cannabinoide im Sinne der »fehlgeleiteten Selbstmedikation« insbesondere zur Linderung von sozialen Ängsten, negativen Stimmungen und Schlafstörungen. Dabei profitierten nach einer Übersichtsarbeit Männer insbesondere im Bereich der Hyperaktivität und Impulsivität, die Frauen bei den Aufmerksamkeitsstörungen. Dies steht im Widerspruch zu häufig auftretenden unerwünschten Wirkeffekten durch den Cannabiskonsum, nämlich der Verschlechterung der Aufmerksamkeit und des Arbeitsgedächtnisses. Da ein regelmäßiger Cannabiskonsum zu Beeinträchtigungen von Hirnkreisläufen führt, die mit Motivation (»amotivationales Syndrom«), Impulsivität, Belohnung, Impulsinhibition und kognitiver Verarbeitungsgeschwindigkeit in Verbindung stehen, wurde der Cannabiskonsum bislang bei ADHS als problematisch betrachtet, sodass ein medizinischer Einsatz kaum diskutiert wurde (Cawkwell et al. 2021). Nachdem nun in einem systematischen Review von 136 Studien bis 2020 gezeigt werden konnte, dass es bei Konsum von Cannabis in einer gemischten Kohorte neurobiologisch sowohl zu einer Reduktion der Dopamintransporterdichte als auch zu einer verbesserten Aktivierung im Hippocampus und in Kleinhirnregionen kommt, muss die Haltung zu Cannabis re-evaluiert werden. Bei isolierter Betrachtung nur der Gruppe von ADHS-Betroffenen wurden jedoch bislang keine signifikant positiven Effekte auf die neurokognitiven Hirnprozesse im Zusammenhang mit Cannabiskonsum gefunden. So bedarf es weiterer Studien, um den medizinischen Nutzen von Cannabinoiden bei ADHS seriös und fundiert beurteilen zu können.

Hartmann erscheint in der ADHS-Sprechstunde wegen der Entgleisung seiner Cannabis- und Amphetaminabhängigkeit. Wiederholt komme es vor allem abends zum Konsum. Das helfe ihm zu entspannen und den Tag zu verarbeiten. Grit konnte auf den abendlichen Alkoholkonsum nicht mehr verzichten. Es seien vor allem die nicht enden wollenden Gedanken, die sie ohne die Hilfe der psychoaktiven Substanz nicht mehr stoppen könne. Grit berichtet, bei ihr laufe schon am Morgen nach dem Aufstehen das Gehirn auf Hochtouren. Ständig gehe ihr etwas durch den Kopf, sie könne die Gedanken und inneren Bilder nicht steuern. Morgens stelle sie sich den Tagesablauf vor und sei mit den Situationen der letzten Tage beschäftigt. Sie frage sich, ob sie alles gut gemacht habe, und spreche zuweilen unter der Dusche mit sich selbst, um sich zu beruhigen oder Situationen durchzuspielen, die sie im Verlauf des Tages erwarte. Dabei berichtet sie in der ADHS-Sprechstunde, dass sie »aus einer Mücke einen Elefanten« machen könne. Sie komme in Gedanken vom »Hundertsten ins Tausendste« und könne es gar nicht stoppen, wenn sie sich immer wieder Vorstellungen über den schlimmstmöglichen Ablauf einer Situation machen müsse. Tagesstruktur und Arbeit lenkten sie stets gut von diesem Gedankenkreisen ab. Jedoch schweiften die Gedanken und Gefühle auch während der Arbeit und selbst bei faszinierenden Aufgaben wiederholt ab. Zunächst habe es der Alkoholkonsum Grit erleichtert, den Alltag zu bewältigen. Schließlich habe sie auch tagsüber getrunken. Grit steigerte den Konsum weiter. Irgendwann wuchs ihr die Arbeit doch über den Kopf. Sie konnte ihre Gefühle nicht mehr kontrollieren, und so war es auch am Arbeitsplatz wiederholt zu Wutausbrüchen gekommen. Unter Stimulanzieneinnahme einmal am Morgen gelang es Grit zunehmend leichter, die Gedanken und begleitenden Gefühle zu kontrollieren und Stopp-Signale zu setzen. Darüber hinaus verbesserten sich die Sozialkontakte. Ein Teil von Grits ADHS-bezogenen Symptomen bestand darin, dass sie ihr Gegenüber nicht aussprechen lassen konnte und ins Wort platzte. Der Alkoholkonsum habe die Zunge noch mehr gelockert, was beim Gegenüber regelmäßig entsprechend Verärgerung ausgelöst habe. Hier verbesserte die

8.2 Medikamentöse Behandlung von ADHS und Sucht

Stimulanzieneinnahme ihre Fähigkeit zur Steuerung, sodass Grit warten konnte, bis sie mit dem Sprechen an der Reihe war.

Bei Hartmann wurde am Abend bzw. spätem Nachmittag unretardiertes Methylphenidat in einer Dosis von 10 mg eingesetzt. Dies ist in doppelter Hinsicht eine ungewöhnliche Art der Medikation. Zum einen sollten bei abhängigen Menschen unretardierte Formen des Methylphenidats wegen des beschriebenen erhöhten Missbrauchsrisikos nur sehr zurückhaltend eingesetzt werden. Zum anderen ist es auch bei Betroffenen mit ADHS ungewöhnlich, Stimulanzien am Abend zu verordnen, da dies zu Schlafstörungen führen kann. Bei Hartmann erfolgte diese Form der Medikation nach mehreren erfolglosen Versuchen mit anderen Medikamenten. Der Einsatz von retardierten Stimulanzien am Morgen half ihm, für ca. fünf bis sechs Stunden zur Ruhe zu kommen. Danach traten die innere Unruhe und das Gedankenkreisen wieder in der vollen Schwere auf und hinderten Hartmann hartnäckig daran, einzuschlafen. Er konnte abends nicht mehr abschalten und konsumierte exzessiv Cannabis sowie gelegentlich Amphetamine. Bei Hartmann bewirkte nun der Einsatz von unretardiertem Methylphenidat, dass das Gedankenkreisen am Abend für ihn leichter mithilfe der erlernten Coping-Strategien steuerbar wurde und er ohne Drogen gut ein- und durchschlafen konnte. Im Verlauf der Behandlung konsumierte er nun weniger und schließlich nur noch gelegentlich Cannabis, da er erfahren hatte, dass er auch ohne diese Droge abschalten und Schlaf finden konnte.

Bei Grit führte die Einnahme von Stimulanzien am Morgen zu einer insgesamt besseren Steuerbarkeit der inneren Impulse, insbesondere der Gedanken und Gefühle, sowie in der Folge über das Gefühl einer erhöhten Selbstwirksamkeit zu einer Selbstwertsteigerung. Darüber hinaus verbesserten sich auch die Sozialkontakte und die Arbeitsleistungen, was sich ebenfalls positiv auf ihr Gesamtbefinden auswirkte. Der abendliche Alkoholkonsum musste nun nicht weiter zur fehlgeleiteten Selbstmedikation eingesetzt werden. Allerdings bestand über die jahrelange Konditionierung bereits eine Alkoholabhängigkeit, die mit entsprechenden Entzugs- und Entwöhnungsmaßnahmen behandelt werden musste. Rückblickend formulierte Grit, dass ihr die Behandlung der ADHS-spezifischen Symptome erst ermöglicht habe, sich auf die Behandlung der Alkoholabhängigkeit einzulassen, was sie ohne Behandlung der ADHS nie geschafft hätte.

8.3 Ausgewählte Medikamente

Im Folgenden werden ausgewählte Medikamente für die Behandlung von ADHS sowie ADHS und Sucht beschrieben. Dabei steht der Einsatz im Erwachsenenalter im Vordergrund, wenn nicht anders erwähnt. Hier werden als Mittel der ersten Wahl die langwirksamen Formen der Stimulanzien eingesetzt (McGough et al. 2009; Faraone et al. 2010).

8.3.1 Stimulanzien

In Deutschland und in der Schweiz sind sowohl Methylphenidat in allen Darreichungsformen als auch Amphetaminsalze für die Behandlung der ADHS in der Kindheit zugelassen. Eine Fortsetzung der Behandlung im Erwachsenenalter wird meist genehmigt. Erfolgt keine medikamentöse Behandlung der ADHS in der Kindheit oder wird eine Behandlung mit Stimulanzien vor dem Erreichen des Erwachsenenalters beendet, so gelten bei Wiederaufnahme oder Erstbehandlung der Verschreibung von Stimulanzien für Erwachsene mit ADHS limitierte Regelungen.

Methylphenidat (MPH) ist seit 1944 bekannt und wird in vielen Ländern als »immediate-release« (IR), d.h. direkt wirksames Ritalin®, zur Behandlung der ADHS eingesetzt. MPH erhöht die Verfügbarkeit von Noradrenalin und Dopamin im synaptischen Spalt über eine Hemmung der Wiederaufnahme dieser Botenstoffe in die Nervenzellen. Im Stirnhirn führt dies bei ADHS zur Verbesserung der Denkleistungen und der Impulskontrolle (Rubia et al. 2014). Die Wirkung in den Basalganglien ist mit der Reduktion der motorischen und gedanklichen Hyperaktivität verbunden. Üblicherweise erfolgt bei Kindern eine Dosierung von 0,3–1 mg/kg Körpergewicht mit einem Maximum von 60 mg Methylphenidat pro Tag. Die Wirkung setzt nach 15 bis 30 Minuten ein und hält bei der IR-Form für zwei bis vier Stunden an. Langwirksame Formen des Methylphenidats existieren als SR-Formen (»sustained release«), ER-Formen (»extended release) oder LA-Formen (»long acting«) mit einer verzögerten Wirkstofffreisetzung. Bei den Retardformen wird eine maximale Wirkdauer von zwölf Stunden angegeben. So können die ADHS-Symptome über den ganzen Tag verteilt kontrolliert werden. Die IR-Formulierungen sind in den meisten europäischen Ländern für die Behandlung einer ADHS im Erwachsenenalter nicht zugelassen und zeigten in einer Metaanalyse von zehn weltweit publizierten randomisierten klinischen Studien in dieser Altersstufe nur geringe Effekte auf die ADHS-Symptomatik sowie kaum Effekte auf komorbide Ängste oder Depressionen (Candido et al. 2021). Womöglich hängt dies unter anderem damit zusammen, dass die kurze Wirkdauer für berufstätige Erwachsene nicht ausreicht und nach klinischen Erfahrungen häufig »vergessen« wird, eine zweite oder auch dritte Dosis einzunehmen.

Klinisch erwähnenswert ist, dass bei Erwachsenen häufig im Vergleich zu Kindern geringere Mengen MPH zur Verbesserung der ADHS-Symptomatik ausreichen. Dies korreliert mit früheren Annahmen, dass sich ADHS »auswächst«, d.h. die Symptomatik abnimmt bzw. vollständig sistieren kann. Neurobiologisch kann dieses Phänomen Altersprozessen zugeordnet werden. Bei den Dopamintransportern, die im Vergleich zu Nicht-ADHS-Betroffenen in größerer Zahl vorhanden sind, handelt es sich um Proteine, die regelmäßig im Lebenszyklus verstoffwechselt und nach dem genetischen Code neu gebildet werden. Wie bei der Neubildung der Haut unterliegen auch die Neubildungsprozesse der Dopamintransporter-Proteine einem Alterungsprozess, d.h., bei zunehmendem biologischem Alter werden insgesamt geringere Mengen neu gebildet. Somit re-

duziert sich die Überzahl der Dopamintransporter mit zunehmendem Alter, was neurobiologisch mit einer Verbesserung der dopaminergen Wirkeffekte im synaptischen Spalt und in letzter Konsequenz mit einer Symptomreduktion in Verbindung steht.
Es wird an dieser Stelle nicht systematisch auf alle Nebenwirkungen des Methylphenidats eingegangen. Erwähnenswert ist, dass die medikamentöse Behandlung der ADHS nicht auf der Eigenwirkung der Stimulanzien fußt, sondern auf der Verbesserung der dopaminergen Wirksamkeit im synaptischen Spalt durch Blockade von Transportern sowie durch Förderung der Botenstofffreisetzung in den betroffenen Hirnarealen. Daraus folgt konsequenterweise, dass die Betroffenen eine klar definierte Dosierung benötigen, da die Anzahl der »überzähligen« Dopamintransporter im Vergleich zu nicht ADHS-Betroffenen individuell verschieden ist. Da bislang keine standardisierten Messmethoden der Dopamintransporterdichte im Gehirn zur Verfügung stehen, wird anhand der Verbesserung der klinischen Symptome beurteilt, ob und wann die individuell beste Dosierung erreicht ist. Dies erfordert in der Phase der Medikamenteneinstellung eine engmaschige Begleitung der ADHS-Betroffenen. Eingeschätzt werden der Wirkbeginn, die Wirkeffekte und die Wirkdauer. Bei den langwirksamen MPH-Präparaten hängen der Wirkbeginn und die Wirkkurven mit der Pharmakologie und -kinetik der jeweiligen MPH-Formulierung zusammen, worauf später noch eingegangen wird. Die Wirkeffekte werden von den Betroffenen eingeschätzt. Hier braucht es eine gute Abstimmung mit den Therapeuten und Ärzten, weil es nicht einfach ist, einzuschätzen, ob z. B. die bessere Wachheit bzw. die geringere Tagesmüdigkeit auf eine reine Wirkung der Stimulanzien oder auf eine neurobiologische Wirkung, also auf die dopaminerg bzw. noradrenerg vermittelte Verbesserung der thalamischen Filterfunktion, d.h. auf eine verbesserte zerebrale Reizabschirmung, zurückgeführt werden kann. Da die klinisch orientierte Medizin keine exakte Wissenschaft ist, kann dies niemand mit absoluter Sicherheit einschätzen. Jedoch lohnt es sich, diesen Überlegungen Raum zu geben, da viele der unerwünschten Wirkungen mit zu hohen Dosierungen zusammenhängen. Diese Form der

8.3 Ausgewählte Medikamente

»Titrierung« verdeutlicht, wie wichtig es ist, individuell und nicht schematisiert bei der Medikamenteneinstellung vorzugehen, insbesondere, da nach einer Übersichtsarbeit von 47 randomisierten klinischen Studien mit 7.714 Teilnehmenden keine besseren Wirkeffekte erzielbar waren, wenn die Stimulanzien immer höher dosiert wurden (Farhat et al. 2023).

Nebenwirkungen durch die Stimulanzien treten in allen Dosisbereichen auf. Bestehen jedoch keine Unverträglichkeiten, so sind die meisten schwerwiegenden Nebenwirkungen auf zu hohe Dosierungen oder eine zu späte Einnahme am Tag zurückzuführen. Klinisch findet man geringe kardiovaskuläre Effekte bei Einsatz von Stimulanzien mit leichtem Anstieg von Blutdruck und Puls. Deshalb sollten bei Erwachsenen stets vor der medikamentösen Behandlung das kardiovaskuläre Risiko eingeschätzt bzw. ein erhöhter Blutdruck eingestellt sowie Tachykardien oder Herzrhythmusstörungen abgeklärt werden. Bei höheren Dosen des MPH können auch Nebenwirkungen im psychischen Bereich auftreten, z.B. Nervosität, innere Unruhe oder erhöhte Reizbarkeit. Bei diesen Nebenwirkungen ist es sehr wichtig, abzuwägen, ob die Symptome auf die Wirkung von MPH während der Wirkphase zurückzuführen sind oder darauf, dass nach Beendigung der Wirkung die Symptome der ADHS wieder auftreten, was als »Reboundphänomen« bezeichnet wird. Zwar wird bei den langwirksamen MPH-Präparaten eine Wirkdauer von bis zu zwölf Stunden angegeben, klinisch lässt bei Erwachsenen die Wirkung häufig bereits nach sechs bis acht Stunden nach. Insbesondere, wenn die Wirkeffekte vorher sehr gut waren, kann das Wiederauftreten der ADHS-Symptome als unangenehm erlebt werden. Betroffen sind meist Subgruppen von ADHS mit Beeinträchtigungen im affektiven Bereich (Sanchez-Perez et al. 2012), die dann über Stimmungseinbrüche oder/und Ängste klagen, welche manchmal nur sehr kurz, manchmal auch einige Stunden anhalten können. In der Regel klingen derartige Reboundphänomene nach kurzer Zeit wieder ab, wenn das ursprüngliche »ADHS-Gleichgewicht« im Gehirn wieder erreicht ist. Zwar versucht man derartigen Schwankungen mit den retardierten MPH-Präparaten entgegenzuwirken, jedoch werden insgesamt keine stabilen Blutspiegel und somit auch keine 24-stündige Wirksamkeit erzeugt. Es soll nicht unerwähnt bleiben, dass bei sehr hohen Dosierungen Fälle von durch MPH ausgelösten Psychosen beschrieben wurden. Neurobiologisch werden psychotische Symptome mit einer dopaminergen Überaktivität erklärt. Da der Konsum von psychoaktiven Substanzen zu einer dopaminergen Aktivierung insbesondere im Belohnungssystem führt, sollen süchtige Betroffene mit ADHS auch bei niedrigeren Dosierungen von MPH gefährdet sein, psychotische Symptome zu entwickeln (Kraemer et al. 2010). Umgekehrt wurde z. B. bei Kokainabhängigen eine »Upregulation« von Dopaminrezeptoren gefunden, sodass die Betroffenen höhere Dosierungen von Stimulanzien für eine ausreichende Wirksamkeit gegen die ADHS-Symptomatik benötigten. Dies zeigt einmal mehr, wie wichtig der enge Kontakt zwischen Betroffenen und Behandelnden bei der medikamentösen Einstellung ist, wobei bei abhängigen ADHS-Betroffenen zusätzlich die Nichteinschätzbarkeit des Risikos infolge eines unkontrollierten Drogenkonsums verbleibt.

Eduard wird seit der Kindheit mit Methylphenidat behandelt. Es hilft ihm, die innere Unruhe und die einschießenden Gedanken zu kontrollieren. Er hat den Schulabschluss geschafft und befindet sich nun mit seinen 24 Jahren am Ende seines Studiums. Am Übergang vom Kindes- zum Erwachsenenalter wurde das Medikament auf eine Retardform umgestellt, wobei die Tagesdosis von 40 mg auf 60 mg gesteigert wurde. In der Prüfungszeit kam es wiederholt zu Spannungs- und Angstzuständen. Eduard nahm dies zunächst nicht zu ernst, da er ja im Prüfungsstress war und sich die Symptome damit erklären ließen. Als nach Abschluss der Prüfungen die Angstsymptome in Form von plötzlich einschießender Angst und Unruhe nicht nachließen, sondern sogar zunahmen, stellte er sich wieder in der ADHS-Sprechstunde vor. Eine Reduktion des MPH auf 40 mg brachte keine Linderung. Die Angstattacken traten völlig unabhängig von der Medikamenteneinnahme täglich auf und belasteten Eduard zunehmend. Schließlich wurde das MPH abgesetzt. Nach ca. einer Woche waren die Angstsymptome verschwunden. Somit konnte die Störung eindeutig als Medikamentennebenwirkung verstanden werden. Unklar blieb, warum die Angstsymptomatik nach vielen Jahren der MPH-Einnahme plötzlich ausgelöst wurde. Nach ca. zwei Monaten ohne Stimulanzien wurde erneut ein Versuch mit 20 mg und später 30 mg MPH-Tagesdosis unternommen. Eduard vertrug das lang wirksame Medikament nun gut. Sobald er die MPH-Dosis wieder auf 40 mg steigerte, bemerkte er eine zunehmende Unruhe und leichte Angstsymptome. Für Eduard eine wichtige Erfahrung, die im Erwachsenenalter nicht selten bei Methylphenidat-Tagesdosen ab bzw. über einem gewissen Schwellenwert auftritt.

Bei der Behandlung von Erwachsenen mit ADHS und Sucht nimmt das lang wirksame OROS-Methylphenidat (»osmotic release oral system«), das unter dem Handelsnamen Concerta® im europäischen Raum bekannt ist, eine besonders wichtige Stellung ein. Es ist seit Juli 2009 in der Schweiz und seit 2022 in Deutschland für die Erstbehandlung von Erwachsenen mit ADHS zugelassen. Über die spezifische Verarbeitung der Tablette werden 22 % des Wirkstoffes innerhalb der ersten 60–90 Minuten freigesetzt. Danach erfolgt eine langanhaltende, gleichmäßige Freisetzung des Wirkstoffes, die über den osmotischen Druck reguliert wird. Die Wirkung ist unabhängig vom pH-Wert oder der Motilität im Magen-Darm-Trakt, sodass die Tablette auch nüchtern eingenommen werden kann. Klinisch bedeutsam ist bei der Neueinstellung auf dieses Medikament, den ADHS-Betroffenen zu vermitteln, dass die Wirkung allmählich anflutet und sich ein Wirkplateau frühestens nach 60 bis 90 Minuten einstellt, was eine erhebliche Umstellung für diejenigen bedeutet, die an die rasch einsetzenden Effekte der IR-MPH-Form gewöhnt sind. Bei den Medikamenteneinstellungen berichten Betroffene immer wieder, dass das OROS-MPH nicht »wirke«. Wenn man nun nicht »genau« hinhört und die Betroffenen nicht ausreichend aufklärt, besteht das Risiko einer zu hohen Dosierung. Bei den Dosisanpassungen sind eine sorgfältige Psychoedukation der Betroffenen und ein enger Kontakt unerlässlich. Ansonsten läuft man Gefahr, dass die Dosis in der Plateauphase zu hoch ausfällt und unerwünschte Begleiterscheinungen auftreten. Zahlreiche Studien belegen eine gute Wirksamkeit des OROS-Methylphenidats. Bei mehr als 50 % der Erwachsenen verbesserten sich sowohl die ADHS-Symptome, die Exekutivfunktionen als auch der klinische Gesamtbefund nach Einnahme signifikant im Vergleich zu Placebo (Bron et al. 2014; Medori et al. 2008). OROS-Methylphenidat zeigte auch eine gute Wirksamkeit und Verträglichkeit, wenn es im Rahmen von ADHS und weiteren psychischen Störungen mit anderen Medikamenten kombiniert wurde (Biederman et al. 2012).

Merke
Grundsätzlich zeigen alle Stimulanzien ein erhöhtes Suchtpotenzial, da sie als psychoaktive Substanzen das Belohnungssystem aktivieren. Das Risiko für die Entwicklung einer Sucht ist umso größer, je kürzer die Zeit zwischen der Einnahme der Substanz und ihren biologischen Wirkeffekten ist, also je rascher die als angenehm oder erwünscht empfundenen Wirkungen eintreten (Wirklatenz). Die Steilheit der Dosis-Wirkungs-Kurve hängt zum einen von der Darreichungsform der Substanz ab. Oral verabreichte Medikamente entfalten ihre Wirkungen erst nach der Passage des Magen-Darm-Traktes, also eher langsam. Raschere Wirkeffekte können durch intravenöse oder nasale Applikationen erzielt werden, was in der ADHS-Behandlung einem Missbrauch gleichkommt. Das geringste Suchtrisiko geht demnach von Retardformen aus, da diese erst langsam anfluten und den Wirkstoff über viele Stunden kontinuierlich freisetzen. Grundsätzlich können Tabletten zerstampft oder kann das Pulver einer Kapsel aufgelöst und injiziert werden. Ein solcher Missbrauch erhöht das Suchtrisiko von Stimulanzien. Mit dem OROS-Methylphenidat wurde eine Darreichungsform entwickelt, die nur sehr schwer in Lösung geht und somit nur mit dem großen Risiko einer Embolie intravenös injiziert werden kann. Deshalb wird bei Betroffenen mit ADHS und Sucht diese Applikationsform empfohlen (Katzman et al. 2014).

8.3 Ausgewählte Medikamente

Auch hier gilt einmal mehr der individuelle Risiko-Nutzen-Ansatz. So sind nicht alle Abhängigen gleich einzuschätzen, da z.b. bei einer Alkoholabhängigkeit im Vergleich zu einer Heroinabhängigkeit nicht unbedingt ein erhöhtes Risiko für einen intravenösen Substanzmissbrauch gegeben ist. Daraus folgt, dass nicht zwingend bei jeder Abhängigkeit auf OROS-MPH zurückgegriffen werden muss.

Jessica leidet an einer ADHS. Sie hat schon zahlreiche Drogen ausprobiert. Bei Kokain »schätzt« sie einerseits den »Kick«, den sie beim Schnupfen der Substanz erfährt, andererseits empfindet sie für eine gewisse Zeit nach dem Konsum eine innere Ruhe, die sie mit anderen Mitteln bislang nicht erreichen konnte. Sie würde sich nicht als kokainabhängig bezeichnen, aber ihr ist klar, dass sie gefährdet ist und einen Missbrauch betreibt.

Als Jessica auf das Medikament Concerta® eingestellt wurde, erlebte sie dies als »Segen«. Die innere Unruhe, die inneren Antreiber, welche sie nicht hätten stillsitzen lassen können, seien für Stunden verschwunden. Darüber hinaus wird sie nicht ständig von ihren Tagträumen abgelenkt. Da die Wirkung nur für ca. sechs Stunden anhält, nimmt sie manchmal am Nachmittag eine zweite Tablette des Medikaments. Dabei achtet sie darauf, dass die Einnahme nicht nach 15:00 Uhr erfolgt, da sie sonst Schlafstörungen bekommt. Darum nimmt sie nicht jeden Tag zwei Tabletten, sondern nur, wenn sie das Gefühl hat, dass es nicht anders geht.

Am Morgen tritt die beruhigende Wirkung erst nach ca. zwei Stunden ein. Das ist für Jessica ein Problem, weil sie im Hotelbereich arbeitend ihre volle Aufmerksamkeit auch schon in den frühen Morgenstunden benötigt. Nach längeren Beratungen mit ihrem behandelnden Psychiater nimmt sie nun morgens zusätzlich zum Concerta® eine Tablette Ritalin®. Bereits nach 15 Minuten spürt sie die Linderung ihrer Symptome und bis sich die Wirkung von Concerta® entfaltet, sind die Effekte von Ritalin® schon fast abgeklungen. Jessica ist sehr glücklich mit dieser medikamentösen

Behandlung ihrer ADHS. An Kokain denkt sie nur noch selten und seit sie auf diese Medikamente eingestellt ist, kam es auch nicht mehr zu einem Missbrauch.

Eine weitere langwirksame Form des MPH ist das Dexmethylphenidat, das seit 2009 in der Schweiz unter dem Handelsnamen Focalin® für die Behandlung von Erwachsenen mit ADHS zugelassen ist. In diesem Arzneimittel ist nur das D-Enantiomer des Methylphenidats verarbeitet. Alle anderen Darreichungsformen des Methylphenidats bestehen aus einem Gemisch aus D- und L-Enantiomer, was als Razemat bezeichnet wird. Dies ist insofern bedeutsam, als bei Focalin® nur die Hälfte der sonst üblichen Dosis benötigt wird. Somit entsprechen 5 mg der D-methylierten Form der Wirksamkeit von 10 mg der sonst üblichen Gemische aus D- und L-methylierten Applikationsformen des Methylphenidats. Beim Focalin handelt es sich um eine sogenannte *SODAS®-Technologie (spheroidal oral drug absorption system)*, d.h., die Pellets sind von einer Polymerschicht umgeben, die allmählich für Flüssigkeiten durchlässig wird. Auch beim Ritalin LA® bzw. dem seit 2014 in Deutschland zugelassenen Ritalin adult® handelt es sich um Kapseln mit einer SODAS®-Technologie. Im Gegensatz zum Focalin® besteht der Inhalt der Ritalin LA®-Kapsel aus dem Razemat des MPH, d.h., 5 mg Focalin® sind dosisäquivalent zu 10 mg Ritalin LA®. Bei beiden MPH-Formulierungen werden 50% schnell, d.h. innerhalb der ersten ein bis zwei Stunden, freigesetzt. Nach ca. vier (bis sieben) Stunden kommt es pH-abhängig zu einem zweiten Wirkpeak. Die beiden MPH-Formulierungen können unabhängig von den Mahlzeiten eingenommen werden. Eine Nahrungsaufnahme erhöht jedoch z.B. bei Ritalin LA® die Bioverfügbarkeit um 11%. Bei Erwachsenen zeigten sich auch hier eine gute Verträglichkeit und in mindestens 50% der Fälle eine signifikante Besserung der ADHS-Symptomatik verglichen mit Placebo (Sopko et al. 2010; Spencer et al. 2007). Bei Kindern wurden die besten Effekte bei Einnahme von Dexmethylphenidat am Nachmittag beobachtet (Silva et al. 2013). Obwohl die Wirkdauer der SODAS-Präparate grundsätzlich vergleichbar mit dem OROS-MPH ist, wird klinisch oft eine kürzere

Wirkdauer bei Focalin® angegeben, was womöglich mit der im Vergleich zu Concerta steiler abfallenden pharmakologischen Wirkkurve zusammenhängt. So sind zum Erhalt der Langzeitwirkung im Tagesverlauf zuweilen auch bei Erwachsenen zusätzliche Einnahmen des Medikaments erforderlich (Setyawan et al. 2013).

Lars ist 32 Jahre alt und litt seit seiner Kindheit unter ausgeprägten Symptomen der Hyperaktivität, der Impulsivität und unter erheblichen Stimmungsschwankungen und Schlafstörungen. Die Aufmerksamkeit war demgegenüber weniger beeinträchtigt. Er konsumierte seit seinem 12. Lebensjahr Cannabis als Einschlafhilfe. Zusätzlich auch Alkohol, der einerseits zu einer inneren Entspannung beitrug, andererseits aber die Impulsdurchbrüche vermehrte, da Lars, wenn er zu viel getrunken hatte, in seiner Selbststeuerung gehemmt war. Die in solchen Zuständen angezettelten Wutausbrüche und Schlägereien führten zum Arbeitsplatzverlust und zu zahlreichen Verurteilungen wegen Sachbeschädigungen und Körperverletzungen. Bis zum Besuch der ADHS-Sprechstunde hatte Lars stets nur sporadisch Medikamente eingenommen. Alle Psychotherapien hatte er abgebrochen. Es erfolgten zunächst eine qualifizierte Entzugsbehandlung und die Einstellung auf Dexmethylphenidat. Die morgendliche Dosis wurde allmählich auf 15 mg gesteigert. Hierunter kam es für etwa fünf Stunden zu einer Verbesserung der ADHS-spezifischen Symptome, insbesondere der inneren Unruhe, und zu einer besseren Steuerungsfähigkeit der Impulse. Lars konnte still sitzen bleiben, an einer Gruppenveranstaltung für 60 Minuten teilnehmen und dieser auch folgen. Er musste nicht ständig andere unterbrechen und es gelang ihm, an langweiligen Aktivitäten teilzunehmen, ohne die Langeweile zur Schau stellen oder innerlich abschalten zu müssen. Im Sozialgefüge wurde er als »weicher« und zugänglicher wahrgenommen. Bei Einnahme des Focalins® gegen 7:00 Uhr am Morgen ließ die Wirkung für Lars spürbar gegen 13:00 Uhr nach. Danach litt er für ca. zwei Stunden unter Stimmungseinbrüchen bzw. reagierte sehr dünnhäutig und fühlte sich rasch persönlich angegriffen. Diese

Stimmungstiefs wurden nicht als Nebenwirkung des Medikaments verstanden, sondern als Nachlassen der Wirkung interpretiert. Das Focalin® führte nämlich während der 5- bis 6-stündigen Wirkphase zu einer deutlichen Stimmungsstabilisierung. Lars fühlte sich durch Äußerungen seiner Mitmenschen nicht mehr so schnell angegriffen und konnte gelassener insbesondere mit Situationen umgehen, die aus seiner Sicht negativ verliefen. Wenn das Focalin® in seiner Wirkung nachließ, traten die ADHS-Symptome wieder auf. Auch eine Erhöhung der morgendlichen Dosis auf 20 mg brachte keine Besserung. Im Gegenteil erlebte Lars die Wirkung des Medikamentes in den ersten vier Stunden sogar eher unangenehm, er fühlte sich etwas »angetrieben« und »unecht«. Auch wurde durch die Dosissteigerung keine Verlängerung der Wirkung erreicht. Schließlich wurde die Dosis wieder auf 15 mg am Morgen reduziert. Zusätzlich wurde Focalin® am Mittag in einer Dosis von 5 mg eingesetzt. Dies führte zu einer ausreichenden Wirkung bis etwa 17:00 Uhr. Danach kam es wieder zu dem bekannten Stimmungseinbruch bei Wirkabfall. Eine dritte Gabe von Dexmethylphenidat gegen 16:00 Uhr verstärkte die ohnehin bei Lars vorhandenen ausgeprägten Schlafstörungen und wurde nach kurzer Zeit wieder abgesetzt. Es wurde deutlich, dass mit Methylphenidat allein keine ausreichende Besserung erzielbar war. Deshalb wurde zusätzlich als Antidepressivum Venlafaxin am Morgen eingesetzt. Zunächst in einer minimalen Dosis von 37,5 mg unter der Vorstellung, dass das Antidepressivum die Wirkung der Stimulanzien verstärken (attenuieren) könnte. Im Gegensatz zu den Stimulanzien, deren Wirkung sich unmittelbar einstellt, musste bei Venlafaxin zunächst über sieben bis zehn Tage ein Wirkspiegel im Blut erreicht werden. Nachdem es nach zwei Wochen noch nicht zu einer Verbesserung gekommen war, wurde die Dosis auf 75 mg und in den Folgewochen auf 150 mg erhöht. Hierunter stabilisierte sich der affektive Zustand von Lars allmählich. Schließlich blieb es bei einer Einnahme von Dexmethylphenidat am Morgen und Mittag. Auf Alkohol konnte Lars im Verlauf mit wenigen Rückfällen verzichten. Jedoch missbrauchte er immer wieder Cannabis, um besser schlafen zu können. Der Einsatz von Melatonin in einer Dosis von 4 mg trug wesentlich zu einer Verbesserung der Einschlafstörungen bei. Da das Medikament jedoch zur Behandlung von Schlafstörungen bei ADHS nicht zugelassen ist, konnte es nicht dauerhaft eingesetzt werden. Deutlich war der Zusammenhang zwischen Einschlafstörungen und Cannabismissbrauch. Untersuchungen im Schlaflabor und Förderung der Schlafhygiene stabilisierten schließlich auch diese Situation, wobei sich Lars nach intensiven psychotherapeutischen Interventionen damit arrangierte, in der Nacht nur fünf bis sechs Stunden zu schlafen, da ihm dies ausreiche, um am Tag wach und leistungsfähig zu sein. Er verstand sich somit als Person, die im Vergleich zu anderen Menschen »weniger Schlaf benötigt«. Schließlich war Lars unter dieser Kombination von Medikamenten in der Lage, die Suchtbehandlung wieder aufzunehmen und eine berufsintegrierende Maßnahme zu absolvieren.

Eine weitere Methylphenidatformulierung, das für Erwachsene seit 2011 in Deutschland zugelassene Medikinet adult® bzw. seit 2020 in der Schweiz zugelassene Medikinet MR® (»modified release«), zeigt einen biphasischen Verlauf. 50 % der Wirksubstanz liegen als IR-MPH vor mit einem raschen Wirkeintritt innerhalb von 15 bis 30 Minuten nach der Einnahme. Die weiteren 50 % werden verzögert freigesetzt und zeigen einen Peak nach ca. drei Stunden. Das Medikament liegt in Form von magensaftresistenten Pellets vor. Durch Einnahme der Kapsel nach einer Mahlzeit wird eine verzögerte Resorption im Magen sichergestellt. Änderungen des pH-Wertes im Magen, z.B. durch Einnahme von Antazida oder Protonenpumpenhemmern, aber auch die Einnahme auf nüchternen Magen kann den biphasischen Verlauf mit zu rascher Wirkstofffreisetzung der ummantelten Pellets stören, was als »dose-dumping-Phänomen« bezeichnet wird. Die Folgen sind ein schnelles Anfluten größerer Mengen des IR-Methylphenidats, was von den Betroffenen klinisch manchmal als »flush« angegeben wird bzw. eine mangelnde Wirksamkeit in der zweiten Phase, da hier weniger als 50 % Wirkstoff zur Verfügung stehen. Wenn eine erste Dosis in den Morgenstunden eingenommen wird, sollten die ADHS-Betroffenen vor der Einnahme unbedingt feste Nahrung zu sich genommen haben. Methylphenidat ist auch als *transdermales Pflaster*, das für 9 bis 12 Stunden wirksam ist, verfügbar. In einer systematischen Übersichtsarbeit von 18 Studien bei Kindern und Adoleszenten sowie in fünf Studien bei Erwachsenen aus dem Jahr 2021 konnte gezeigt werden, dass bei der transdermalen Applikation ausreichende Plasmaspiegel von MPH erzielbar waren und sich bei guter Verträglichkeit signifikante Besserungen der ADHS-Symptomatik und der Lebensqualität eingestellt haben (Correll et al. 2021). Die transdermale Gabe stellt somit in allen Altersstufen eine wirksame und ausreichend sichere Alternative zur oralen Verabreichung des MPH dar. Der Einsatz von Pflastern wäre für die Komorbidität von ADHS und Sucht interessant, da bei Pflastern per se das Suchtpotenzial aufgrund der Darreichungsform aufgehoben ist. Bislang sind in Europa MPH-Pflaster jedoch nicht zugelassen.

Lisdexamfetamin Dimesylat (LDX) ist seit 2013 in Deutschland und seit 2014 in der Schweiz unter dem Handelsnamen Elvanse® zugelassen und wird für die Behandlung der ADHS bei Erwachsenen von den Krankenkassen erstattet, wenn zuvor ein Behandlungsversuch mit Methylphenidat keine hinreichende Wirkung gezeigt hat. Somit gilt es als Medikament der zweiten Wahl (Second-Line). Bei der Substanz handelt es sich um eine Prodrug, die als inaktive Form aufgenommen und erst durch körpereigene Verstoffwechselung in den Blutbahnen kontinuierlich zum aktiven Wirkstoff Dexamphetamin umgewandelt wird. Die Wirkung hält zwischen 10 und 12 Stunden an. Im Vergleich zu Placebo und im Vergleich zu unretardierten gemischten Amphetaminsalzen haben sich Einmaldosierungen des LDX von 20 bis 70 mg pro Tag als wirksam zur Reduktion der ADHS-Symptomatik sowie zur Verbesserung der Exekutivfunktionen und der Lebensqualität erwiesen (Adler et al. 2014; Maneeton et al. 2014a). Auch andere langwirksame *Amphetaminderivate* waren als »extended release«-Formen mit einer schnell wirksamen Anflutung und einem pH-abhängigen zweiten Wirkanstieg in der Behandlung der ADHS bei Kindern und Erwachsenen hoch wirksam. Im Gegensatz zu diesen langwirksamen Amphetaminderivaten ist der Wirkeintritt des LDX unabhängig vom pH-Wert des Magens, da die Substanz erst im Blut zum wirksamen D-Amphetamin umgewandelt wird (Lopez et al. 2013).

Kurzwirksame Amphetamine wurden als Dexamfetamin Sulfat im Dezember 2011 in Deutschland und im Jahr 2020 in der Schweiz in Tablettenform für die Behandlung von Kindern und Jugendlichen bis zum 18. Lebensjahr zugelassen. Im Jahr 2022 wurde in den USA auch ein dexamphetaminhaltiges transdermales Pflaster für die ADHS-Behandlung zugelassen.

An wesentlichen Nebenwirkungen aller Amphetaminderivate sind Gewichtsverlust, Schlafstörungen und Förderung von Ängsten bekannt. Darüber hinaus können sie zu Mundtrockenheit, Kopfschmerzen sowie zu Blutdruck- und Pulserhöhungen beitragen (Weisler et al. 2009).

2011 wurden zahlreiche Studien zur Wirksamkeit von Amphetaminderivaten (Dextroamphetamin, Lisdexamfetamin, gemischte Amphetaminsalze) gegenüber Placebo, dem Antidepressivum Paroxetin, dem Blutdrucksenker Guanfacin oder gegenüber dem gegen die Narkolepsie eingesetzten Modafinil in einer Cochrane-Analyse zusammengefasst. Hier konnte bei den insgesamt 1.091 untersuchten Erwachsenen mit ADHS eine Überlegenheit der Amphetaminderivate hinsichtlich der Verbesserung der ADHS-Symptomatik gezeigt werden (Castells et al. 2011). Diese Ergebnisse konnten 2020 in einer Metaanalyse von insgesamt 1.563 untersuchten und 81 randomisierten, placebokontrollierten Studien mit 12.423 Probanden nicht mehr bestätigt werden (Elliott et al. 2020). Verglichen wurden wie 2011 die Wirkeffekte von Methylphenidat, Atomoxetin, gemischte Amphetaminsalze, Bupropion, Dexamfetamin, Lisdexamfetamin, Guanfacin und Modafinil. Hiernach ergaben sich keine wesentlichen Unterschiede zwischen den einzelnen Substanzen. Die besten Outcome-Effekte ergaben sich aus den klinischen Selbsteinschätzungen der Patienten. Insgesamt war die Behandlung mit OROS-MPH anderen MPH-Formulierungen bzw. Atomoxetin der Behandlung mit Bupropion überlegen. Alle eingesetzten Pharmaka verbesserten die Exekutivfunktionen bei den untersuchten ADHS-Betroffenen.

Darüber hinaus hat sich LDX bei Erwachsenen für den Einsatz bei unkontrollierten Essattacken bewährt (»Binge-eating«) und ist in den USA seit 2015 für die Indikation zugelassen (Citrome 2015). Wenn Betroffene mit ADHS von derartigen Symptomen berichteten, sollte der Einsatz von LDX erwogen werden. Hinsichtlich der Komorbidität von ADHS und Sucht gelten für Lisdexamfetamin vergleichbare Risiko-Nutzen-Abwägungen wie bei Methylphenidat, wobei in der Schweiz seit Mitte 2024 Alkohol- und Drogenabusus aus der Liste der Kontraindikationen gestrichen wurde.

Für die Behandlung von ADHS und Sucht existieren keine einheitlichen wissenschaftlichen Ergebnisse und demzufolge keine eindeutigen Behandlungsempfehlungen. Hinsichtlich der Entwicklung der Sucht konnte in einer systematischen Übersichtsarbeit von publizierten Studien bis 2012 gezeigt werden, dass im Kindesalter die Behandlung von MPH das Risiko an einer Sucht zu erkranken nicht erhöht, sondern im Gegenteil zu einer Risikominderung, an einer Sucht zu erkranken, beiträgt (Klassen et al. 2012). Das spricht nicht gegen das Suchtpotenzial von MPH, aber dafür, dass die Wirkungserwartung, ein Medikament, also eine Substanz, die die Symptome der ADHS lindert, einzunehmen, dem Suchtpotenzial eindeutig überlegen ist. Liegt bereits eine Sucht vor, so sind die Ergebnisse nicht mehr so eindeutig. Insgesamt kann jedoch davon ausgegangen werden, dass bei Vorliegen von ADHS und Sucht im Erwachsenenalter durch Gabe von MPH ebenfalls Verbesserungen der ADHS-Symptomatik erzielt werden können (Levin et al. 2007). Die Effekte auf die Sucht bzw. den Substanzkonsum wurden in den Studien unterschiedlich bewertet (Klassen et al. 2012). Am häufigsten wurden Kokainabhängige untersucht. Bei den meisten Studien kam es nicht zu einem Missbrauch des MPH. Die Behandlung mit MPH soll dann zu einer Verbesserung des Suchtverlaufs beitragen, wenn retardierte Darreichungsformen des MPH in ausreichend hohen Dosen eingesetzt werden. Dabei wurde auch diskutiert, dass sich bei Komorbidität von ADHS und Sucht die Effekte des Methylphenidats auf den Suchtverlauf verbessern lassen, wenn die Behandlungsdauer verlängert wird (Dürsteler et al. 2015; Crunelle et al. 2013). Auch bei amphetaminabhängigen Erwachsenen mit ADHS ergab die Behandlung mit OROS-Methylphendiatdosen von bis zu 180 mg pro Tag nicht nur eine Verbesserung der ADHS-Symptome, sondern auch eine Reduktion des Cravings, einen verringerten Substanzkonsum und geringere Rückfallquoten im Vergleich zur Placebogruppe (Konstenius et al. 2014).

Womöglich wirkt sich die Behandlung mit MPH bei den verschiedenen Abhängigkeiten unterschiedlich aus. Beispielsweise zeigten sich im Zusammenhang mit der Tabakabhängigkeit bei Behandlung mit MPH positive Effekte auf das subjektiv wahrgenommene Craving und die Abstinenzphase (Berlin et al. 2012).

Wenn alle Studien zur Behandlung mit Stimulanzien bei Erwachsenen mit Komorbidität von ADHS und Sucht zusammengefasst werden, so ergibt sich jedoch kein einheitliches Bild. Meist bessern sich die Symptome der ADHS signifikant. Es zeigen sich meist nur geringe Effekte auf die Sucht (Klassen et al. 2012). Demzufolge wird bei der Komorbidität von ADHS und Sucht ein individuelles Vorgehen unter Berücksichtigung des Langzeitverlaufs und der Begleitstörungen empfohlen (Simon et al. 2015; Perez de los Cobos et al. 2014).

In den meisten Ländern entscheiden staatliche Behörden über die Zulassung von Medikamenten. Dabei werden die Zulassungen für eine Behandlung nicht auf einen Wirkstoff bezogen, wie z.B. Methylphenidat oder Amphetaminsalze, sondern auf bestimmte Arzneimittel, wie z.B. Concerta®. Jede Stimulanzienverordnung unterliegt dem landesgültigen Betäubungsmittelgesetz. Die Zulassungsbeschränkungen bei Erwachsenen mit ADHS führen dazu, dass man sich beispielsweise bei der Verordnung von Ritalin® in einem sogenannten Off-Label-Bereich befindet. Damit ist gemeint, dass die Verordnung außerhalb des von der Zulassungsbehörde genehmigten Bereiches erfolgt. Zulassungsverfahren sind zeit- und kostenaufwändig und werden in der Regel von den Pharmaunternehmen beantragt. Die Zulassungen beziehen sich jeweils auf eine bestimmte Formulierung eines Arzneimittels im Hinblick auf die Anwendung bei definierten

Störungen oder Symptomen und auf die Art der Anwendung, z.B. Aufdosierung eines Wirkstoffs und maximale Tagesdosen. Manchmal werden auch Packungsgrößen oder maximale Verordnungsmengen pro Zeiteinheit vorgeschrieben. Eine »Off-Label-Verordnung« ist grundsätzlich möglich, jedoch ist die Kostenübernahme durch die Krankenkassen nicht sichergestellt. Darüber hinaus haften die verordnenden Ärzte vollumfänglich für die medizinische Korrektheit der Anwendung und für eventuelle Nebenwirkungen. Eine Abstützung auf der Basis von gültigen Leitlinien und aktuellen wissenschaftlichen Studien ist empfehlenswert, wenn eine Verordnung außerhalb der Zulassung medizinisch indiziert erscheint. Grundsätzlich muss ein Off-Label-Gebrauch vom Arzt begründet werden:

1. *Die Erkrankung muss schwerwiegend sein und zu erheblichen Beeinträchtigungen des Betroffenen führen.*
Auf der Grundlage einer sorgfältigen Diagnostik und Anamneseerhebung sowie durch die Darstellung des aktuellen psychopathologischen Befundes mit Beschreibung der vorliegenden Symptompersistenz muss dargestellt werden, dass die Beeinträchtigungen des Alltags und der Lebensqualität der Betroffenen infolge der ADHS-Symptomatik erheblich sind.
2. *Es sollte keine andere Therapie verfügbar sein bzw. es muss der Nachweis erbracht werden, dass eine zugelassene Therapie nicht erfolgreich verlief.*
Die Zulassungsbeschränkungen im Erwachsenenalter, z.B. für IR-Formulierungen des MPH oder für die Komorbidität von ADHS und Sucht führen ebenso zu Einschränkungen der Behandlungsmöglichkeiten wie die Festlegung von First-Line- und Second-Line-Präparaten. So muss zunächst ein Therapieversuch mit einem zugelassenen Mittel der ersten Wahl, in der Regel eine MPH-Formulierung, erfolgen. Lässt sich hierdurch keine ausreichenden Symptomverbesserungen erzielen oder liegen unerwünschte Effekte vor, kann ein Mittel der zweiten Wahl verordnet werden. Dies wäre dann das Lisdexamfetamin oder Atomoxetin. Wird die Reihenfolge nicht eingehalten, liegt ein Off-Label-Use vor. Für die Komorbidität von ADHS und Sucht sind in den meisten Ländern

Stimulanzien kontraindiziert. Somit sollte grundsätzlich vor dem Einsatz von Stimulanzien versucht werden, Drogenabstinenz zu erzielen. Gelingt dies nicht, so kann unter Einbezug von Verlauf und Prognose im Rahmen eines engmaschig betreuten Gesamtkonzeptes der Einsatz von Stimulanzien in Erwägung gezogen und entsprechend begründet werden. Insbesondere beim intravenösen Drogenkonsum kann z. B. die OROS-Wirkform, Atomoxetin oder die Prodrug Lisdexamfetamin eingesetzt werden. Auch Behandlungsversuche mit anderen zugelassenen MPH-Formulierungen sind gerechtfertigt, da nicht automatisch davon ausgegangen werden muss, dass ein Erwachsener mit ADHS und Cannabisabhängigkeit beispielsweise das Focalin® auflöst und sich intravenös verabreicht.
3. *Aufgrund der wissenschaftlichen Literatur muss eine begründete Aussicht auf einen Behandlungserfolg bestehen.*
Die wissenschaftliche Literatur zur ADHS im Erwachsenenalter belegt eindeutig, dass durch die Stimulanzienbehandlung eine Besserung der ADHS-Symptomatik zu erwarten ist. Bei ADHS und Sucht stellt eine sorgfältige Nutzen-Risiko-Abwägung die Grundlage für eine effiziente Behandlung im Erwachsenenalter dar. Diese Argumente ergeben sich sowohl aus den Leitlinienempfehlungen für die Behandlung von Erwachsenen mit ADHS als auch hinsichtlich der aktuellen Studienlage.

Modafinil ist ein Wirkstoff aus der Gruppe der Stimulanzien. Es fördert die Wachheit, die Aufmerksamkeit sowie die motorische Aktivität und ist zur Behandlung der Narkolepsie (»Schlafsucht«) zugelassen. Für die Behandlung der ADHS ist Modafinil in den meisten Ländern nicht zugelassen (Off-Label). Modafinil blockiert die zerebralen Dopamintransporter, jedoch mit geringerer Affinität als Methylphenidat oder Amphetamin. Bis heute konnte die genaue Wirkung von Modafinil im Gehirn nicht aufgeklärt werden. Die Wirkeffekte bei ADHS waren nicht einheitlich; so wurden nach Einnahme von Modafinil euphorische Stimmungen ebenso beschrieben wie Nervosität und Suizidgedanken. Dies könnte damit zusammenhängen, dass sich beispielsweise im Tiermodell Effekte auf die mesocorticale Freisetzung der Botenstoffe Dopamin, GABA (Gamma-Amino-Buttersäure) und Glutamat nur dann zuverlässig gezeigt haben, wenn Modafinil regelmäßig eingenommen wurde (Cid-Jofré et al. 2022). Wenngleich in kleineren Stichproben, führte die Einnahme von Modafinil sowohl bei Kindern und Adoleszenten (Zahed et al. 2022) als auch bei Erwachsenen mit ADHS (Elliott et al. 2020) zu einer dem Methylphenidat vergleichbaren Verbesserung der Aufmerksamkeitsleistungen und Verringerung der Impulsivität. Auch wurden nach Einnahme von Modafinil Beeinträchtigungen in der sozialen Kommunikation gefunden, was nach einer Studie mittels funktioneller Magnetresonanztomographie (MRT) auf eine verringerte Aktivierung der rechten thalamischen Hirnregion zurückgeführt wurde (Hama et al. 2021). Somit wäre also bei Einsatz von Modafinil bei ADHS-Betroffenen mit Beeinträchtigungen der Emotionsregulation bzw. der Erkennung von Emotionen beim Gegenüber Vorsicht geboten. In einzelnen Fällen konnten bei der Komorbidität von ADHS und Stimulanzienmissbrauch durch die Behandlung mit Modafinil positive Effekte auf die ADHS-Symptomatik und den Missbrauch erzielt werden (Mann et al. 2009). Es liegen nur wenige systematische Studien zum Einsatz von Modafinil bei ADHS oder ADHS und Sucht im Erwachsenenalter vor. Nach einer Übersichtsarbeit von 130 Studien mit insgesamt 8.137 Teilnehmenden, die eine Kokainabhängigkeit zeigten, wurden keine positiven Effekte nach der Einnahme von Modafinil auf das Verlangen nach Kokain bzw. den Kokainrückfall gefunden (Lassi et al. 2022). Dabei wurde eine komorbide ADHS nicht systematisch berücksichtigt. So kann derzeit auf der Grundlage der aktuellen wissenschaftlichen Literatur die Einnahme von Modafinil bei gleichzeitigem Bestehen von ADHS und Sucht nicht empfohlen werden und ist überdies bei Abhängigkeitserkrankungen kontraindiziert.

Allerdings ist der Einsatz von Modafinil durchaus erwägenswert, wenn eine ADHS mit einer ausgeprägten Tagesmüdigkeit kombiniert ist und die Diagnose einer Komorbidität von ADHS und einer Narkolepsie (»Schlafsucht«) gestellt wurde (s. Vertiefung).

Vertiefung
Modafinil hat sich wirksam zur Behandlung der Narkolepsie gezeigt. Dabei handelt es sich um eine neurologische Störung in der Schlaf-Wach-Regulation. Hauptsymptom ist eine exzessive Tagesschläfrigkeit mit unabwendbaren Schlafattacken zwischen Sekunden bis zu 20 Minuten. Neurobiologisch werden Beeinträchtigungen im Zellstoffwechsel des Hypothalamus und des Nucleus accumbens angenommen. Auch bei ADHS werden häufig Störungen des Nachtschlafes sowie ausgeprägte Tagesmüdigkeit angegeben. Dementsprechend fand man bei Kindern eine signifikante Häufung des gleichzeitigen Auftretens von ADHS und Narkolepsie (Lecendreux et al. 2015), was auf Störungen im Hypothalamus und Striatum bei Diagnose beider Störungsbilder zurückgeführt wurde. Bei den in der französischen Studie untersuchten Kindern führte die Behandlung mit Modafinil zu einer Besserung der Tagesmüdigkeit, allerdings nicht zu einer signifikanten Besserung der ADHS-Symptomatik. Bei Erwachsenen mit ADHS und Tagesmüdigkeit liegen bislang noch keine systematischen Untersuchungen vor (Oosterloo et al. 2006). Diskutiert wird, dass entsprechend der Ergebnisse bei Kindern mit ADHS auch bei Erwachsenen ein Einsatz von Modafinil mindestens dann in Erwägung gezogen werden kann, wenn die Behandlung mit Methylphenidat oder Amphetamin nicht zu einer ausreichenden klinischen Besserung der Tagesmüdigkeit geführt hat.

8.3.2 Atomoxetin

Das Medikament Atomoxetin gilt als ein Therapieansatz der zweiten Wahl bei ADHS, wenn Stimulanzien nicht vertragen wurden, kontraindiziert sind oder nicht zu einer ausreichenden Besserung der Symptomatik geführt haben. In einer systematischen Metaanalyse von 18 Studien und 4.308 Teilnehmenden zur ADHS im Erwachsenenalter konnten eine gute Verträglichkeit von Atomoxetin und eine gute Wirksamkeit auf die Kernsymptome der ADHS sowie eine Verbesserung der Lebensqualität nachgewiesen werden (Radonjic et al. 2023). Obgleich Atomoxetin von Erwachsenen etwas schlechter vertragen wurde, zeigte sich beim Vergleich von Methylphenidat und Atomoxetin eine vergleichbar gute Wirksamkeit auf die Verbesserung der Exekutivfunktionen (Surman et al. 2023).

Atomoxetin zählt zu den selektiven Noradrenalin-Wiederaufnahmehemmern und führt zusätzlich zu einer Blockade der sogenannten NMDA-Rezeptoren (NMDA = N-Methyl-D-Aspartat). Diese Rezeptoren binden an Glutamat und aktivieren dadurch Ionenkanäle in den Zellmembranen. Durch den Ionenfluss kommt es zu Veränderungen des elektrischen Potenzials der Zellen. Auf diesem Wege wird die synaptische Plastizität beeinflusst. Vereinfacht ausgedrückt führt die Gabe des Medikaments über eine wiederholte Aktivierung der NMDA-Rezeptoren zu neuen Verschaltungen im Gehirn, die mit Lernen und steuernden höheren Gedächtnisprozessen in Verbindung gebracht werden. Klinisch wird dies bestätigt, wenn ADHS-Betroffene berichten, dass sich nach Einnahme von Atomoxetin ihre Vergesslichkeit bessert bzw. die Konzentration zunimmt.

Atomoxetin zeigt eine kurze Halbwertszeit von 3 bis 4 Stunden und eine gute Bioverfügbarkeit von 63 bis 94 %. Bei Kindern ist die morgendliche Einmalgabe zur Reduktion der ADHS-Symptomatik ausreichend wirksam (Adler et al. 2009). Erwachsene profitieren eher von einer zweimal täglichen Einnahme (Adler et al. 2006), insbesondere, da bei Verteilung der Dosis auf zwei Einnahmezeiten seltener Nebenwirkungen auftreten (Wietecha et al. 2013). Diese unterschiedlichen Dosisempfehlungen beruhen auf dem speziellen Abbaumechanismus der Substanz, welcher durch das Enzym Cytochrom P450 2D6 erfolgt. Die Geschwindigkeit dieses Enzyms und damit des Abbaus des Atomoxetins hängt von den im Erbgut verankerten Varianten ab. Etwa 7 % der weißen Europäer weisen eine homozygot langsame Variante des Enzyms auf (Fijal et al. 2015). Je nachdem, ob es sich um einen schnellen oder langsamen Metabolismus handelt, variiert die Blut-Halbwertszeit des Atomoxetins zwischen 5,2 und 21,6 Stunden (Sauer et al. 2014). Eine langsame Verstoffwechselung des Atomoxetins kann insbesondere, wenn noch weitere Medikamente eingenommen werden, die ebenfalls über dieses Enzym abgebaut werden, zu Anhäufungen der Substanzen und damit zu erhöhten Nebenwirkungen führen. Als eine wichtige Substanzgruppe, welche ebenfalls über das oben genannte Enzym abgebaut wird, sind die die selektiven Serotonin-Wiederaufnahmehemmer (SSRI) zu nennen. Da man die genetische Situation der Betroffenen meist nicht kennt, ist deshalb insbesondere bei Kombination mit SSRI eine langsame Aufdosierung von Atomoxetin empfehlenswert.

In der Regel werden bei Kindern bis maximal 1,4 mg/kg Körpergewicht pro Tag verabreicht. Mit einer stabilen Wirkung ist innerhalb von zwei bis acht Wochen zu rechnen. Bei Erwachsenen bewirken Medikamentendosierungen zwischen 25 und 120 mg Atomoxetin pro Tag eine signifikante Reduktion der ADHS-Symptomatik im Vergleich zu Placebogaben (Adler et al. 2009; Asherson et al. 2014b). Während in früheren Studien bei Kindern und Jugendlichen nach Gabe von Atomoxetin ein erhöhtes Suizidrisiko beschrieben wurde (Bushe et al. 2013), konnte dies in einer systematischen Metaanalyse von 331 Studien mit 602.864 Teilnehmenden nicht mehr bestätigt werden (Kim et al. 2023). Es wurde zwar eine erhöhte Rate suizidalen Verhaltens im Vergleich zu Placebogaben berichtet, jedoch war dieses erhöhte Suizidverhalten bei Einnahme von Methylphenidat oder Atomoxetin gleichermaßen ausgeprägt. An weiteren unerwünschten Wirkungen bei regelmäßiger Einnahme von Atomoxetin wurden Leberschädigungen sowie sexuelle Dysfunktionen angegeben. Zwar zeigt Atomoxetin keine Wirkungen auf die Reizüberleitung am Herzen, jedoch wurden Effekte auf die sogenannte QT-Zeit-Verlängerung im EKG beobachtet, wenn Atomoxetin mit Medikamenten kombiniert wurde, die ein Risikopotenzial für diese Nebenwirkung aufweisen, z. B. SSRI-Antidepressiva (Martinez-Raga et al. 2013).

Bei Kindern hat sich in besonders schweren Fällen eine gleichzeitige Verabreichung von Stimulanzien und Atomoxetin als sehr wirksam erwiesen (Carlson et al. 2007). Bei Erwachsenen mit ADHS waren die Ergebnisse nicht eindeutig; klinisch werden die Stimulanzien meist nicht mit Atomoxetin kombiniert, sondern bei mangelnder Wirksamkeit bzw. Unverträglichkeit durch Atomoxetin ersetzt (Treuer et al. 2013).

Bei der Komorbidität von ADHS und Sucht stellt der Einsatz von Atomoxetin eine Alternative zur Gabe von Stimulanzien dar, da dieser Wirkstoff nicht zu einer Erhöhung der Dopaminkonzentration in Belohnungszentren führt und demzufolge kein den Stimulanzien vergleichbares Suchtpotenzial aufweist (Bymaster et al. 2002). Allerdings zeigte sich auch bei Atomoxetin ein erhöhtes Missbrauchsrisiko bei sehr hohen Tagesdosierungen von 180 mg (Jasinski et al. 2008). Dieses erhöhte Suchtpotenzial wird auf eine indirekte dopaminerge Stimulation des Stirnhirns über Aktivierung von D1-Dopamin-Rezeptoren zurückgeführt (Gamo et al. 2010). Das Suchtrisiko liegt jedoch selbst bei derart hohen Dosierungen von Atomoxetin immer noch unter dem von Methylphenidat (Jensen et al. 2015).

Bei Komorbidität von ADHS und Sucht konnten in zahlreichen Studien bei Behandlung mit Atomoxetin ähnlich positive Effekte auf die ADHS-Symptomatik erzielt werden wie bei Behandlung mit Stimulanzien (Gehricke et al. 2011), jedoch waren die Effekte der Stimulanzien auf das Suchtverhalten bei allen Abhängigkeiten dem Atomoxetin überlegen (Barbuti et al. 2023). Während Atomoxetin nur Effekte auf die ADHS-Symptomatik zeigte, konnten bei Behandlung mit langwirksamen gemischten Amphetaminsalzen positive Effekte sowohl auf die ADHS-Symptomatik als auch auf den Kokainkonsum erzielt werden, wenn lang genug behandelt und hoch genug dosiert wurde (Levin et al. 2015). Ähnliche Befunde ergaben sich bei Behandlung von Alkohol- und Cannabisabhängigen mit Atomoxetin. Die ADHS-Symptomatik besserte sich, jedoch verhinderte Atomoxetin nicht den Trinkrückfall bei Alkoholabhängigkeit (Wilens et al. 2011) bzw. hatte Atomoxetin keinen Einfluss auf den Cannabiskonsum nach 12-wöchiger Behandlung (McRae-Clark et al. 2010). Demzufolge kann Atomoxetin zwar als sicheres Medikament bei der Komorbidität von ADHS und Suchterkrankungen eingesetzt werden und es lassen sich jeweils positive Effekte auf die ADHS-Symptomatik erzielen, jedoch ist die Behandlung mit Atomoxetin bei allen komorbiden Suchterkrankungen den Stimulanzien unterlegen, wenn Effekte auch auf den Substanzkonsum erzielt werden sollen.

Atomoxetin wurde in Deutschland 2005 und in der Schweiz 2009 für die Indikation der ADHS bei Kindern ab dem 6. Lebensjahr sowie für die Weiterbehandlung im Erwachsenenalter zugelassen. Mittlerweile dürfen sowohl in Deutschland als auch in der Schweiz Erwachsene mit ADHS auch ohne Vorbehandlung im Kindesalter mit Atomoxetin behandelt werden. Dabei gilt Atomoxetin als Mittel der zweiten Wahl bei klinisch nicht ausreichender Wirkung oder Unverträglichkeit der Stimulanzien. Im Gegensatz zu den Stimulanzien unterliegt Atomoxetin nicht dem Betäubungsmittelgesetz.

8.3.3 Antidepressiva

Einige Studien im Kindes- und Erwachsenenalter weisen auf eine gute Wirksamkeit von Antidepressiva auf die ADHS-Symptomatik hin, insbesondere bei ausgeprägten Störungen der Affektregulation, Stimmungseinbrüchen bzw. Stimmungsschwankungen sowie Angstepisoden. Da bei diesen Symptomen der Botenstoff Serotonin eine große Rolle spielt, hat sich zur Stabilisierung dieser affektiven Begleitstörungen bei ADHS, insbesondere auch bei Beeinträchtigungen der Motivation, die Gabe von Serotonin-Wiederaufnahmehemmern (SSRI) bewährt. Grundsätzlich sind die Antidepressiva mit Ausnahme von Viloxazin weder im Kindes- noch im Erwachsenenalter für die Behandlung der ADHS zugelassen.

Bei der Komorbidität von ADHS und Sucht können Antidepressiva eine Alternative zur Gabe von Stimulanzien darstellen, da sie kein eigenes Suchtpotenzial aufweisen. Hier ist die wissenschaftliche Literatur jedoch noch dünner als bei ADHS ohne die Komorbidität, sodass nach den gültigen Leitlinien Antidepressiva in der Behandlung der ADHS allenfalls zur Behandlung der Begleitsymptome und Zusatzstörungen verordnet werden können.

Viloxazin ist ein selektiver Noradrenalin-Wiederaufnahmehemmer (NARI), der seit April 2021 in den USA zur Behandlung von Kindern und Erwachsenen mit ADHS zugelassen ist. Viloxazin wurde 1976 ursprünglich als Antidepressivum auf den Markt gebracht. In den USA gilt Viloxazin als Second-Line-Substanz, wenn Stimulanzien unerwünschte Wirkungen zeigen oder nicht ausreichend wirksam bzw. kontraindiziert sind (review: Robinson et al. 2022). Pathophysiologisch wird die Reduktion der ADHS-Symptomatik als Antwort auf eine Verbesserung der neuronalen Kommunikation durch Förderung dopaminerger und noradrenerger Übertragungswege angenommen. Viloxazin muss als »extended release« (ER)-Kapsel nur einmal täglich eingenommen werden. Bei Kindern wird altersabhängig mit 100 oder 200 mg gestartet. Die Höchstdosis beträgt 400 mg pro Tag. Dosisabhängig können Herzfrequenz und Blutdruck ansteigen sowie Benommenheit oder erhöhte Müdigkeit auftreten. Das Nebenwirkungsprofil ist vergleichbar mit Atomoxetin, d. h. es wurden ebenfalls erhöhte Suizidalität und erhöhte Risiken für maniforme Episoden beschrieben. Neben der noradrenergen erhöht Viloxazin auch die serotonerge Signaltransduktion im präfrontalen Cortex, was zu einer Verringerung der Hyperaktivität und Impulsivität sowie zu einer Verbesserung der Aufmerksamkeit führt. Im Tiermodell konnte gezeigt werden, dass Viloxazin als Neuromodulator die noradrenerge und serotonere Signalübertragung auch im Nucleus accumbens, im Hypothalamus und in der Amygdala erhöht, weiteren wichtigen Hirnregionen der bei der ADHS beteiligten Cortico-striatalen-thalamischen Schleife. Im Vergleich zu Stimulanzien steigt bei Viloxazin die dopaminerge Verfügbarkeit im Nucleus accumbens geringer an, was bei Behandlung von substanzabhängigen ADHS-Betroffenen mit einer milderen Entzugssymptomatik und einem geringeren Rückfallrisiko in Verbindung gebracht wurde (Yu et al. 2020). Viloxazin wird über das P450 Isoenzym CYP2D6 verstoffwechselt und mit einer mittleren Halbwertszeit von 7 bis 9 Stunden über die Nieren ausgeschieden. Viloxazin kann auch zusammen mit Stimulanzien eingesetzt werden, da nach mehreren Studien an Erwachsenen bei gleichzeitiger Einnahme von Viloxazin und Methylphenidat oder Lisdexamfetamin weder Arzneimittelinteraktionen noch -wechselwirkungen aufgetreten sind.

8.3 Ausgewählte Medikamente

Venlafaxin, ein Wiederaufnahmehemmer von Serotonin und Noradrenalin, zeigte in wissenschaftlichen Studien bei täglichen Dosierungen bis 225 mg in bis zu 75 % der Erwachsenen eine signifikante Besserung der ADHS-Symptome (Amiri et al. 2012). Auch bei Kindern ergab eine Metaanalyse von fünf Studien zu Venlafaxin eine gute Wirksamkeit. Neurobiologisch wird durch Venlafaxin die exekutive Kontrolle der Aufmerksamkeitsleistungen verbessert, was die Substanz als Zusatzmedikation interessant macht, wenn bei ADHS depressive Symptome ausgeprägt vorhanden sind (Tian et al. 2016). Klinisch sind dann bereits sehr niedrige Dosierungen von 37,5 bis 75 mg täglich zusätzlich zu Stimulanzien wirkungsvoll zur Stimmungsstabilisierung. Da Venlafaxin bei ADHS Off-Label ist, kann es selbst bei Unwirksamkeit oder Unverträglichkeit der First- oder Second-Line-Substanzen nicht als Alternative betrachtet werden (Park et al. 2014).

Bei Erwachsenen mit der Komorbidität von ADHS und Sucht ist die Behandlung mit Venlafaxin kaum untersucht. Die einzige Studie bei Kokainabhängigen mit ADHS und komorbider Depression ergab keine Unterschiede in den Effekten zwischen Methylphenidat und Venlafaxin (Levin et al. 2008), was dafür spricht, dass Venlafaxin zur Behandlung von ADHS und Sucht eingesetzt werden kann, wenn Störungen in der Stimmung eine vorrangige Rolle spielen oder Stimulanzien bzw. Atomoxetin wegen Missbrauch oder Nebenwirkungen nicht verordnet werden können.

Die wenigen Studien zu *Duloxetin*, das ebenfalls die Wiederaufnahme von Serotonin und Noradrenalin hemmt, ergaben Hinweise auf eine mögliche Wirksamkeit bei Erwachsenen mit ADHS (Park et al. 2014). Hier konnten im Vergleich zu Placebo Verbesserungen der ADHS-Symptome und des Allgemeinbefindens nachgewiesen werden (Bilodeau et al. 2014). Es liegen jedoch nur wenige klinische Erfahrungen vor, sodass man sich bei Behandlung des ADHS mit Duloxetin eher im experimentellen und natürlich im Off-Label-Bereich befindet.

Reboxetin, ein selektiver Noradrenalin-Wiederaufnahmehemmer, zeigte bei Kindern und Adoleszenten (Arabgol et al. 2009) eine positive Wirkung auf die Reduktion der ADHS-Symptome und war im Vergleich zu Stimulanzien oder Atomoxetin mit weniger Nebenwirkungen assoziiert (Padilha et al. 2018). In einer systematischen Übersichtsarbeit von 33 Studien konnte auch im Erwachsenenalter eine gute Verträglichkeit und Wirksamkeit von Reboxetin auf die ADHS-Symptomatik gezeigt werden (Ghanizadeh 2015). Insbesondere bei Vorliegen von komorbiden Störungen aus dem autistischen oder depressiven Bereich (Golubchik et al. 2013) oder bei komorbider Schizophrenie haben sich der Einsatz von Reboxetin und Atomoxetin bewährt (Hu et al. 2023). Studien zur Wirksamkeit von Reboxetin bei ADHS und Sucht liegen bislang nicht vor.

Fluoxetin, ein selektiver Serotonin-Wiederaufnahmehemmer (SSRI), gleicht in der chemischen Struktur dem Atomoxetin. Eine positive Wirkung auf die kognitiven Leistungen konnte sowohl bei ADHS mit und ohne Depression als auch bei Autismus-Spektrum-Störungen nachgewiesen werden. Dabei wurden bei Behandlungen mit Fluoxetin in funktionellen Kernspintomografie-Verfahren bei männlichen Jugendlichen jeweils inverse Wirkungen auf die Stirnhirnbereiche gefunden, und zwar bei Autismus eine erhöhte und bei ADHS eine verminderte Aktivierung der Hirnstrukturen (Chantiluke et al. 2014a). Es existieren kaum Studien zur Wirksamkeit von Fluoxetin bei ADHS und Suchterkrankungen. Eine ältere Studie zur Komorbidität von ADHS und Sucht zeigte bei Behandlung mit Fluoxetin eine den Stimulanzien vergleichbare Wirkung (Castaneda et al. 1999). Hieran anknüpfend ergab sich im Tiermodell ein erhöhtes Kokain-Rückfallrisiko, wenn zusätzlich zum Fluoxetin Methylphenidat verabreicht wurde. Dabei ist noch unklar, welche der beiden Substanzen die Triggerwirkung auf das Suchtverhalten ausgelöst haben könnte (Lamoureux et al. 2023).

Bupropion, das die Wiederaufnahme von Noradrenalin und Dopamin hemmt, zeigte in zahlreichen, z.T. älteren Studien eine gute Wirksamkeit bei ADHS sowohl im Kindes- als auch im Erwachsenenalter (Conners et al. 1996; Wilens et al. 2001; Wilens et al. 2005), was auch in einer späteren randomisierten placebokontrollierten Studie bestätigt werden konnte (Hamedi et al. 2014). Die umfangreichste systematische Cochrane-Analyse von sechs Studien mit insgesamt 438 Erwachsenen bis zum Jahr 2017 ergab insgesamt eine moderate Verbesserung der ADHS-Symptome bei Behandlung mit 150 bis 450 mg Bupropion täglich (Verbeeck et al. 2017). Im Vergleich zu den Stimulanzien und auch dem Atomoxetin war die Behandlung der ADHS mit Bupropion sowohl nach einer Metaanalyse von 28 Studien (Stuhec et al. 2015) als auch nach einem systematischen Review bei Kindern und Jugendlichen (Ng 2017) leicht unterlegen. Bei Erwachsenen war Bupropion dem MPH unterlegen (De Sousa et al. 2012) mit Ausnahme einer systematischen Übersichtsarbeit, nach der Bupropion und Methylphenidat vergleichbare Wirkeffekte zeigten (Maneeton et al. 2014). Zusammenfassend ist Buprion den Stimulanzien nicht überlegen, jedoch kann ein Einsatz im Off-Label-Bereich bei Kontraindikationen oder Unwirksamkeit der anderen Substanzen in Erwägung gezogen werden.

Bupropion, das biochemisch mit der Gruppe der Amphetamine verwandt ist, wurde auch bei der Komorbidität von ADHS und Sucht untersucht und zeigte sich in einer älteren Studie vergleichbar wirksam wie Stimulanzien (Castaneda et al. 1999). Bei einer späteren Untersuchung einer kleinen Stichprobe von 32 abhängigen Erwachsenen konnten zwar positive Effekte auf die ADHS-Symptomatik, aber nicht auf den aktiven Substanzkonsum nachgewiesen werden (Wilens et al. 2010). Bupropion ist als nikotinerger Acetylcholinrezeptorantagonist auch für die Raucherentwöhnung zugelassen. Entsprechend zeigten sich positive Effekte auf die ADHS-Symptomatik und das Suchtverhalten bei einer komorbiden Tabakabhängigkeit (Upadhyaya et al. 2004), insbesondere in Kombination mit depressiven Episoden (Daviss et al. 2008). Jüngere Studien zur Wirksamkeit von Bupropion bei ADHS mit und ohne Sucht liegen leider nicht vor.

Selegilin, ein Monoamin-Oxidase-B-Hemmer (MAO-B Hemmer), wird bei Erwachsenen für die Behandlung der Parkinson-Erkrankung und bei schweren (majoren) Depressionen eingesetzt. Die Monoamin-Oxidase-Enzyme sind an der Verstoffwechselung der Neurotransmitter Noradrenalin, Dopamin und Serotonin beteiligt. Werden die Enzyme blockiert, so folgt über eine Inhibition der Wiederaufnahme eine erhöhte Wirksamkeit der beteiligten Botenstoffe im synaptischen Spalt. In Studien mit kleinen Fallzahlen hat Selegilin im Vergleich zu Placebo bei Kindern eine positive Wirkung auf die Aufmerksamkeit, das Lernen und Verarbeiten neuer Informationen sowie auf die Interaktionen innerhalb der Gleichaltrigengruppe gezeigt (Rubinstein et al. 2006), weshalb ein individueller Off-Label-Einsatz bei ADHS immer wieder versucht wurde (Moore et al. 2023). Bei Erwachsenen oder bei der Komorbidität von ADHS und Sucht ist der Wirkstoff nicht untersucht. Bei Kombination mit Opioiden kann es zu Interaktionen kommen, weshalb hier der Einsatz von Selegilin nicht zu empfehlen ist. Darüber hinaus darf Selegilin mit zahlreichen Substanzen, die im Rahmen der ADHS eingesetzt werden, nicht kombiniert werden.

8.3.4 Alpha-2-Agonisten

Die Alpha-2-Agonisten *Clonidin* (Connor et al. 1999) und *Guanfacin* erwiesen sich nach mehreren Metaanalysen und einer systematischen Übersichtsarbeit als wirkungsvolle und gut verträgliche Medikamente bei Kindern, Jugendlichen und jungen Erwachsenen zur Reduktion der ADHS-Symptomatik und waren Placebo deutlich überlegen (Neuchat et al. 2023; Ruggiero et al. 2014; Hirota et al. 2014). Darüber hinaus waren die Retardformen von Guanfacin und Clonidin in der Behandlung von Jugendlichen mit ADHS nebenwirkungsärmer als die Stimulanzien oder das Atomoxetin (Bello 2015). Alpha-2-Adrenorezeptoren werden durch Noradrenalin oder Adrenalin aktiviert und vermitteln ihre Effekte über inhibitorische G-Proteine. Dies wiederum führt zu einer Blutdrucksenkung, einer verringerten Schmerzwahrnehmung und einer Sedierung. Die Alpha-2-Agonisten aktivieren die Alpha-2-Adrenozeptoren und führen im Sinne einer negativen Rückkopplung zu einer Abnahme der Erregungsüberleitung in sympathischen Anteilen des vegetativen Nervensystems. Gleichzeitig verstärken sie die synaptischen Vernetzungen im präfrontalen Cortex. So zeigten die Alpha-2-Agonisten durch ihre spezifische Wirkung im Zentralnervensystem positive Effekte auf die Aufmerksamkeit, Impulsivität und Hyperaktivität. Darüber hinaus verbesserten sie auch kognitive Prozesse im Arbeitsgedächtnis und solche, die mit Entscheidungsfindung, Abstraktionsvermögen, Verhaltenssteuerung und Emotionsregulation verbunden sind. Als unerwünschte Nebenwirkungen traten vermehrt Müdigkeit, Sedierung sowie Bradykardie und EKG-Veränderungen auf. Guanfacin bindet im Gegensatz zum Clonidin selektiv an postsynaptischen Alpha-2-Rezeptoren, was zu weniger Nebenwirkungen bei der Sedierung und der Blutdrucksenkung führt.

Insbesondere bei ADHS-Betroffenen mit Einschlafstörungen hat sich der Einsatz von Alpha-2-Agonisten am Abend bewährt. Das quälende Gedankenkreisen am Abend kann besser gestoppt werden, der Stress kann leichter reguliert werden und es kommt aufgrund der Eigenwirkung der Alpha-2-Agonisten früher zur Müdigkeit bzw. zu einem ausreichenden Schlafdruck. Bei Kindern und Jugendlichen haben sich Alpha-2-Agonisten in Kombination mit Stimulanzien bei komorbidem oppositionellem oder aggressivem Verhalten sowie bei Tourette-Syndrom bewährt, insbesondere, wenn mit alleiniger Stimulanzientherapie keine ausreichende Symptomlinderung erzielbar war (Neuchat et al. 2023; Pringsheim et al. 2015). Darüber hinaus war im Kindesalter Guanfacin bei der Komorbidität von ADHS mit Autismus-Spektrum- und Tic-Störungen wirkungsvoll einsetzbar (Politte et al. 2018). Zwar zeigten nach einer Cochrane-Übersichtsarbeit von acht randomisierten kontrollierten Studien mit 510 Teilnehmenden Stimulanzien keine negativen Effekte auf ein Tic-Verhalten, jedoch existieren unter Klinikern oft Vorbehalte gegenüber dem Einsatz von Stimulanzien bei Tic-Symptomatik. In derartigen Fällen können Atomoxetin oder Alpha-2-Agonisten bei der Komorbidität von ADHS und Tic-Verhalten als wirksame Alternativen zur Symptomreduktion herangezogen werden (Osland et al. 2018). Ob eine Monotherapie von Alpha-2-Agonisten ausreicht, muss noch untersucht werden. Aktuell geht man davon aus, dass Alpha-2-Agonisten effektiv bei Hyperaktivität und Impulsivität wirken, allerdings bei der Verbesserung der Aufmerksamkeitsleistung den Stimulanzien unterlegen sind.

Auch bei den wenigen Studien an Erwachsenen mit ADHS ergaben sich Hinweise auf eine gute Verträglichkeit und Wirksamkeit von Guanfacin (Iwanami et al. 2020). Hier ging die Aktivierung von postsynaptischen Alpha-2-Rezeptoren in Bereichen des Stirnhirns mit einer verbesserten Steuerung von emotionalen Impulsen einher, was auf einer Aktivierung von Netzwerken in frontalen und limbischen Hirnbereichen beruht (Schulz et al. 2013). Der so gestärkte präfrontale Cortex kann dann externe Reize und interne Impulse, d. h. Gedanken, Sinnesreize und Gefühle, leichter mit kognitiven Prozessen, d. h. Zielen und Wünschen, vernetzen und im Sinne einer Top-down-Kaskade die jeweiligen Verhaltensweisen und Gefühlsäußerungen situationsgerecht anpassen. Die Studienlage zu den Alpha-2-Agonisten bei Erwachsenen ist noch sehr dünn und ein Einsatz als Medikament bei ADHS ist nach wie vor Off-Label.

Für die Behandlung von Kindern und Jugendlichen mit ADHS ist Guanfacin als Retardtablette unter dem Handelsnamn Intuniv® seit September 2015 in Deutschland und seit 2017 in der Schweiz zugelassen. In den USA besteht die Zulassung seit 2009. Nach sorgfältiger körperlicher Untersuchung, inklusive Erhebung des kardiovaskulären Status, wird eine langsame Titrierung bis zu einer ausreichenden klinischen Besserung empfohlen, womit nach einer Behandlungsdauer von acht Wochen gerechnet werden darf. Begonnen wird mit einer Initialdosis von 1 mg morgens oder abends. Die Dosis kann in Abständen von maximal 1 mg wöchentlich angepasst werden. Die empfohlene Erhaltungsdosis liegt bei 0,05 bis 0,12 mg/kg/Tag bei einer Tageshöchstdosis von 7 mg. Es sollten immer wieder behandlungsfreie Intervalle eingelegt werden, und spätestens nach einem Jahr sollte die Wirksamkeit und Verträglichkeit neu evaluiert werden. Alpha-2-Agonisten sollten nicht abrupt abgesetzt werden, da dann die Risiken für einen kritisch erhöhten Blutdruck, Tachykardien oder Kopfschmerzen ansteigen.

Untersuchungen zur Wirkung der Alpha-2-Agonisten bei ADHS und Sucht liegen bislang nicht vor. Im Tiermodell wurden erste positive Wirkungen von Guanfacin auf die durch Kokain verursachten Beeinträchtigungen in den Exekutivfunktionen, die den Störungen bei ADHS entsprechen, gefunden (Terry et al. 2014). Da Guanfacin auch auf die glutamaterge Neurotransmission im Stirnhirn Einfluss hat und diese mit dem stressbedingten Verlangen bei Alkoholabhängigkeit in Verbindung gebracht wird, wurde im Tiermodell untersucht, ob sich die Gabe von Guanfacin auf den Alkoholkonsum auswirkt. So zeigten Ratten bei Behandlung mit Guanfacin eine dem Naltrexon, welches zur Behandlung der Alkoholabhängigkeit zugelassen ist, vergleichbare Wirkung (Fredriksson et al. 2015). Eine Übersichtsarbeit ergab, dass in Tiermodellen Alpha-2-Agonisten die synaptischen Kaliumkanäle im präfrontalen Cortex modulieren und es dadurch zu einer Regulation von kognitiven Leistungen und Aufmerksamkeit kommt. Diese neurobiologischen und klinischen Befunde führten zu der Hypothese, dass sich der PFC bei unkontrollierbarem Stress sozusagen »offline« schalten kann (Arnsten 2020), wodurch einschießende Impulse gestoppt und kontrolliert werden können. Dadurch ergibt sich bei emotional belastenden Situationen im Sinne der Achtsamkeit ein »Raum zwischen Reiz und Reaktion«. Da ein zentraler Faktor bei der Sucht die mangelnde Kontrolle über den Beginn, die Beendigung und die Menge des Konsums bei unstillbarem Verlangen (Craving) nach der Substanz oder dem süchtigen Verhalten darstellt, könnten hier Alpha-2-Agonisten einen positiven Beitrag leisten. Ob sich jedoch all diese Ergebnisse auf den Menschen übertragen lassen, bleibt abzuwarten.

> **Vertiefung**
> In einer Metaanalyse von fünf RCTs (randomisierte klinische Studien) an einer noch kleinen Fallzahl von insgesamt 189 Teilnehmenden konnten positive Effekte durch Anwendung von repetitiver transkranieller Magnetstimulation (rTMS) auf die ADHS-Symptomatik erzielt werden (Chen et al. 2023). Bei der transkraniellen Magnetstimulation handelt es sich um ein nichtinvasives Verfahren zur Stimulation von Hirnarealen mittels starker Ma-

gnetfelder über eine auf den Kopf angesetzte Magnetspule. Als Zielregion wird der präfrontale Cortex angegeben, bei dem es durch die rTMS zu einer verstärkten Dopaminfreisetzung und zu einer Zunahme der synaptischen Neuroplastizität und dadurch abgeleitet zu einer Verbesserung der Aufmerksamkeit und der kognitiven Funktionen kommen soll. Allerdings waren die Ergebnisse nicht in allen Studien konsistent, was u. a. darauf zurückgeführt wurde, dass die Spulenplatzierung nicht immer am gleichen Ort erfolgte. So hat z.B. eine Aktivierung des rechten PFC zu einer Verbesserung der Aufmerksamkeitsleistungen geführt, die Aktivierung des linken PFC aber nicht. Nach Berücksichtigung aller Studien konnten Chen und Kollegen zeigen, dass die rTMS zu einer Verbesserung der Daueraufmerksamkeit und der Verarbeitungsgeschwindigkeit geführt hat. Unklar ist noch, ob durch rTMS auch die Exekutivfunktionen und das Gedächtnis verbessert werden können (Chen et al. 2023).

8.4 Nicht-medikamentöse Interventionen bei ADHS und Sucht im Erwachsenenalter

Sowohl bei Kindern (Hinshaw et al. 2015) als auch bei Erwachsenen (Philipsen et al. 2014) existieren *multimodale Interventionsansätze* für die Behandlung der ADHS. Dabei werden medikamentöse, psychotherapeutische, psychosoziale und psychoedukative Ansätze mit Trainings sowie Neurofeedbackmethoden kombiniert und sind wissenschaftlich auf ihre Effizienz hinsichtlich ihrer Verbesserung der ADHS-Symptome untersucht (Harper et al. 2022; Faraone et al. 2021). Beim Übergang vom Kindes- in das Erwachsenenalter kommt es nicht selten zu einem Bruch in der Behandlung. Bezugspersonen und Bezugssysteme wechseln. Dies führt im Erwachsenenalter zu veränderten Zuständigkeiten, Verantwortlichkeiten und Fördermöglich-

8.4 Nicht-medikamentöse Interventionen bei ADHS und Sucht

keiten. Die Indikationen für eine Fortsetzung, Wiederaufnahme oder erste Behandlung im Erwachsenenalter ergeben sich aus der Symptomschwere, den Beeinträchtigungen im Alltag sowie aus zusätzlich vorliegenden psychischen Störungen. Häufig haben Erwachsene, bei denen keine ADHS in der Kindheit diagnostiziert wurde, einen längeren Leidensweg hinter sich mit z. B. Auftreten von Ängsten, depressiven Episoden oder Erschöpfungszuständen. Auch kann ADHS als »Spektrumstörung« verstanden werden, da zahlreiche Betroffene lange Zeiten mehr oder weniger gut »funktionierten«, z. B. eine Schule abschließen und einen Beruf erlernen konnten sowie eine Familie gegründet haben. Obwohl die meisten der Betroffenen mitteilen, dass sie sich seit der Kindheit »irgendwie anders« und nicht zugehörig gefühlt hätten, gelang es, sich an die jeweiligen Bedingungen anzupassen. Häufig war dies im Lebensverlauf mit erhöhtem Energieaufwand verbunden. Kommt es dann zu zusätzlichen Alltagsherausforderungen, z. B. nach der Geburt eines (weiteren) Kindes, oder steht beispielsweise die Planung weiterer beruflicher Karriereschritte an, versagen die bisherigen Kompensationsmechanismen und die Betroffenen begeben sich in psychiatrisch-psychotherapeutische Behandlung. Neben den Leitlinien für das diagnostische und therapeutische Vorgehen ist hier die klinische Erfahrung bzw. ein abrufbares Expertenwissen für eine individualisierte Behandlung der Betroffenen von großer Bedeutung (Isensee et al. 2015). Auch bei der nicht-medikamentösen Behandlung stehen die Verbesserungen der Selbst- und Emotionsregulation (Sonuga-Barke et al. 2007) mit Hemmung einschießender Impulse (Barkley 2012) sowie die Steuerung der Informationsverarbeitung und Reizfilterung (Sergeant 2005) im Vordergrund. Insgesamt ermöglichen alle psychotherapeutischen Ansätze das Erlernen und Umsetzen konkreter Strategien für eine funktionelle Alltagsgestaltung. Dies dient dazu, das Leiden der Betroffenen und ihres Umfeldes zu lindern und die Lebensqualität zu verbessern. Ein Hindernis bei allen Behandlungen ist die sogenannte Haltequote. Krankheitsbedingt kommt es bei der ADHS nicht selten vor, dass die Betroffenen Termine vergessen, verspätet erscheinen oder Behandlungen bzw. Sitzungen aus Impulsen heraus abbrechen.

Neben gruppentherapeutischen Ansätzen werden demzufolge insbesondere zur Individualisierung des Angebotes, aber auch bei zusätzlichen psychiatrischen Störungen Einzeltherapien bevorzugt. Im Rahmen der *Psychoedukation* wird mit den Betroffenen ein Bewusstsein für die Störung und die Symptome entwickelt. Die Techniken, die Erwachsene mit ADHS zu »Spezialisten ihrer Erkrankung« machen, sind hinsichtlich der Reduktion der ADHS-spezifischen Symptome, aber auch in Bezug auf die Reduktion von Angst und Depression den kognitiv-behavioralen Therapieansätzen nicht unterlegen (Vidal et al. 2013). Dabei spielt die Selbstakzeptanz eine wichtige Rolle. ADHS-Betroffene, die sich mit den neurobiologischen Grundlagen ihrer Störung auseinandersetzen, können ihr Gehirn als »neurodivers« verstehen und mit geeigneten »Hilfsmitteln«, seien es Medikamente oder therapeutische Methoden, in einer spezifischen Art und Weise zu gebrauchen lernen, die ihnen ein zufriedenes Leben in der Gesellschaft und in ihrem eigenen Alltagskontext ermöglichen. Wichtig ist auch der Einbezug von Partnern und der Familie zur Förderung von gegenseitigem Verständnis und zum Erlernen spezifischer Strategien im Umgang miteinander (Wymbs et al. 2021). Dabei haben sich auch Gruppentherapien mit mehreren Paaren zum Austausch von herausfordernden Beziehungssituationen bewährt.

Nach Metaanalyse zahlreicher wissenschaftlicher Untersuchungen zeigten *kognitiv-behaviorale* oder *Modifikationen der kognitiven Therapien* effiziente Linderungen der ADHS-Symptome bei Erwachsenen (Faraone et al. 2021; Young et al. 2020). Sekundär konnten Ängste und depressive Symptome reduziert und der Selbstwert und die Lebensqualität gesteigert werden (Liu et al. 2023). Neurobiologisch werden mit der Gesprächstherapie ähnliche Hirnareale aktiviert wie bei der Pharmakotherapie, insbesondere frontale Netzwerke und das Kleinhirn (Wang et al. 2018). Bei der kognitiv-behavioralen Therapie (CBT) werden negative Gedanken, Gefühle und Glaubenssätze in herausfordernden Alltagssituationen identifiziert und zu positiven, unterstützende Gedanken umgestaltet. Darauf aufbauend werden sukzessive funktionelle Verhaltensweisen eingeübt. Besonders wirksam sind spezifische Trainingseinheiten, sogenannte Skills-Trainings, zur

8.4 Nicht-medikamentöse Interventionen bei ADHS und Sucht

Verbesserung der Alltagsfunktionen, der Aufmerksamkeitsspanne, der Impulskontrolle und zur Förderung des Aufschiebens von belohnungsassoziiertem Verhalten (Safren et al. 2010; Philipsen et al. 2007; Hesslinger et al. 2002).

Zusätzlich zu den standardisierten Verfahren werden auch Neurofeedback-Trainings und achtsamkeitsbasierte Verfahren bei Jugendlichen und Erwachsenen mit ADHS angewendet (Mitchell et al. 2013).

Beim *Neurofeedback* werden Methoden verwendet, die die Gehirnaktivitäten elektroenzephalographisch abgeleitet (EEG) in Echtzeit abbilden und so eine Rückmeldung über den Aufmerksamkeitszustand ermöglichen (Mayer et al. 2013). Diese in der Regel computergesteuerten Rückmeldungen der Gehirnaktivitäten bei standardisierten Aufgaben werden schließlich zum Training der Selbststeuerung genutzt (Mayer et al. 2015a). Dabei zeigten sich quantitative EEG-basierte Trainings wirkungsvoll für die Verbesserung der ADHS-spezifischen Symptome sowie von Depressionen und Schlafstörungen (Arns et al. 2012; Arns et al. 2014). Insgesamt lieferten die EEG-basierten Neurofeedbackverfahren jedoch keine konsistenten Ergebnisse. Während eine systematische Übersichtsarbeit von 19 randomisierten kontrollierten Studien keine Überlegenheit von Neurofeedbackverfahren auf die Aufmerksamkeitsleistungen im Vergleich zu unbehandelten Kontrollgruppen zeigte (Scholz et al. 2023), ergab eine andere systematische Übersichtsarbeit von fünf randomisierten klinischen Studien durchaus Verbesserungen der Aufmerksamkeit, wenn dies durch die Probanden selbst beurteilt wurde (Fan et al. 2022). Übereinstimmend wurden keine Effekte auf die Impulsivität und Hyperaktivität gefunden. Als Erklärung für die inkonsistenten Befunde wurden verschiedene Hypothesen diskutiert, u. a., dass zahlreiche Studien methodische Schwächen aufwiesen oder nicht ausreichend in ein therapeutisches Programm eingebettet wurden.

Tiefere Hirnregionen, wie der Nucleus accumbens, der bei der Suchtentwicklung eine große Rolle spielt, werden mittels *funktioneller Kernspintomografie* in Echtzeit abgebildet, was wirkungsvoll im Sinne des Neurofeedbacks für Veränderungs- und Anpassungsprozesse genutzt werden kann (Greer et al. 2014). Auch *nahinfrarotspektroskopische Methoden*, in denen die Aktivitäten im Großhirnbereich abgeleitet werden, lieferten erste erfolgversprechende Ansätze zur Behandlung der ADHS im Erwachsenenalter mittels Neurofeedback (Mayer et al. 2015b).

Achtsamkeitsbasierte Verfahren (Mindfulness-Based Interventions) wurden als körperorientierte Verfahren zur Stressregulation und zur gezielten Aufmerksamkeitslenkung entwickelt. Dabei steht das nichtbewertende Annehmen dessen, was im Augenblick ist, im Vordergrund. Fokussiert wird auf Körperwahrnehmungen mit Techniken der Entspannung, der Meditation und der Trance. Achtsamkeitsbasierte Verfahren verstärken die Wirksamkeit konventioneller therapeutischer Interventionen, indem sie die bewusste Aufmerksamkeitssteuerung, die Exekutivfunktionen, die Stress- und Emotionsregulation verbessern und die Impulsivität reduzieren. Dadurch konnten positive Effekte auf komorbide Symptome von Angst, Depression und Suchtverhalten erzielt werden. Nach einer Übersichtsarbeit bei Familien mit ADHS-Kindern war die Achtsamkeitsschulung wirksam hinsichtlich einer Verbesserung der Aufmerksamkeit aller Familienmitglieder, was dazu führte, diese Therapieform als zusätzliche Behandlungsmaßnahme zu den evidenzbasierten Therapien aufzunehmen (Cassone 2015). Bei Jugendlichen und Erwachsenen ergaben Untersuchungen zu achtsamkeitsbasierten Verfahren im Gruppensetting eine Verbesserung der ADHS-spezifischen Symptome, insbesondere der Aufmerksamkeit und der Impulshemmung sowie depressiver Symptome (Zylowska et al. 2008; Philipsen et al. 2007). Systematische Übersichten und Metaanalysen zeigten auch im Erwachsenenalter Verbesserungen der ADHS-spezifischen Symptome, der Emotionsregulation und der Exekutivfunktionen nach Durchführung achtsamkeitsbasierter Meditations-, Awareness- und kognitiver Trainings (MBCT) unabhängig von zusätzlichen medikamentösen oder psychosozialen Behandlungen (Oliva et al. 2021). Während bei Kindern und Adoleszenten eher Kombinationen von MBCT und achtsamkeitsbasierten Verfahren zur

8.4 Nicht-medikamentöse Interventionen bei ADHS und Sucht

Stressregulation (MBSR) eingesetzt wurden, konnten Erwachsene am besten von einer Kombination aus Awareness-Trainings und MBCT profitieren (Wakelin et al. 2023; Edel et al. 2014). Obwohl die Untersuchung von Edel und Mitarbeitern methodische Schwächen aufweist, zeigt sich hier ein Trend, der, so wird es diskutiert, für Subgruppen von Erwachsenen mit ADHS genutzt werden kann. Dementsprechend konnten mittels achtsamkeitsbasierter Verfahren nach Anpassungen an die Erfordernisse der ADHS im Erwachsenenalter deutliche Verbesserungen der Stimmung, der Aufmerksamkeit und der Lebensqualität der Betroffenen nachgewiesen werden (Bueno et al. 2015).

Bei der Behandlung der Komorbidität von ADHS und Sucht im Erwachsenenalter wird eine Kombination aus suchtspezifischer und multimodaler Behandlung der ADHS unter Berücksichtigung der Schwere der Suchterkrankung sowie zusätzlicher psychiatrischer Störungen empfohlen (Wilens 2004). Obwohl ätiologisch der Beginn der Abhängigkeitserkrankung mit der ADHS in Verbindung steht (Wilens et al. 2003), führt eine Linderung der ADHS-spezifischen Symptome nicht automatisch auch zu einer Verbesserung der süchtigen Verhaltensweisen. Es muss vielmehr davon ausgegangen werden, dass beide Störungsbilder nebeneinander bestehen und sich wechselseitig beeinflussen. Dementsprechend wird bei Betroffenen in Entzugsbehandlungen neben der diagnostischen Abklärung eine frühzeitige spezifische Behandlung persistierender ADHS-Symptome empfohlen (Hartman et al. 2023).

Hinsichtlich der therapeutischen Ansätze haben sich bei ADHS im Erwachsenenalter Einzel- und Gruppentherapien mit kognitiv- und dialektisch-behavioralen Ansätzen bewährt (Wakelin et al. 2023; Philipsen et al. 2008). So wurden für die Behandlung von Erwachsenen mit ADHS und Sucht angepasste Versionen der kognitiv-behavioralen Ansätze in Kombination mit achtsamkeitsbasierten Interventionen entwickelt (van Emmerik-van Oortmerssen et al. 2013). Nach der Internationalen Vereinigung zu ADHS und Substanzmissbrauch, ICASA (International Collaboration on ADHD and Substance Abuse), an der 28 Forschungszentren in 16 Ländern beteiligt sind, spielen bei den Süchtigen mit ADHS weitere psychische und soziale Beeinträchtigungen eine Rolle, wie z. b. traumatische Erlebnisse und Entwicklungsverzögerungen in der Kindheit, oppositionelles Verhalten oder schlechte Schulbildung (Van de Glind et al. 2020). Die Betroffenen mit ADHS und Sucht zeigen ein höheres Risikoverhalten in allen Lebensbereichen und höhere Raten an psychischen, insbesondere affektiven Störungen. Das Netzwerk fordert eine frühzeitige Identifikation dieser Risikopopulation und spezifische Maßnahmen zur Prävention. Welche weiteren Interventionen zusätzlich zur multimodalen konventionellen Therapie bei der Komorbidität von ADHS und Sucht noch wirksam sein werden, bleibt abzuwarten. Womöglich ergeben sich aus den Awareness-, Achtsamkeits- und Neurofeedback-Methoden Ansätze für nicht-medikamentöse Interventionen (Simkin et al. 2014). So konnte beispielsweise in einer genetischen Subgruppe mit Musik das Belohnungssystem über Stimulation von Netzwerken zwischen Nucleus accumbens, mesolimbischen Strukturen und Stirnhirn aktiviert werden (Blum et al. 2010). Hier wurde postuliert, dass eine derartige Aktivierung des Belohnungssystems bei Kindern mit ADHS zu einer Verringerung der fehlgeleiteten Selbstmedikation beitragen könnte, wenn die Intervention frühzeitig im Sinne einer Prävention vor der Entwicklung einer Sucht eingesetzt würde. Allerdings wurden diese Ansätze wissenschaftlich bislang nicht weiter untersucht.

8.5 Klinische Erfahrungen bei der Behandlung von ADHS und Sucht

Bei der ambulanten und stationären Behandlung von Erwachsenen mit ADHS und Sucht sind stets die Symptome führend, welche die Betroffenen am stärksten beeinträchtigen. Meist wird eine Entzugsbehandlung mit einer medikamentösen Behandlung der ADHS kom-

8.5 Klinische Erfahrungen bei der Behandlung von ADHS und Sucht

biniert. In einigen Fällen führt aber erst eine psychotherapeutische Behandlung der ADHS dazu, dass eine Entzugsbehandlung wirkungsvoll durchgeführt werden kann. Dies ist individuell zu entscheiden. Wichtig ist, dass beide Störungsbilder unbedingt gemeinsam und zeitgleich in den Fokus der Behandlung rücken. Eine multimodale und integrierte Behandlung verbessert schließlich den Verlauf der beiden Einzelstörungen und trägt dazu bei, dass sich die Verbesserungen positiv aufeinander auswirken.

Hauptprobleme sind die Haltequoten in den Therapien. Bei der Komorbidität von ADHS und Sucht sind die meisten Stimulanzien kontraindiziert und Atomoxetin als Monotherapie bei Erwachsenen meist nicht ausreichend wirksam. So gestalten sich ambulante Entzugsbehandlungen schwierig, wenn eine Suchtmittelabstinenz vor einer Pharmakobehandlung der ADHS gefordert wird, da die biologischen Entzugssymptome sich zusätzlich negativ auf die Beeinträchtigungen durch die neurobiologischen ADHS-Phänomene auswirken. Bei entsprechender Symptomschwere wird man kaum um eine stationäre Behandlung herumkommen. Häufig sieht man sich in einer klinischen Gradwanderung zwischen möglichst gleichbleibendem, moderaten Substanzkonsum, z. B. von Cannabinoiden (d. h. ein oder zwei Joints am Abend »zum Runterkommen«), und einer medikamentösen Einstellung auf Stimulanzien, angepasst an den Zustand und »titriert« auf die neurobiologischen Veränderungen bei den Betroffenen. Die Compliance und Beziehung zwischen Therapeuten und Betroffenen spielt hier eine große Rolle, da es sich nach Expertenkonsens bei derartigen Behandlungen um eine Risiko-Nutzen-Abwägung zwischen Medikamenten- und Substanzwechselwirkungen einerseits und Nutzen für die körperliche Befindlichkeit, die Symptomlinderung, die soziale Integration und schließlich für die Lebensqualität andererseits handelt. Diese Abwägung und Entscheidung kann nicht auf der Grundlage von statistischen Erhebungen erfolgen, sondern betrifft sehr individuell den einen betroffenen Patienten mit dem dazugehörigen Therapeuten.

Vertiefung
Die Einzeltherapie ermöglicht ein individuelles Eingehen auf den Betroffenen. Bewährt hat sich ein modular aufgebautes kognitiv-verhaltenstherapeutisches Therapieprogramm zur Unterstützung der medikamentösen Behandlung der ADHS (Safren et al. 2009). Individuell kann hier ein spezifisches Training zur Organisation und Planung, zum Umgang mit Ablenkbarkeit, zur Emotionsregulation und zur kognitiven Umstrukturierung bei dysfunktionalem Denken angeboten werden. Die Betroffenen lernen, analytisch vorzugehen, Teilziele zu formulieren, Handlungspläne aufzustellen und umzusetzen sowie Aufgaben zu beginnen und zu Ende zu bringen. Darüber hinaus erlernen die Betroffenen Methoden zur Verlängerung ihrer individuellen Aufmerksamkeitsspanne und zur Kontrolle von ablenkenden Faktoren sowie die Verwendung von Gedächtnisstützen und Ritualen. Misserfolgserlebnisse können zu negativen Selbstannahmen führen, die automatisch ablaufen, wie z.B. »das schaffe ich nie«, »das ist zu schwer«. Derartige sogenannte dysfunktionale Gedanken, die bei ADHS häufig vorkommen, werden durch angeleitetes Training identifiziert und in funktionale Denkmuster überführt. Bei der ADHS treten zudem gehäuft heftige negative Emotionen wie Wut, Kränkungen oder Ängste auf. Dies wird neurobiologisch auf eine übermäßige Aktivierung der Amygdala im limbischen System zurückgeführt, was zu einer Überflutung mit negativen Gefühlen führt. Da das Stirnhirn in seiner Funktion ebenfalls beeinträchtigt ist, kann es nicht ausreichend mit positiven Gedanken gegensteuern. Dies trägt zu Beeinträchtigungen der kognitiven Verarbeitung mit Verwirrtheit, mangelnder Aufmerksamkeit und mangelnder Fähigkeit zum Ordnen der Gedanken sowie zum Auftreten von Erinnerungslücken bei. Wichtig ist die Wiederherstellung einer emotionalen Distanz (Metaposition, Metakognition) durch Stärkung der Funktionen des präfrontalen Cortex, was durch kognitive Analyse der als belastend erlebten Emotionen und deren Neubewertungen erfolgt.

8.5 Klinische Erfahrungen bei der Behandlung von ADHS und Sucht

Insgesamt sollen durch die Verhaltenstherapie der Erwachsenen mit ADHS die Erfolgserlebnisse gefördert werden, was wiederum das Selbstwertgefühl steigert, die Integration in den sozialen Alltag erleichtert, Angstgefühle reduziert und Gefühle vermittelt, dazuzugehören und kompetent zu sein. Die Betroffenen können allmählich ihr individuelles Leistungspotenzial ausschöpfen und automatisierte Grundannahmen über sich, die mit Entwertung und Misserfolg einhergehen, ablegen, was zu einer Stimmungsstabilisierung beiträgt sowie Scham- und Schuldgefühle vermindert.

Ein Vorteil des Programms ist der modulare Aufbau. Je nach Notwendigkeit können mit den Betroffenen spezifische Sitzungen – auch mehrfach – durchgeführt werden, wodurch sich die Langzeitergebnisse verbessern lassen (Huang et al. 2015).

9 Präventive Ansätze bei ADHS und Sucht

Aus einer neurobiologischen Perspektive tragen genetische Veränderungen sowohl zu den Symptomen der ADHS als auch zu zahlreichen weiteren Störungsbildern, wie der Sucht, bei (Gold et al. 2014). Die klinischen Auffälligkeiten der ADHS treten bereits in der frühen Kindheit auf. Das Risiko für eine Suchtentwicklung ergibt sich aus den spezifischen Symptomen der ADHS ebenso wie aus den im Entwicklungsverlauf häufig auftretenden Misserfolgserlebnissen, den Beeinträchtigungen im Alltag und in den sozialen Beziehungen sowie durch zusätzliche psychiatrische Störungen.

Präventive Ansätze setzen vor der Entwicklung von Störungen an. Im Falle von ADHS und Sucht bedeutet dies allgemein, dass bei einer Diagnose der ADHS in der Kindheit frühe Aufklärungen über die Zusammenhänge zwischen ADHS und Suchtentwicklung erfolgen sollten.

Bei der sogenannten *universellen Prävention* wird das Gesundheitsbewusstsein der Allgemeinbevölkerung gefördert. Da es üblicherweise im Kindes- und Jugendlichenalter zu einem Probierkonsum psychoaktiver Substanzen kommt, ist dies die Hauptzielgruppe dieser Form der Prävention. Ziel ist es insgesamt, die Verantwortung im Umgang mit Suchtmitteln zu stärken und den Beginn eines regelmäßigen Konsums psychoaktiver Substanzen zu verhindern. Dabei setzt die »Verhaltensprävention« direkt am Verhalten der Zielgruppe an, d. h. es geht um Verhaltensänderungen im Hinblick auf eine gesunde Lebensführung mit ausreichend Bewegung, gesunder Ernährung etc. Die »Verhältnisprävention« schließlich bezieht sich auf die Anpassung gesellschaftlicher Strukturen, um die Gesundheit positiv beeinflussen zu können, z. B. die Verringerung von Krankheitsrisiken durch Regeln oder Verbote, etwa kein Alkoholausschank in Betrieben oder rauchfreie Arale, etwa auf dem Schulhof. Insgesamt gilt es den Jugendlichen den Zugang zu Suchtmitteln zu erschweren, ihnen ein Modell für eine gesundheitsbewusste Lebensführung zu bieten und Angebote für einen verantwortungsvollen Gebrauch psychoaktiver Substanzen zu unterstützen.

Hauptzielgruppe der *selektiven Prävention* ist die gefährdete Risikogruppe. Im Falle der ADHS sind dies Betroffene und vor allem solche mit persistierenden Symptomen, die ein erhöhtes Suchtrisiko in sich tragen, jedoch noch unauffällig sind. Dabei erhöht sich das Suchtrisiko, wenn weitere Auffälligkeiten hinzukommen, wie z. B. Selbstwertstörungen, Leistungsversagen oder Störungen im Sozialverhalten. Im Rahmen der selektiven Prävention können hier gezielte Screening- und Fördermaßnahmen einen großen Beitrag zur Verringerung der Suchtentwicklung leisten.

Die *indizierte Prävention* richtet sich an Personen mit deutlichem Risikoverhalten. Das sind im Falle von ADHS insbesondere Heranwachsende mit entsprechender Symptomatik, die aufgrund ihres regelmäßigen Konsums von psychoaktiven Substanzen gefährdet sind, eine Abhängigkeit zu entwickeln. Die Inhalte moderner Präventionsarbeit sind demzufolge, Erkenntnisse über den wissenschaftlichen Stand von Risikofaktoren zu erhalten und daraus Methoden für eine Früherkennung von riskanten Verhaltensweisen ebenso wie Programme für ein gesundheitsbewusstes Leben abzuleiten. Im Falle von ADHS können die multimodalen Therapieansätze mit Kombination von medikamentöser und psychotherapeutischer Behandlung dazu dienen, die Risiken zu minimieren, im Sinne einer fehlgeleiteten Selbstmedikation an einer Sucht zu erkranken (Young et al. 2021). Gesundheitspolitik und öffentliche Träger sind meist für die Finanzierung dieser Formen der Prävention zuständig. Letztlich sind die Maßnahmen für die selektive und indizierte Prävention eng verzahnt.

10 Ausblick

ADHS im Erwachsenenalter ist eine klinische Realität. Häufig haben die Betroffenen bis zur Entwicklung einer Suchterkrankung bereits lange Leidenswege zurückgelegt. Seit der Kindheit haben Erwachsene mit ADHS die Symptome und die Misserfolge als Teil ihrer Persönlichkeit und ihres Lebens wahrgenommen und sich, wie alle Menschen, im Entwicklungsverlauf so gut als möglich angepasst. Eine frühzeitige Diagnostik und Therapie bereits ab dem Kindesalter sind die beste Prävention zur Verringerung von Folgeerscheinungen im Zusammenhang mit persistierenden Symptomen der ADHS. Dabei gilt es, eine frühe medikamentöse Behandlung gut in ihrem Für und Wider, beispielsweise zur Risikominimierung einer Sucht, abzuwägen. Hier stellt das Suchtpotenzial der Stimulanzien ebenso ein Risiko dar wie der Einfluss der Medikamente auf den kindlichen, sich entwickelnden Organismus und die sich daraus ergebenden Konsequenzen.

Die Entwicklung der Sucht bei ADHS steht in der Regel mit einer fehlgeleiteten Selbstmedikation im Zusammenhang . Eine konsequente medikamentöse Behandlung ab dem Kindesalter ist geeignet, das Risiko der Sucht zu senken, da sich die Sucht üblicherweise erst ab dem Adoleszentenalter über den Probierkonsum und den regelmäßigen Konsum entwickelt. Letztlich tragen jedoch zahlreiche Faktoren zur Entwicklung der Sucht bei. Hier sind insbesondere Störungen im Sozialverhalten und Misserfolgserlebnisse zu nennen.

Hat sich neben der ADHS eine Sucht entwickelt, so sind im weiteren Verlauf beide Störungsbilder gleichzeitig bzw. verzahnt zu berücksichtigen. Leider existieren weder für die medikamentöse noch für die psychotherapeutische Behandlung gute Ansätze für die Behandlung der komorbiden Störung von ADHS und Sucht. Mittel der ersten Wahl bei der Behandlung von ADHS im Erwachsenenalter sind die Stimulanzien. Bestehen ADHS und Abhängigkeitserkrankungen, so ist der Einsatz von Stimulanzien, da meist kontraindiziert, im Sinne einer Risiko-Nutzen-Entscheidung sorgfältig abzuwägen, u. a. wegen unvorhergesehener Wechselwirkungen der Substanzen bei aktivem Drogenkonsum, aber auch im Hinblick darauf, dass die verordneten Medikamente als Betäubungsmittel ein eigenes Suchtpotenzial aufweisen und entsprechend missbraucht werden können. Eine weitere Hürde besteht in der Limitierung der Zulassung bzw. der Kassenvergütungen (»Off-Label«) der sich als wissenschaftlich wirksam erwiesenen Medikamente bei Erwachsenen mit ADHS und besonders bei der Komorbidität von ADHS und Sucht.

Zusammenfassend ist demnach die Behandlung der ADHS und der Komorbidität von ADHS und Sucht eine individuelle und komplexe Angelegenheit. Grundlage für die multimodalen Behandlungsansätze sind die neurobiologischen Veränderungen in verschiedenen Netzwerken des Gehirns, die sowohl bei der ADHS als auch bei der Sucht zu Beeinträchtigungen führen. Dabei ist heute bekannt, dass eine Aktivierung der gestörten Hirnkreisläufe nicht nur durch medikamentöse Behandlung, sondern auch durch kognitiv-verhaltenstherapeutische Interventionen, achtsamkeitsbasierte, Awareness-Verfahren und Akzeptanz- und Commitmenttherapie (ACT) sowie ggf. auch durch spezifische Neurofeedbackmethoden erfolgen kann. Eine Veränderung der Lebensführung, sportliche Aktivitäten sowie Musik oder Nahrungsergänzungsmittel sind ebenfalls geeignet, die Symptome der ADHS zu lindern.

Zusammenfassend existieren zahlreiche erfolgversprechende Behandlungsmethoden bei Erwachsenen mit ADHS und bei der Komorbidität von ADHS und Sucht. Hier sind Kliniker und Wissenschaftler gefordert, die Behandlungsansätze zu verfeinern und gegebenenfalls mittels bildgebender oder anderer darstellender apparativer Verfahren einen Beitrag zu einer individuellen Einschätzung der Lokalisation der Beeinträchtigungen zu leisten, sodass hier gezielter eingegriffen werden kann.

Zu guter Letzt sollte noch erwähnt werden, dass eine gute emotionale und empathische Beziehung zwischen dem Therapeuten und dem Patienten besonders wichtig ist, um den Behandlungserfolg zu sichern. Dies vor allem, wenn die Betroffenen Termine absagen, zu spät kommen oder erlernte Verhaltensstrategien nicht umsetzen, manchmal auch, weil sie das, was sie im Rahmen der ADHS als Symptome bei sich erlebt haben, bereits so lange in ihrem Leben mit sich herumtragen, dass Veränderungen Angst machen und entsprechend Zeit benötigen.

Alexa kann sich nicht zur medikamentösen Behandlung der ADHS durchringen. Sie ist bereits Ende 40 und hat ihr Leben lang mit den Symptomen der ADHS gelebt. Diese gehören zu ihr. Als Kind konnte sie nicht stillsitzen und hat Leistungssport betrieben. Immer wieder waren die Symptome der mangelnden Impulskontrolle dominierend. Dies trug dazu bei, dass sie das Essen nicht kontrollieren konnte und alles in sich hineinstopfte, bis sie übergewichtig wurde. Zwar hat sie heute wieder ein normales Gewicht, aber wiederholt kommt es zum Heißhunger auf Brot oder Nudelgerichte. Im jungen Erwachsenenalter hat sie begonnen, Alkohol zu konsumieren. Insbesondere am Abend hat ihr das Glas Wein gedient, die Gedanken, die sie aus eigener Energie nicht stoppen konnte, zu bremsen und innere Spannungen wieder herunterzuregulieren. Und schließlich hat sich eine Alkoholabhängigkeit entwickelt. Im Verlauf kam es im Zusammenhang mit dem Konsum wiederholt zu Kontrollverlusten und zu Fehltagen am Arbeitsplatz. Alexa schaffte es aber immer wieder, »die Kurve zu bekommen« und ihre Arbeitsstelle zu erhalten, obwohl es ihr meist schwerfiel, die langweiligen Arbeiten in den Projekten zu erledigen. Sie hat immer wieder »auf den letzten Drücker« mit der Arbeit begonnen. Emotional war dies maximal belastend. Und trotz besseren Wissens passierte es ihr immer wieder, dass sie viel zu spät mit der Erledigung einer Arbeit anfing. Dann arbeitete sie Tag und Nacht, um die Aufgaben noch fristgerecht abliefern zu können. Und natürlich hat sie in diesen Zeiten auch vermehrt Alkohol zur Spannungsregulation konsumiert. Mit Alexa wurde der Einsatz von Stimulanzien besprochen. Diese sollten vor allem der Verbesserung der Impulskontrolle dienen. Effekte wurden nicht nur im

Hinblick auf den Alkoholkonsum, sondern auch im Hinblick auf die Kontrolle von negativem Gedankenkreisen, zur Erleichterung der Motivation für den Beginn einer anfallenden Arbeit sowie zur Förderung des Durchhaltevermögens erwartet, da sie ablenkende Reize besser kontrollieren können sollte. Alexa willigte ein und nahm das Medikament einen Tag lang. Sie brach ab mit der Begründung, dass die Medikation keinen Nutzen bringe. Es fiel auf, dass sie nicht bereit war, ihre dysfunktionalen Muster aufzugeben. Sie war es gewohnt, die projektbezogenen Aufgaben so lange vor sich her zu schieben, bis die Abgabe unmittelbar bevorstand. Dann kamen die Panikattacken, dass sie es nicht schaffen werde. Und dann arbeitete Alexa Tage und Nächte an der Umsetzung, um das Projekt schließlich zwar fristgerecht, aber unter größter emotionaler Belastung zu beenden. Dieses Muster zu verlassen, würde für sie bedeuten, einen Teil von sich selbst aufzugeben. Mithilfe einer reflektierenden Psychotherapie gelang es Alexa schließlich, die Angst vor der Veränderung zu überwinden und sich auf die Behandlung mit Methylphenidat einzulassen. Infolge der Medikation gelang es ihr zunehmend leichter, auch langweiligere Projekte zu bewältigen. Sie konnte Pläne machen und einhalten, sodass sie Aufgaben ohne den früheren Stress beendete. Dies förderte nicht nur ihr Selbstbewusstsein, sondern trug auch dazu bei, allmählich den Alkoholkonsum zu reduzieren und schließlich ganz aufgeben zu können.

Literatur

Adisetiyo V, Jensen JH, Tabesh A et al. (2012) Multimodal MR imaging of brain iron in attention deficit hyperactivity disorder: a noninvasive biomarker that responds to psychostimulant treatment? Radiology 272: 524–532.

Adler L, Dietrich A, Reimherr FW et al. (2006) Safety and tolerability of once versus twice daily atomoxetine in adults with ADHD. Ann Clin Psychiatry 18: 107–113.

Adler LA, Spencer T, Brown TE et al. (2009) Once-daily atomoxetine for adult attention-deficit/hyperactivity disorder: a 6-month, double-blind trial. J Clin Psychopharmacol 29: 44–50.

Adler LA, Alperin S, Leon T, Faraone S (2014) clinical effects of lisdexamfetamine and mixed amphetamine salts immediate release in adult ADHD: results of a crossover design clinical trial. Postgrad Med. 126: 17–24.

Aharonovich E, Hasin DS, Brooks AC et al. (2006) Cognitive deficits predict low treatment retention in cocaine dependent patients. Drug Alcohol Depend 81: 313–322.

Akutagava-Martins GC, Salatino-Oliveira A, Kieling CC et al. (2013) Genetics of attention-deficit/hyperactivity disorder: current findings and future directions. Expert Rev Neurother 13: 435–45.

Alemany S, Ribases M, Vilor-Tejedor N et al. (2015) New suggestive genetic loci and biological pathways for attention function in adult attention-deficit/hyperactivity disorder. Am J Med Genet B Neuropsychiatr Genet doi: 10.1002/ajmg.b.32341.

American Psychiatric Association (2013) Diagnostic and Statistical Manual for Mental Disorders. Washington, DC: American Psychiatric Association Press.

Amiri S, Farhang S, Ghoreishizadeh MA et al. (2012) Double-blind controlled trial of venlafaxine for treatment of adults with attention deficit/hyperactivity disorder. Hum Psychopharmacol. 27: 76–81.

Arabgol F, Panaghi L, Begrani P (2009) Reboxetine versus methylphenidate in treatment of children and adolescents with attention deficit-hyperactivity disorder. Eur Child Adolesc Psychiatry 18: 53–59.

Arias AJ, Gelernter J, Chan G et al. (2008) Correlates of co-occurring ADHD in drug-dependent subjects: prevalence and features of substance dependence and psychiatric disorders. Addict Behav 33: 1199–207.

Arns M, Drinkenburg W, Leon Kenemans J (2012) The effects of QEEG-informed neurofeedback in ADHD: an open-label pilot study. Appl Psychophysiol Biofeedback 37: 171–180.

Arns M, Feddema I, Kenemanns JL (2014) Differential effects of theta/beta and SMR neurofeedback in ADHD on sleep onset latency. Front Hum Neurosci 8: 1019. doi: 10.3389/fnhum.2014.01019. eCollection 2014.

Arnsten AF, Rubia K (2012) Neurobiological circuits regulating attention, cognitive control, motivation, and emotion: disruptions in neurodevelopmental psychiatric disorders. J Am Acad Child Adolesc Psychiatry 51: 356–67.

Arnsten AFT (2020) Guanfacine's mechanism of action in treating prefrontal cortical disorders: Successful translation across species. Neurobiol Learn Mem. Dec: 176: 107327. doi 10.1016/j.nlm.2020.107327.

Asherson P, Young AH, Eich-Höchli D et al.(2014a) Differential diagnosis, comorbidity, and treatment of attention-deficit/hyperactivity disorder in relation to bipolar disorder or borderline personality disorder in adults. Curr Med Res Opin 30: 1657–1672.

Asherson P, Bushe C, Saylor K et al. (2014b) Efficacy of atomoxetine in adults with attention deficit hyperactivity disorder: an integrated analysis of the complete database of multicenter placebo-controlled trials. J Psychopharmacol 28: 837–46.

Banerjee E, Nandagopal K (2015) Does serotonin deficit mediate susceptibility to ADHD? Neurochem Int 82: 52–68.

Barbuti M, Maiello M, Spera V et al. (2023) Challenges of Treating ADHD with Comorbid Substance Use Disorder: Considerations for the Clinician. J Clin Med. 12(9): 3096. doi: 10.3390/jcm12093096.

Barkley RA (2006) Attention deficit hyperactivity disorder: a handbook for diagnosis and treatment. New York: Guilford Press.

Barkley RA, Fischer M, Smallish L, Fletcher K (2006a) Young adult outcome of hyperactive children: adaptive functioning in major life activities. J Am Acad Child Adolesc Psychiatry 45: 192–202.

Barkley RA, Smith KM, Fischer M, Navia B (2006b) An examination of the behavioral and neuropsychological correlates of three ADHD candidate gene polymorphisms (DRD4 7þ, DBHTaqI A2, and DAT1 40 bp VNTR) in hyperactive and normal children followed to adulthood. Am J Med Genet B 141: 487–498.

Barkley RA, Murphy KR, Fischer M (2008) ADHD in Adults: What the Science Says. New York: Guilford Press.

Barkley RA (2012) The Executive Functions: What They Are, How They Work, and Why They Evolved. New York: Guilford Press.

Beer B, Erb R, Pavlic M et al. (2013) Association of polymorphisms in pharmacogenetic candidate genes (OPRD1, GAL, ABCB1, OPRM1) with opioid dependence in European population: a case-control study PLoS One. Sep;8: e75359 eCollection

Beheshti A, Chavanon ML, Christiansen H (2020) Emotion dysregulation in adults with attention deficit hyperactivity disorder: a meta-analysis. BMC Psychiatry. 20: 120. doi: 10.1186/s12888-020-2442-7. PMID: 32164655; PMCID: PMC7069054.

Bello NT (2015) Clinical utility of guanfacine extended release in the treatment of ADHD in children and adolescents. Patient Prefer Adherence 30: 877–885.

Berlin I, Hu MC, Cobey LS, Winhusen T (2012) Attention-deficit/hyperactivity disorder (ADHD) symptoms, craving to smoke, and tobacco withdrawal symptoms in adult smokers with ADHD. Drug Alcohol Depend 124: 268–273.

Biederman J, Mick E, Spencer T et al. (2012) Is response to OROS-methylphenidate treatment moderated by treatment with antidepressants or psychiatric comorbidity? A secondary analysis from a large randomized double blind study of adults with ADHD. CNS Neurosci Ther 18: 126–132.

Biederman J, Makris N, Valera EM et al. (2008) Toward further understanding of the co-morbidity between attention deficit hyperactivity disorder and bipolar disorder: a MRI study of brain volumes. Psychol Med 38: 1045–1056.

Biederman J, Petty C, Spencer TJ et al. (2014) Is ADHD a risk for posttraumatic stress disorder (PTSD)? Results from a large longitudinal study of referred children with and without ADHD. World J Biol Psychiatry 15: 49–55.

Bilodeau M, Simon T, Beauchamp MH et al. (2014) Duloxetine in Adults with ADHD: A Randomized, Placebo-Controlled Pilot Study. J Atten Disord. 18: 169–75.

Bjorkenstam E, Bjorkenstam C, Jablonska B, Kosidou K (2018) Cumulative exposure to childhood adversity, and treated attention deficit/hyperactivity disorder: a cohort study of 543 650 adolescents and young adults in Sweden. Psychol Med 48: 498–507.

Blum K, Chen TJ, Chen AL et al. (2010) Do dopaminergic gene polymorphisms affect mesolimbic reward activation of music listening response? Therapeutic impact on Reward Deficiency Syndrome (RDS). Med Hypotheses 74: 513–520.

Boedhoe PSW, van Rooij D, Hoogman M, et al. (2020) Subcortical Brain Volume, Regional Cortical Thickness, and Cortical Surface Area Across Disorders: Findings From the ENIGMA ADHD, ASD, and OCD Working Groups. Am J Psychiatry 177: 834–843.

Boonstra AM, Kooij JJ, Buitelaar JK et al. (2008) An exploratory study of the relationship between four candidate genes and neurocognitive performance in adult ADHD. Am J Med Genet B 147: 397–402.

Bozkurt H, Coskun M, Ayaydin H et al. (2013) Prevalence and patterns of psychiatric disorders in referred adolescents with Internet addiction. Psychiatry Clin Neurosci. 67: 352–9.

Bron TI, Bijlenga D, Marije Boonstra A et al. (2014) OROS-methylphenidate efficacy on specific executive functioning deficits in adults with ADHD: A randomized, placebo-controlled cross-over study. Eur Neuropsychopharmacol. pii: S0924–977X(14)00019–4.

Bueno VF, Kozasa EH, da Silva MA et al. (2015) Mindfulness meditation improves mood, quality of life, and attention in adults with attention deficit hyperactivity disorder. Biomed Res Int. doi: 10.1155/2015/962857. Epub 2015 Jun 7.

Bushe CJ, Savill NC (2013) Suicide related events and attention deficit hyperactivity disorder treatments in children and adolescents: a meta-analysis of atomoxetine and methylphenidate comparator clinical trials. Child Adolesc Psychiatry Ment Health 7: 19.

Bymaster FP, Katner JS, Nelson DL et al. (2002) Atomoxetine increases extracellular levels of norepinephrine and dopamine in prefrontal cortex of rat: a potential mechanism for efficacy in attention deficit/hyperactivity disorder. Neuropsychopharmacology 27: 699–711.

CADDRA Guidelines. Alliance CAR (2018) Canadian ADHD Practice Guidelines. Fourth Edition. Canadian ADHD Resource Alliance

Cândido RCF, Menezes de Padua CA, Golder S, Junqueira DR (2021) Immediate-release methylphenidate for attention deficit hyperactivity disorder (ADHD) in adults. Cochrane Database Syst Rev1(1): CD013011. doi: 10.1002/14651858.CD013011.pub2.

Carli G, Cavicchioli M, Martini AL et al. (2023) Neurobiological Dysfunctional Substrates for the Self-Medication Hypothesis in Adult Individuals with Attention-Deficit Hyperactivity Disorder and Cocaine Use Disorder: A Fluorine-18-Fluorodeoxyglucose Positron Emission Tomography Study. Brain Connect. doi: 10.1089/brain.2022.0076.

Carlson GA, Dunn D, Kelsey D et al. (2007) A pilot study for augmenting atomoxetine with methylphenidate: safety of concomitant therapy in children with attention-deficit/hyperactivity disorder. Child Adolesc Psychiatry Ment Health 1: 10.

Carpentier PJ, Arias Vasquez A, Hoogman M et al. (2013) Shared and unique genetic contributions to attention deficit/hyperactivity disorder and subs-

tance use disorders: a pilot study of six candidate genes. Eur Neuropsychopharmacol 23: 448–57.
Cassone AR (2015) Mindfulness training as an adjunct to evidence-based treatment for ADHD within families. J Atten Disord 19: 147–157.
Castaneda R, Sussman N, Levy R, Trujillo M (1999) A Treatment Algorithm for Attention Deficit Hyperactivity Disorder in Cocaine-Dependent Adults: A One-Year Private Practice Study with Long-Acting Stimulants, Fluoxetine, and Bupropion. Subst Abus. 20: 59–71.
Cawkwell PB, Hong DS, Leikauf JE (2021) Neurodevelopmental Effects of Cannabis Use in Adolescents and Emerging Adults with ADHD. A Systematic Review. Harv Rev Psychiatry. 29(4): 251–261. doi: 10.1097/HRP.0000000000000303.
Citome L (2015) Lisdexamfetamine for binge eating disorder in adults: a systematic review of the efficacy and safety profile for this newly approved indication – what is the numer needed to treat, number needed to harm and likelihood to be helped or harmed? Int J Clin Pract 69: 410–421.
Chang Z, Ghirardi L, Quinn PD et al. (2019) Risks and Benefits of Attention-Deficit/Hyperactivity Disorder Medication on Behavioral and Neuropsychiatric Outcomes: A Qualitative Review of Pharmacoepidemiology Studies Using Linked Prescription Databases. Biol Psychiatry. 86: 335–343. doi: 10.1016/j.biopsych.2019.04.009. Epub 2019 Apr 17.
Chang Z, Lichtenstein P, Halldner L et al. (2014) ADHD medication and risk for substance abuse. J Child Psychol Psychiatry. 55: 878–85. doi: 10.1111/jcpp.12164. Epub 2013 Oct 25
Chantiluke K, Barrett N, Giampietro V et al. (2014a) Inverse Effect of Fluoxetine on Medial Prefrontal Cortex Activation During Reward Reversal in ADHD and Autism. Cereb Cortex 25: 1757–1770.
Chantiluke K, Christakou A, Murphy CM et al. (2014b) Disorder-specific functional abnormalities during temporal discounting in youth with Attention Deficit Hyperactivity Disorder (ADHD), Autism and comorbid ADHD and Autism. Psychiatry Res 223: 113–120.
Cénat JM, Blais-Rochette C, Morse C et al. (2020) Prevalence and Risk Factors Associated With Attention-Deficit/Hyperactivity Disorder Among US Black Individuals. A Systematic Review and Meta-analysis. JAMA Psychiatry 78: 21–28. doi: 10.1001/jamapsychiatry.2020.2788
Chen YH, Liang SC, Sun CK et al. (2023) A meta-analysis on the therapeutic efficacy of repetitive transcranial magnetic stimulation for cognitive functions in attention-deficit/hyperactivity disorders. BMC Psychiatry. 23(1): 756. doi: 10.1186/s12888-023-05261-2

Chen L, Hu X, Ouyang L et al. (2016) A systematic review and meta-analysis of tract-based spatial statistics studies regarding attention-deficit/hyperactivity disorder. Neurosci Biobehav Rev 68, 838–847.

Chen MH, Pan TL, Wang PW et al. (2019) Prenatal Exposure to Acetaminophen and the Risk of Attention-Deficit/Hyperactivity Disorder: A Nationwide Study in Taiwan. J Clin Psychiatry 80.

Chou WJ, Liu TL, Yang P et al. (2015) Multi-dimensional correlates of Internet addiction symptoms in adolescents with attention-deficit/hyperactivity disorder. Psychiatry Res. 225: 122–8.

Christakou A, Murphy CM, Chantiluke K et al. (2013) Disorder-specific functional abnormalities during sustained attention in youth with Attention Deficit Hyperactivity Disorder (ADHD) and with Autism. Mol Psychiatry 18: 236–244.

Christensen J, Pedersen L, Sun Y et al. (2019) Association of Prenatal Exposure to Valproate and Other Antiepileptic Drugs With Risk for Attention-Deficit/Hyperactivity Disorder in Offspring. JAMA Netw Open 2, e186606.

Cid-Jofré V, Moreno M, Sotomayor-Zárate R et al. (2022) Modafinil Administration to Preadolescent Rat Impairs Non-Selective Attention, Frontal Cortex D2 Expression and Mesolimbic GABA Levels. Int J Mol Sci. 23(12): 6602. doi: 10.3390/ijms23126602

Clarke TK et al. (2017) Genome-wide association study of alcohol consumption and genetic overlap with other health-related traits in UK Biobank (N=112 117) Mol. Psychiatry. 22: 1376–1384.

Cloninger CR, Sigvardsson S, Bohman M (1988) Childhood personality predicts alcohol abuse in young adults. Alcohol Clin Exp Res 12: 494–505.

Coghill D, Banaschewski T, Cortese S et al. (2023) The management of ADHD in children and adolescents: bringing evidence to the clinic: perspective from the European ADHD Guidelines Group (EAGG). Eur Child Adolesc Psychiatry. 32(8): 1337–1361. doi: 10.1007/s00787-021-01871-x. Epub 2021 Oct 22

Conners CK, Casat CD, Gualtieri CT et al. (1996) Bupropion hydrochloride in attention deficit disorder with hyperactivity. J Am Acad Child Adolesc Psychiatry 35: 1314–1321.

Connor DF, Fletcher KE, Swanson JM (1999) A meta-analysis of clonidine for symptoms of attention-deficit /hyperactivity disorder. J Am Acad Child Adolesc Psychiatry 38: 1551–1559.

Coogan A.N., McGowan N.M (2017) A Systematic Review of Circadian Function, Chronotype and Chronotherapy in Attention Deficit Hyperactivity Disorder. ADHD Atten. Def. Hyp. Disord. 9: 129–147. doi: 10.1007/s12402-016-0214-5.

Correll CU, Starling BR, Huss M (2021) Systematic review of transdermal treatment options in attention-deficit/hyperactivity disorder: implications for use in adult patients. CNS Spectr. 12: 1–13. doi: 10.1017/S1092852921000341.

Cortese S, Kelly C, Chabernaud C et al. (2012a) Toward systems neuroscience of ADHD: a meta-analysis of 55 fMRI studies. Am J Psychiatry 169: 1038–55.

Cortese S, Azoulay R, Castellanos FX et al. (2012b) Brain iron levels in attention-deficit/Hyperactivity disorder: a pilot MRI study. World J Biol Psychiatry 13: 223–231.

Cortese S, Angriman M (2014) Attention-deficit/hyperactivity disorder, iron deficiency, and obesity: is there a link? Postgrad Med 126: 155–170.

Cortese S, Adamo N, Del Giovane C et al. (2018) Comparative efficacy and tolerability of medications for attention-deficit hyperactivity disorder in children, adolescents, and adults: a systematic review and network meta-analysis. Lancet Psychiatry. 5(9): 727–738. doi: 10.1016/S2215-0366(18)30269-4. Epub 2018 Aug 7.

Crunelle CL, van den Brink W, Veltman DJ et al. (2013) Low dopamine transporter occupancy by methylphenidate as a possible reason for reduced treatment effectiveness in ADHD patients with cocaine dependence. Eur Neuropsychopharmacol 23: 1714–23.

Crunelle CL, van den Brink W, Moggi F et al. (2018) International Consensus Statement on Screening, Diagnosis and Treatment of Substance Use Disorder Patients with Comorbid Attention Deficit/Hyperactivity Disorder. Eur Addict Res. 24(1): 43–51. doi: 10.1159/000487767. Epub 2018 Mar 6

Cunill R, Castells X, Tobias A, Capella D (2015) Pharmacological treatment of attention deficit hyperactivity disorder with co-morbid drug dependence. J Psychopharmacol 29: 15–23.

Daviss WB, Birmaher B, Diler RS, Mintz J (2008) Does pharmacotherapy for attention-deficit/hyperactivity disorder predict risk of later major depression? J Child Adolesc Psychopharmacol 18: 257–64.

Deak JD, Zhou H, Galimberti M et al. (2022) Genome-wide association study in individuals of European and African ancestry and multi-trait analysis of opioid use disorder identifies 19 independent genome-wide significant risk loci. Mol Psychiatry. 27(10): 3970–3979. doi: 10.1038/s41380-022-01709-1. Epub 2022 Jul 25.

Degremont A, Jain R, Philippou E, Latunde-Dada GO (2021) Brain iron concentrations in the pathophysiology of children with attention deficit/hyperactivity disorder: a systematic review. Nutr Rev. 2021: 79:615–626. doi: 10.1093/nutrit/nuaa065.

Demontis D, Walters RK, Martin J, Mattheisen M et al. (2019) Discovery of the first genome-wide significant risk loci for attention deficit/hyperactivity disorder. Nat Genet 51: 63–75.

Dhamija D, Bello AO, Khan AA et al. (2023) Evaluation of Efficacy of Cannabis Use in Patients With Attention Deficit Hyperactivity Disorder: A Systematic Review. Cureus. 15(6): e40969. doi: 10.7759/cureus.40969.

de Zeeuw P, Zwart F, Schrama R et al. (2012) Prenatal exposure to cigarette smoke or alcohol and cerebellum volume in attention-deficit/hyperactivity disorder and typical development. Transl Psychiatry 62: e84. doi: 10.1038/tp.2012.12.

Dürsteler KM, Berger EM, Strasser J et al. (2015) Clinical potential of methylphenidate in the treatment of cocaine addiction: a review oft he current evidence. Subst Abuse Rehabil 6: 61–74.

Durell TM, Adler LA, Williams DW et al. (2013) Atomoxetine treatment of attention-deficit/hyperactivity disorder in young adults with assessment of functional outcomes: a randomized, double-blind, placebo-controlled clinical trial. J Clin Psychopharmacol 33: 45–54.

Dick DM, Aliev F, Wang JC, Grucza RA, Schuckit M, Kuperman S, Goate A (2008) Using dimensional models of externalizing psychopathology to aid in gene identification. Archives of General Psychiatry 65: 310–318.

East PL, Doom JR, Blanco E et al. (2023) Iron deficiency in infancy and sluggish cognitive tempo and ADHD symptoms in childhood and adolescence. J Clin Child Adolesc Psychol. 52: 259–270. doi: 10.1080/15374416.2021.1969653.

Edel MA, Hölter T, Wassink K, Juckel G (2014) A comparison of mindfulness-based group training and skills group training in adults with ADHD: an open study. J Atten Disord 2014 Oct 9. pii: 1087054714551635. Epub ahead of print.

Edwards AC, Kendler KS (2012) Twin study of the relationship between adolescent attention-deficit/hyperactivity disorder and adult alcohol dependence. J Stud Alcohol Drugs 73: 185–94.

Elliott J, Johnston A, Husereau D et al. (2020) Pharmacologic treatment of attention deficit hyperactivity disorder in adults: A systematic review and network meta-analysis. PLoS One. 15(10): e0240584. doi: 10.1371/journal.pone.0240584.

Effatpanah M, Rezaei M, Effatpanah H et al. (2019) Magnesium status and attention deficit hyperactivity disorder (ADHD): a meta-analysis. Psychiatry Res. 274: 228–234. doi: 10.1016/j.psychres.2019.02.043.

Ekholm B, Spulber S, Adler MA (2020) randomized controlled study of weighted chain blankets for insomnia in psychiatric disorders. J Clin Sleep Med. 16(9): 1567–1577. doi: 10.5664/jcsm.8636

Ermer JC, Adeyi BA, Pucci ML (2010) Pharmacokinetic variability of long-acting stimulants in the treatment of children and adults with attention-deficit hyperactivity disorder. CNS Drugs 24: 1009–1025.

Fadeuilhe C, Daigre C, Richarte V et al. (2021) Insomnia Disorder in Adult Attention-Deficit/Hyperactivity Disorder Patients: Clinical, Comorbidity, and Treatment Correlates. Front Psychiatry. 12: 663889. doi: 10.3389/fpsyt.2021.663889

Fan HY, Sun CK, Cheng YS et al. (2022) A pilot meta-analysis on self-reported efficacy of neurofeedback for adolescents and adults with ADHD. Sci Rep. 12(1): 9958. doi: 10.1038/s41598-022-14220-y

Faraone SV, Biederman J, Monuteaux MC (2000) Toward guidelines for pedigree selection in genetic studies of attention deficit hyperactivity disorder. Genet Epidemiol 18: 1–16.

Faraone SV, Banaschewski T, Coghill D et al. (2021) The World Federation of ADHD International Consensus Statement: 208 evidence-based conclusions about the disorder. Neurosci Biobehav Rev 128: 789–818.

Faraone SV, Biederman J, Mick E (2006) The age-dependent decline of attention deficit hyperactivity disorder: a meta-analysis of followup studies. Psychol Med 36: 159–165.

Faraone SV, Glatt SJ (2010) A comparison of the efficacy of medications for adult attention-deficit/hyperactivity disorder using meta-analysis of effect sizes. J Clin Psychiatry 71: 754–763.

Farhat LC, Flores JM, Avila-Quintero VJ et al. (2023) Treatment Outcomes With Licensed and Unlicensed Stimulant Doses for Adults With Attention-Deficit/Hyperactivity Disorder: A Systematic Review and Meta-Analysis. JAMA Psychiatry. : e233985. doi: 10.1001/jamapsychiatry.2023.3985. Epub ahead of print

Farsad-Naeimi A, Asjodi F, Omidian M et al. (2020) Sugar consumption, sugar sweetened beverages and Attention Deficit Hyperactivity Disorder: A systematic review and meta-analysis. Complement Ther Med 53: 102512

Fayyad J, De Graaf R, Kessler RC et al. (2007) Cross-national prevalence and correlates of adult attention-deficit hyperactivity disorder. Br J Psychiatry 190: 402–9.

Fijal BA, Buo Y, Li SG et al. (2015) CYP2D6 predicted metabolizer status and safety in adult patients with attention-deficit hyperactivity disorder participating in a large placebo-controlled atomoxetine maintenance of response clinical trial. J Clin Pharmacol Apr 28. doi: 10.1002/jcph.530. Epub ahead of print.

Fleming M, McLay JS, Clark D et al. (2021) Educational and health outcomes of schoolchildren in local authority care in Scotland: A retrospective record linkage study. PLoS Med.18(11): e1003832 doi: 10.1371/journal.pmed.1003832

Fond G, Guillaume S, Jaussent I et al. (2015) Prevalence and Smoking Behavior Characteristics of Nonselected Smokers With Childhood and/or Adult Self-Reported ADHD Symptoms in a Smoking-Cessation Program: A Cross-Sectional Study. J Atten Disord 19: 293–300.

Fosco WD, Hawk LW Jr, Rosch KS, Bubnik MG (2015) Evaluating cognitive and motivational accounts of greater reinforcement effects among children with attention-deficit/hyperactivity disorder. Behav Brain Funct 11: 20. doi: 10.1186/s12993-015-006-9.

Franke B, Neale BM, Faraone SV (2009) Genome-wide associationstudies in ADHD. Hum Genet 126: 13–50.

Franke B, Vasquez AA, Johansson S et al. (2010) Multicenter analysis of the SLC6 A3/DAT1 VNTR haplotype in persistent ADHD suggests differential involvement of the gene in childhood and persistent ADHD. Neuropsychopharmacology 35: 656–664.

Franke B, Faraone SV, Asherson P et al. (2012) The genetics of attention deficit/hyperactivity disorder in adults, a review. Mol Psychiatry 17: 960–87.

Fredriksson I, Jayaram-Lindström N, Wirf M et al. (2015) Evaluation of guanfacine as a potential medication for alcohol use disorder in long-term drinking rats: behavioral and electrophysiological findings. Neuropsychopharmacology 40: 1130–1140.

Frodl T, Skokauskas N (2012) Meta-analysis of structural MRI studies in children and adults with attention deficit hyperactivity disorder indicates treatment effects. Acta Psychiatr Scand 125: 114–126.

Frölich J, Banaschewski T, Döpfner M, Görtz-Dorten A (2014) An evaluation of the pharmacokinetics of methylphenidate for the treatment of attention-deficit/hyperactivity disorder. Expert Opin Drug Metab Toxicol 10: 1169–83.

Fuermaier AB, Tucha L, Evans BL et al. (2017) Driving and attention deficit hyperactivity disorder. J Neural Transm (Vienna) 124 1: 55–67. doi: 10.1007/s00702-015-1465-6. Epub 2015 Sep 29.

Gamo NJ, Wang M, Arnsten AF (2010) Methylphenidate and atomoxetine enhance prefrontal function through a2-adrenergic and dopamine D1 receptors. J Am Acad Child Adolesc Psychiatry 49: 1011–23.

Gan J, Galer P, Ma D et al. (2019) The effect of vitamin D supplementation on attention-deficit/hyperactivity disorder: a systematic review and meta-analysis of randomized controlled trials. J Child Adolesc Psychopharmacol. 29: 670–687. doi: 10.1089/cap.2019.0059.

Ghanizadeh A (2015) A systematic review of reboxetine for treating patients with attention deficit hyperactivity disorder. Nord J Psychiatry 69: 241–248.

Gehricke JG, Hong N, Wigal TL et al. (2011) ADHD medication reduces cotinine levels and withdrawal in smokers with ADHD. Pharmacol Biochem Behav 98: 485–491.

Gehricke JG, Swanson J, Duong S et al. (2015) Increased brain activity to unpleasant stimuli in individuals with the 7R allele of the DRD4 gene. Psychiatry Res 231: 58–63.

Gillies D, Leach MJ, Perez Algorta G (2023) Polyunsaturated fatty acids (PUFA) for attention deficit hyperactivity disorder (ADHD) in children and adolescents. Cochrane Database Syst Rev. 4(4): CD007986. doi: 10.1002/14651858.CD007986.pub3.

Gobbo MA, Louzã MR (2014) Influence of stimulant and non-stimulant drug treatment on driving performance in patients with attention deficit hyperactivity disorder: a systematic review. Eur Neuropsychopharmacol 24: 1425–43.

Gold MS, Blum K, Oscar-Berman M, Baverman ER (2014) Low dopamine function in attention deficit/hyperactivity disorder: should genotyping signify early diagnosis in children? Postgrad Med 126: 153–177.

Golubchik P, Sever J, Weizman A (2013) Reboxetine treatment for autistic spectrum disorder of pediatric patients with depressive and inattentive/hyperactive symptoms: an open-label trial. J Atten Disord Clin Neuropharmacol 36: 37–41.

González-Safont L, Rebagliato M, Arregi A et al. (2023) Sleep problems at ages 8–9 and ADHD symptoms at ages 10–11: evidence in three cohorts from INMA study. Eur J Pediatr. 182: 5211–5222. doi: 10.1007/s00431-023-05145-3. Epub 2023 Sep 18

Granero R, Pardo-Garrido A, Carpio-Toro IL et al. (2021) The role of iron and zinc in the treatment of ADHD among children and adolescents: a systematic review of randomized clinical trials. Nutrients 13: 4059. doi: 10.3390/nu13114059.

Greer SM, Trujillo AJ, Glover GH, Knutson B (2014) Control of nucleus accumbens activity with neurofeedback. Neuroimage 96: 237–244.

Groenman AP, Oosterlaan J, Rommelse N et al. (2013) Substance use disorders in adolescents with attention deficit hyperactivity disorder: a 4-year follow-up study. Br J Psychiatry 203: 112–9.

Hama T, Koeda M, Ikeda Y et al. (2021) Modafinil Decreased Thalamic Activation in Auditory Emotional Processing: A Randomized Controlled Functional Magnetic Resonance Imaging Study. J Nippon Med Sch. 88(5): 485–495. doi: 10.1272/jnms.JNMS.2021_88-607. Epub 2021 Mar 9. PMID: 33692297.

Hamedi M, Mohammdi M, Ghaleiha A et al. (2015) Bupropion in adults with Attention-Deficit/Hyperactivity Disorder: a ranodomized, double-blind study. Acta Med Iran 52: 675–680.

Han DH, Lee YS, Na C et al. (2009) The effect of methylphenidate on Internet video game play in children with attention-deficit/hyperactivity disorder. Compr Psychiatry 50: 251–6.

Harper K, Gentile JP (2022) Psychotherapy for Adult ADHD. Innov Clin Neurosci. 9(10–12): 35–39.

Harrison AG, Nay S, Armstrong IT (2016) Diagnostic Accuracy of the Conners' Adult ADHD Rating Scale in a Postsecondary Population. J Atten Disord pii: 1087054715625299.

Hartman CA, Larsson H, Vos M et al. (2023) Anxiety, mood, and substance use disorders in adult men and women with and without attention-deficit/hyperactivity disorder: A substantive and methodological overview. Neurosci Biobehav Rev 151: 105209. doi: 10.1016 Epub 2023 May 5.

Hinshaw SP, Arnold LE, MTA Cooperative Group (2015) Attention-deficit hyperactivity disorder, multimodal treatment, and longitudinal outcome: evidence, paradox, and challenge. Wiley Interdiscip Rev Cogn Sci 6: 39–52.

Hegerl U, Hensch T (2012) The vigilance regulation model of affective disorders and ADHD. Neurosci Biobehav Rev pii: S0149-7634(12)00175-3.

Hemamy M, Pahlavani N, Amanollahi A et al. (2021) The effect of vitamin D and magnesium supplementation on the mental health status of attention-deficit hyperactive children: a randomized controlled trial. BMC Pediatr. 21: 178. doi: 10.1186/s12887-021-02631-1.

Hervey AS, Epstein JN, Curry JF (2004) Neuropsychology of adults with attention-deficit/hyperactivity disorder: a meta-analytic review. Neuropsychology 18: 485–503.

Hesslinger B, Tebartz van Elst L, Nyberg E et al. (2002) Psychotherapy of attention deficit hyperactivity disorder in adults—a pilot study using a structured skills training program. Eur Arch Psychiatry Clin Neurosci 252: 177–184.

Hirota T, Schwartz S, Correll CU (2014) Alpha-2 agonists for attention-deficit/hyperactivity disorder in youth: a systematic review and meta-analysis of monotherapy and add-on trials to stimulant therapy. J Am Acad Child Adolesc Psychiatry 53: 153–73.

Ho N-F, Chong JSX, Koh HL et al. (2015) Instrinsic Affective Network Is Impaired in Children with Attention-Deficit/Hyperactivity Disorder. PLoS ONE 10(9): e0139018. Doi:10.1371

Hoogman M, Bralten J, Hibar DP et al. (2017) Subcortical brain volume differences in participants with attention deficit hyperactivity disorder in children and adults: a cross-sectional mega-analysis. Lancet Psychiatry 4: 310–319.

Hoogman M, Muetzel R, Guimaraes JP et al. (2019) Brain Imaging of the Cortex in ADHD: A Coordinated Analysis of Large-Scale Clinical and Population-Based Samples. Am J Psychiatry 176: 531–542.

Huang F, Qian Q, Wang Y (2015) Cognitive behavioural therapy for adults with attention-deficit hyperactivity disorder: study protocol for a randomized controlled trial. Trials 16: 161.

Hulka LM, Vonmoos M, Preller KH, Baumgartner MR, Seifritz E, Gamma A, Quednow BB (2015) Changes in cocaine consumption are associated with fluctuations in self-reported impulsivity and gambling decision-making. Pschol Med 17: 1–14.

Humphreys KL, Eng T, Lee SS (2013) Stimulant medication and substance use outcomes: a meta-analysis. JAMA Psychiatry. 70: 740–9. doi: 10.1001/jamapsychiatry.2013.1273

Huss M, Poustka F, Lehmkuhl G, Lehmkuhl U (2008) No increase in long-term risk for nicotine use disorders after treatment with methylphenidate in children with attention-deficit/hyperactivity disorder (ADHD): evidence from a nonrandomised retrospective study. J Neural Transm 115: 335–9.

Isensee C, Hagmayer Y, Rothenberger A et al. (2015) The AWMF-Guidelines for Hyperkinetic Disorders in therapeutic practice-knowledge, familiarity, utilization, and attitude of psychotherapists and physicians. Z Kinder Jugendpsychiatr Psychother 43: 91–100.

Iwanami A, Saito K, Fujiwara M et al. (2020) Safety and efficacy of guanfacine extended-release in adults with attention-deficit/hyperactivity disorder: An open-label, long-term, phase 3 extension study. BMC Psychiatry. 20: 1–12. doi: 10.1186/s12888-020-02867-8

Jasinski DR, Faries DE, Moore RJ et al. (2008) Abuse liability assessment of atomoxetine in a drug-abusing population. Drug Alcohol Depend 95:140–146.

Jasinski DR, Krishnan S (2009) Abuse liability and safety of oral lisdexamfetamine dimesylate in individuals with a history of stimulant abuse. J Psychopharmacol 23: 419–427.

Jensen LS, Pagsberg AK, Dalhoff KP (2015) Differences in abuse potential of ADHS durgs measured by contrasting poison centre and therapeutic use data. Clin Toxicol 53: 210–214.

Jernelöv S, Larsson Y, Llenas M et al. (2019) Effects and clinical feasibility of a behavioral treatment for sleep problems in adult attention deficit hyperactivity disorder (ADHD): a pragmatic within-group pilot evaluation. BMC Psychiatry. 19(1): 226. doi: 10.1186/s12888-019-2216-2

Johann M, Bobbe G, Putzhammer A, Wodarz N (2003) Comorbidity of alcohol dependence with attention-deficit hyperactivity disorder: differences in phenotype with increased severity of the substance disorder, but not in genotype (serotonin transporter and 5-hydroxytryptamine-2c receptor). Alcohol Clin Exp Res 27: 1527–34.

Johann M, Putzhammer A, Eichhammer P, Wodarz N (2005) Association of the – 141C Del variant of the dopamine D2 receptor (DRD2) with positive family history and suicidality in German alcoholics. Am J Med Genet B Neuropsychiatr Genet 132B: 46–49.

Katzman MA, Sternat T (2014) A Review of OROS Methylphenidate (Concerta®) in the Treatment of Attention-Deficit/Hyperactivity Disorder. CNS Drugs 28: 1005–1033.

Katzman MA, Katzman MP (2022) Neurobiology of the Orexin System and Its Potential Role in the Regulation of Hedonic Tone. Brain Sci. 12(2): 150. doi: 10.3390/brainsci12020150

Kawata T, Sugihara G, Kakibuchi Y et al. (2023) Attention-deficit hyperactivity symptoms and risk of alcohol use relapse. Neuropsychopharmacol Rep.103–111. doi: 10.1002/npr2.12312. Epub

Keilow M, Holm A, Fallesen P (2018) Medical treatment of Attention Deficit/ Hyperactivity Disorder (ADHD) and children's academic performance. PLoS One 13, e0207905, PubMed: 30496240

Kessler RC, Adler L, Barkley R et al. (2006) The prevalence and correlates of adult ADHD in the United States: results from the National Comorbidity Survey Replication. Am J Psychiatry 163: 716–723.

Klassen LJ, Bilkey TS, Katzman MA, Chokka P (2012) Comorbid attention deficit/ hyperactivity disorder and substance use disorder: treatment considerations. Curr Drug Abuse Rev 5: 190–8.

Kim JH, Park S, Lee YJ (2023) Systematic Review of Suicidal Behaviors Related to Methylphenidate and Atomoxetine in Patients With Attention Deficit Hyperactivity Disorder. Soa Chongsonyon Chongsin Uihak. 34(2): 125–132. doi: 10.5765/jkacap.220040

Klein M, Walters RK, Demontis D et al. (2019) Genetic Markers of ADHD-Related Variations in Intracranial Volume. Am J Psychiatry. 176(3): 228–238. doi: 10.1176/appi.ajp.2018.18020149.

Klingberg T, Fernell E, Olesen PJ et al. (2005) Computerized training of working memory in children with ADHD-a randomized, controlled trial. J Am Acad Child Adolesc Psychiatry 44: 177–86.

Koller G, Zill P, Rujescu D et al. (2012) Possible association between OPRM1 genetic variance at the 118 locus and alcohol dependence in a large treatment sample: relationship to alcohol dependence symptoms. Alcohol Clin Exp Res 36: 1230–6.

Konstenius M, Jayaram-Lindström N, Guterstam J et al. (2014) Methylphenidate for attention deficit hyperactivity disorder and drug relapse in criminal offenders with substance dependence: a 24-week randomized placebo-controlled trial. Addiction 109: 440–449.

Konstenius M, Leifman A, van Emmerik-van Oortmerssen K et al. (2017) Childhood trauma exposure in substance use disorder patients with and without ADHD. Addict Behav 65: 118–24. Epub 2016 Nov 07.

Kooij SJ, Bejerot S, Blackwell A et al. (2010) European consensus statement on diagnosis and treatment of adult ADHD: The European Network Adult ADHD. BMC Psychiatry 10: 67.

Kotsi E, Kotsi E, Perrea DN (2019) Vitamin D levels in children and adolescents with attention-deficit hyperactivity disorder (ADHD): a meta-analysis. Atten Defic Hyperact Disord. 11: 221–232. doi: 10.1007/s12402-018-0276-7.

Kraemer M, Eukermann J, Wiltfang J, Kis B (2010) Methylphenidate-induced psychosis in adult attention-deficit/hyperactivity disorder: report of 3 new cases and review of the literature. Clin Neuropharmacol 33: 204–206.

Krause J, Krause KH (2009) ADHS im Erwachsenenalter die Aufmerksamkeitsdefizit-/Hyperaktivitätsstörung bei Erwachsenen. 3. Aufl. Stuttgart: Schattauer.

Kumar SV, Chate S, Patil N et al. (2018) Prevalence of undiagnosed and untreated attention deficit hyperactivity disorder in men with alcohol dependence: A case-control study. Arch Psychiatry Psychother 20: 26–32. doi: 10.12740/App/80833.

Lamoureux L, Beverley J, Steiner H, Marinelli M (2023) Methylphenidate with or without fluoxetine triggers reinstatement of cocaine seeking behavior in rats. Neuropsychopharmacology. doi: 10.1038/s41386-023-01777-z.

Langberg, JM, Epstein JN, Altaye M et al. (2008) The transition to middle school is associated with changes in the developmental trajectory of ADHD symptomatology in young adolescents with ADHD. Journal of Clinical Child and Adolescent Psychology 37: 561–663.

Lange KW, Lange KM, Nakamura Y, Reissmann A (2023) Nutrition in the Management of ADHD: A Review of Recent Research. Curr Nutr Rep. 12(3): 383–394. doi: 10.1007/s13668-023-00487-8. Epub 2023 Jul 28.

Lassi DLS, Malbergier A, Negrão AB et al. (2022) Pharmacological Treatments for Cocaine Craving: What Is the Way Forward? A Systematic Review. Brain Sci. 12(11): 1546. doi: 10.3390/brainsci12111546

Lecredreux M, Lavault S, Lopez R et al. (2015) Attention-Deficit/Hyperactivity Disorder (ADHD) Symptoms in Pediatric Narcolepsy: A Cross-Sectional Study. Sleep Jan 11. pii: sp-00552–14.

Levin FR, Evans SM, Brooks DJ, Garawi F (2007) Treatment of cocaine dependent treatment seekers with adult ADHD: double-blind comparison of methylphenidate and placebo. Drug Alcohol Depend 87: 20–9.

Levin FR, Bisaga A, Raby W et al. (2008) Effects of major depressive disorder and attention-deficit/hyperactivity disorder on the outcome of treatment for cocaine dependence. J Subst Abuse Treat 34: 80–89.

Levin FR; Mariani JJ, Specker S et al. (2015) Extended-Release Mixed Amphetamine Salts vs Placebo for Comorbid Adult Attention-Deficit/Hyperactivity Disorder and Cocaine Use Disorder: A Randomized Clinical Trial. JAMA Psychiatry 72: 593–602.

Liu CI, Hua MH, Lu ML, Goh KK (2023) Effectiveness of cognitive behavioural-based interventions for adults with attention-deficit/hyperactivity disorder extends beyond core symptoms: A meta-analysis of randomized controlled trials. Psychol Psychother. 96(3): 543–559. doi: 10.1111/papt.12455.

Liu TH, Wu JY, Huang PY et al. (2023) Omega-3 Polyunsaturated Fatty Acids for Core Symptoms of Attention-Deficit/Hyperactivity Disorder: A Meta-Analysis of Randomized Controlled Trials. J Clin Psychiatry. 84(5): 22r14772. doi: 10.4088/JCP.22r14772

Loo SK, Hale ST, Hanada G et al. (2010) Familial clustering and DRD4 effects on electroencephalogram Adult ADHD geneticsmeasures in multiplex families with attention deficit hyperactivity disorder. J Am Acad Child Adolesc Psychiatry 49: 368–377.

Lopez FA, Leroux JR (2013) Long-acting stimulants for treatment of attention-deficit/hyperactivity disorder: a focus on extended-release formulations and the prodrug lisdexamfetamine dimesylate to address continuing clinical challenges. Atten Defic Hyperact Disord. 5: 249–265.

López-Vicente M, Ribas Fitó N, Vilor-Tejedor N et al. (2019) Prenatal omega-6: omega-3 ratio and attention deficit and hyperactivity disorder symptoms. J Pediatr. 209: 204–211. doi: 10.1016/j.jpeds.2019.02.022.

Loukola A, Wedenoja J, Keskitalo-Vuokko K et al. (2014.) Genome-wide association study on detailed profiles of smoking behavior and nicotine dependence in a twin sample. Mol Psychiatry 19: 615–624.

Luderer M, Ramos Quiroga JA, Faraone SV et al. (2021) Alcohol use disorders and ADHD. Neurosci Biobehav Rev. 128: 648–660. doi: 10.1016/j.neubiorev. Epub. Erratum in: Neurosci Biobehav Rev. 130: 227

Lugo J, Fadeuilhe C, Gisbert L et al. (2020) Sleep in adults with autism spectrum disorder and attention deficit/hyperactivity disorder: A systematic review and meta-analysis. Eur Neuropsychopharmacol. 38: 1–24. doi: 10.1016/j.euroneuro.2020.07.004. Epub 2020 Jul 22

Lukito S, Norman L, Carlisi C et al. (2020) Comparative meta-analyses of brain structural and functional abnormalities during cognitive control in attention-deficit/hyperactivity disorder and autism spectrum disorder. Psychol Med 50: 894–919.

Maneeton N, Maneeton B, Suttajit S et al. (2014a) Exploratory meta-analysis on lisdexamfetamine versus placebo in adult ADHD. Drug Des Devel Ther. 3: 1685–1693.

Maneeton N, Maneeton B, Intaprasert S, Woottiluk P (2014) A systematic review of randomized controlled trials of bupropion versus methylphenidate in the treatment of attention-deficit/hyperactivity disorder. Neuropsychiatr Dis Treat 10: 1439–49.

Manni C, Cipollone G, Pallucchini A et al. (2019) Remarkable Reduction of Cocaine Use in Dual Disorder (Adult Attention Deficit Hyperactive Disorder/Cocaine Use Disorder) Patients Treated with Medications for ADHD. Int J Environ Res Public Health. 16(20): 3911. doi: 10.3390/ijerph16203911.

Mann N, Bitsios P (2009) Modafinil treatment of amphetamine abuse in adult ADHD. J Psychopharmacol 23: 468–71.

Mansbach RS, Moore RA (2006) Formulation considerations for the development of medications with abuse potential. Drug Alcohol Depend 83 (suppl 1): S15–S22.

Martel MM, von Eye A, Nigg J (2012) Developmental differences in the structure of ADHD between childhood and adulthood. Int J Behav Dev 36: 279–292.

Martinez-Raga J, Knecht C, Szerman N, Martinez MI (2013) Risk of serious cardiovascular problems with medications for attention-deficit hyperactivity disorder. CNS Drugs 27: 15–30.

Mayer K, Wyckoff SN, Strehl U (2013) One size fits all? Slow cortical potentials neurofeedback: a review. J Atten Disord 17: 393–409.

Mayer K, Wyckoff SN, Srehl U (2015a) Underarousal in adult ADHD: how are peripheral and vertical arousal related? Clin EEG Neurosci pii: 1550059415577544. Epub ahead of print.

Mayer K, Wyckoff SN, Fallgatter AJ, Strehl U (2015b) Neurofeedback as a non-pharmacological treatment for adults with attention-deficit/hyperactivity disorder (ADHD): study protocol for a randomized controlled trial. Trials 16: 174.

Mazurek MO, Engelhardt CR (2013) Video game use in boys with autism spectrum disorder, ADHD, or typical development. Pediatrics 132: 260–6.

McGough JJ, Faraone SV (2009) Estimating the size of treatment effects: moving beyond p values. Psychiatry (Edgmont) 6: 21–29.

McLoughlin G, Ronald A, Kuntsi J et al. (2007) Genetic support for the dual nature of attention deficit hyperactivity disorder: substantial genetic overlap between the inattentive and hyperactive-impulsive components. J Abnorm Child Psychol 35: 999–1008.

McRae-Clark AL, Carter RE, Killeen TK et al. (2010) A placebo-controlled trial of atomoxetine in marijuana-dependent individuals with attention deficit hyperactivity disorder. Am J Addict 19: 481–489.

Medori R, Ramos-Quiroga JA, Casas M et al. (2008) A randomized, placebo-controlled trial of three fixed dosages of prolonged-release OROS methylphenidate in adults with attention-deficit/hyperactivity disorder. Biol Psychiatry 63: 981–989.

Mergy MA, Gowrishankar R, Davis GL et al. (2014) Genetic targeting of the amphetamine and methylphenidate-sensitive dopamine transporter: On the path to an animal model of attention-deficit hyperactivity disorder. Neurochem Int 73: 56–70.

Mewton L, Slade T, McBride O et al. (2011) An evaluation of the proposed DSM-5 alcohol use disorder criteria using Australian national data. Addiction 106: 941–50.

Migueis DP, Lopes MC, Casella E et al. (2023) Attention deficit hyperactivity disorder and restless leg syndrome across the lifespan: A systematic review and meta-analysis. Sleep Med Rev. 69: 101770. doi: 10.1016/j.smrv.2023.101770. Epub 2023 Feb 27

Moffitt TE, Houts R, Asherson P et al. (2015) Is Adult ADHD a Childhood-Onset Neurodevelopmental Disorder? Evidence From a Four-Decade Longitudinal Cohort Study. Am J Pschiatry 172: 967–977.

Molina BS, Pelham WE (2014) Attention-Deficit/Hyperactivity Disorder and Risk of Substance Use Disorder: Developmental Considerations, Potential Pathways, and Opportunities for Research. Annu Rev Clin Psychol 10: 607–639.

Monuteaux MC, Seidman LJ, Faraone SV et al. (2008) A preliminary study of dopamine D4 receptor genotype and structural brain alterations in adults with ADHD. Am J Med Genet 147B: 1436–1441.

Moore JJ, Saadabadi A (2023) Selegiline. StatPearls [Internet]. Treasure Island (FL): StatPearls Publishing. PMID: 30252350.

Murch WS, Clark L (2015) Games in the Brain: Neural Substrates of Gambling Addiction. Neuroscientist Jun 26. Pii: 1073858415591474. Epub ahead of print.

Nakao T, Radua J, Rubia K, Mataix-Cols D (2011) Gray matter volume abnormalities in ADHD: voxelbased meta-analysis exploring the effects of age and stimulant medication. Am J Psychiatry 168: 1154–1163.

Nigg JT, Blaskey LG, Stawicki JA, Sachek J (2004) Evaluating the endophenotype model of ADHD neuropsychological deficit: results for parents and siblings of children with ADHD combined and inattentive subtypes. J Abnorm Psychol 113: 614–25.

NICE Guidelines (2019) Attention deficit hyperactivity disorder: diagnosis and management. London: National Institute for Health and Care Excellence (NICE). PMID: 29634174.

Neuchat EE, Bocklud BE, Kingsley K et al. (2023) The Role of Alpha-2 Agonists for Attention Deficit Hyperactivity Disorder in Children: A Review. Neurol Int. 15(2): 697–707 doi: 10.3390/neurolint15020043

Ng QX (2017) A Systematic Review of the Use of Bupropion for Attention-Deficit/Hyperactivity Disorder in Children and Adolescents. J Child Adolesc Psychopharmacol. 27(2): 112–116. doi: 10.1089/cap.2016.0124. Epub 2016 Nov 4.

Nielsen PR, Benros ME, Dalsgaard S (2017) Associations Between Autoimmune Diseases and Attention-Deficit/Hyperactivity Disorder: A Nationwide Study. J Am Acad Child Adolesc Psychiatry 56: 234–240.e231.

Norman LJ, Carlisi C, Lukito S et al. (2016) Structural and Functional Brain Abnormalities in Attention-Deficit/Hyperactivity Disorder and Obsessive-Compulsive Disorder: A Comparative Meta-analysis. JAMA Psychiatry 73: 815–825.

Notzon DP, Pavlicova M, Glass A et al. (2020) ADHD Is Highly Prevalent in Patients Seeking Treatment for Cannabis Use Disorders. J Atten Disord. 24(11): 1487–1492. doi: 10.1177/1087054716640109. Epub 2016 Mar 31

Nutt DJ, Lingford-Hughes A, Erritzoe D, Stokes PR (2015) The dopamine theory of addiction: 40 years of highs and lows. Nat Rev Neurosci 16: 305–312.

Ohlmeier MD, Roy M, Dillo W, Prox-Vagedes V (2010) ADHS und Abhängigkeitserkrankungen. Persönlichkeitsstörungen 14: 48–60.

Oliva F, Malandrone F, di Girolamo G et al. (2021) The efficacy of mindfulness-based interventions in attention-deficit/hyperactivity disorder beyond core symptoms: A systematic review, meta-analysis, and meta-regression. J Affect Disord. 292: 475–486. doi: 10.1016/j.jad.2021.05.068. Epub 2021 Jun 5

Osland ST, Steeves TD, Pringsheim T (2018) Pharmacological treatment for attention deficit hyperactivity disorder (ADHD) in children with comorbid tic disorders. Cochrane Database Syst Rev. 6(6): CD007990. doi: 10.1002/14651858.CD007990.pub3

Oosterloo M, Lammers GJ, Overeem S et al. (2006) Possible confusion between primary hypersomnia and adult attention-deficit/hyperactivity disorder. Psychiatry Res 143: 293–297.

Padilha SCOS, Virtuoso S, Tonin FS et al. (2018) Efficacy and safety of drugs for attention deficit hyperactivity disorder in children and adolescents: a network meta-analysis. Eur Child Adolesc Psychiatry. 27(10): 1335–1345. doi: 10.1007/s00787-018-1125-0. Epub 2018 Feb 19

Pallucchini A, Carli M, Maremmani AGI et al. (2021) Influence of Substance Use Disorder on Treatment Retention of Adult-Attention-Deficit/Hyperactive Disorder Patients. A 5-Year Follow-Up Study. J Clin Med. 10(9): 1984. doi: 10.3390/jcm10091984

Park P, Caballero J, Omidian H (2014) Use of serotonin norepinephrine reuptake inhibitors in the treatment of attention-deficit hyperactivity disorder in pediatrics. Ann Pharmacother 48: 86–92.

Paslakis G, Schredl A, Alm B, Sobanski E (2013) Adult attention deficit/hyperactivity disorder, associated symptoms and comorbid psychiatric disorders: diagnosis and pharmacological treatment. Fortschr Neurol Psychiatr 81: 444–451.

Patrick RP, Ames BN (2015) Vitamin D and the omega-3 fatty acids control serotonin synthesis and action, part 2: relevance for ADHD, bipolar disorder, schizophrenia, and impulsive behavior. FASEB J 29: 2207–2222.

Perez de los Cobos J, Sinol N, Perez V, Trujols J (2014) Pharmacological and clinical dilemmas of prescribing in co-morbid adult attention-deficit/hyperactivity disorder and addiction. Br J Clin Pharmacol 77: 337–356.

Perkins ER, Joyner KJ, Foell J et al. (2022) Assessing general versus specific liability for externalizing problems in adolescence: Concurrent and prospective prediction of symptoms of conduct disorder, ADHD, and substance use. J Psychopathol Clin Sci. 131: 793–807. doi: 10.1037/abn0000743

Philipsen A, Richter H, Peters J et al. (2007) Structured group psychotherapy in adults with attention deficit hyperactivity disorder: results of an open multicenter study. J Nerv Ment Dis 195: 1013–1019.

Philipsen A, Hesslinger B, Tebartz van Elst L (2008) Attention deficit hyperactivity disorder in adulthood: diagnosis, etiology and therapy. Dtsch Arztebl Int 105: 311–317.

Philipsen A, Graf E, Jans T et al. (2014) A randomized controlled multicenter trial on the multimodal treatment of adult attention-deficit hyperactivity disorder: enrollment and characteristics of the study sample. Atten Defic Hyperact Disord 6: 35–47.

Piasecki TM, Gizer IR, Slutske WS (2019) Polygenic Risk Scores for Psychiatric Disorders Reveal Novel Clues About the Genetics of Disordered Gambling. Twin Res Hum Genet. 22: 283–289. doi: 10.1017/thg.2019.90. Epub 2019 Oct 14.

Pingault, JB, Tremblay RE, Vitaro F, Carbonneau R, Genolini C, Falissard B, Cote SM (2011) Childhood trajectories of inattention and hyperactivity and prediction of educational attainment in early adulthood: a 16-year longitudinal population-based study. Am J Psychiatry. 168: 1164–1170.

Polanczyk GV, Willcutt EG, Salum GA, Kieling C, Rohde LA (2014) ADHD prevalence estimates across three decades: an updated systematic review and meta-regression analysis. Int J Epidemiol 43: 434–42.

Polina ER, Rovaris DL, de Azeredo LA, Mota NR, Vitola ES, Silva KL, Guimarães-da-Silva PO, Picon FA, Belmonte-de-Abreu P, Rohde LA, Grevet EH, Bau CH (2014) ADHD diagnosis may influence the association between polymorphisms in nicotinic acetylcholine receptor genes and tobacco smoking. Neuromolecular Med 16: 389–97.

Politte LC, Scahill L, Figueroa J et al. (2018) A randomized, placebo-controlled trial of extended-release guanfacine in children with autism spectrum disorder and ADHD symptoms: An analysis of secondary outcome measures. Neuropsychopharmacology. 43: 1772–1778. doi: 10.1038/s41386-018-0039-3.

Posner J, Nagel BJ, Maia TV et al. (2011) Abnormal amygdala activation and connectivity in adolescents with attention-deficit/hyperactivity disorder. J Am Acad Child Adolesc Psychiatry 50: 828–837.

Pringsheim T, Hirsch L, Gardner D, Gorman DA (2015) The pharmacological management of oppositional behaviour, conduct problems, and aggression in children and adolescents with attention-deficit hyperactivity disorder, oppositional defiant disorder, and conduct disorder: a systematic review and meta-analysis. Part 1: psychostimulants, alpha-2 Agonists, and atomoxetine. Can J Psychiatry 60: 42–51.

Radonjić NV, Bellato A, Khoury NM et al. (2023) Nonstimulant Medications for Attention-Deficit/Hyperactivity Disorder (ADHD) in Adults: Systematic Review and Meta-analysis. CNS Drugs. 37(5): 381–397. doi: 10.1007/s40263-023-01005-8. Epub 2023 May 11

Radonjić NV, Hess JL, Rovira P et al. (2021). Structural brain imaging studies offer clues about the effects of the shared genetic etiology among neuropsychiatric disorders. Mol Psychiatry 26: 2101–2110.

Rauschert C, Moeckl J, Seitz NN et al. (2022) The use of psychoactive substances in Germany – findings from the Epidemiological Survey of substance abuse 2021. Dtsch Arztebl Int. 119: 527–534.

Retz W, Ginsberg Y, Turner D et al. (2020) Attention-Deficit/Hyperactivity Disorder (ADHD), antisociality and delinquent behavior over the lifespan. Neurosci. Biobehav. Rev. 120: 236–248. doi: 10.1016/j.neubiorev.2020.11.025.

Reyes MM, Schneekloth TD, Hitschfeld MJ et al. (2019) The Clinical Utility of ASRS-v1.1 for Identifying ADHD in Alcoholics Using PRISM as the Reference Standard. J Atten Disord. 23: 1119–1125 doi: 10.1177/1087054716646450.

Ribases M, Bosch R, Hervas A et al. (2009) Case-control study of six genes asymmetrically expressed in the two cerebral hemispheres: association of BAIAP2 with attention-deficit/hyperactivity disorder. Biol Psychiatry 66: 926–934.

Robinson CL, Parker K, Kataria S et al. (2022) Viloxazine for the Treatment of Attention Deficit Hyperactivity Disorder. Health Psychol Res. 10(3): 38360. doi: 10.52965/001c.38360

Rohner H, Gaspar N, Philipsen A, Schulze M (2023) Prevalence of Attention Deficit Hyperactivity Disorder (ADHD) among Substance Use Disorder (SUD) Populations: Meta-Analysis. Int J Environ Res Public Health. 20: 1275. doi: 10.3390/ijerph20021275.

Rommelse NN, Franke B, Geurts HM et al. (2010) Shared heritability of attention-deficit/hyperactivity disorder and autism spectrum disorder. Eur Child Adolesc Psychiatry 19: 281–295.

Ros R, Graziano PA (2018) Social Functioning in Children with or at risk for Attention Deficit/Hyperactivity Disorder: A Meta-Analytic Review. J Clin Child Adolesc Psychol. 47: 213–235. doi: 10.1080/15374416.2016.1266644. Epub 2017 Jan 27

Rubia K, Alegria AA, Cubillo AI et al. (2014) Effects of stimulants on brain function in attention-deficit/hyperactivity disorder: a systematic review and meta-analysis. Biol Psychiatry 76: 616–628.

Rubinstein S, Malone MA, Roberts W, Logan WJ (2006) Placebo-controlled study examining effects of selegiline in children with attention-deficit/hyperactivity disorder. J Child Adolesc Psychopharmacol 16: 404–15.

Ruggiero S, Clavenna A, Reale L, Capuano A et al. (2014) Guanfacine for attention deficit and hyperactivity disorder in pediatrics: a systematic review and meta-analysis. Eur Neuropsychopharmacol 24: 1578–1590.

Sagvolden T, Johansen EB, Aase H, Russell VA (2005) A dynamic developmental theory of attention-deficit/hyperactivity disorder (ADHD) predominantly hyperactive/impulsive and combined subtypes. Behav Brain Sci 28: 397–419; discussion 419–68.

Safren SA, Perlman CA, Sprich S, Otto MW (2009) Kognitive Verhaltenstherapie der ADHS des Erwachsenenalters. Deutsche Bearbeitung von Sobanski E, Schumacher-Stien M, Alm B. Berlin: MWV.

Safren SA, Sprich S, Mimiaga MJ et al. (2010) Cognitive behavioral therapy vs relaxation with educational support for medication-treated adults with ADHD and persistent symptoms: a randomized controlled trial. JAMA 304: 875–880.

Sanchez-Perez AM, Garcia-Avilles A, Albert Gasco H et al. (2012) Effects of methylphenidate on anxiety. Rev Neurol 55: 499–506.

Santos S, Ferreira H, Martins J et al. (2022) Male sex bias in early and late onset neurodevelopmental disorders: Shared aspects and differences in Autism Spectrum Disorder, Attention Deficit/hyperactivity Disorder, and Schizophrenia. Neurosci Biobehav Rev. 135: 104577. doi: 10.1016/j.neubiorev.2022.104577. Epub 2022 Feb 13

Satterstrom FK, Walters RK, Singh T et al. (2019) Autism spectrum disorder and attention deficit hyperactivity disorder have a similar burden of rare protein-truncating variants. Nat Neurosci. 22: 1961–1965.

Sauer JM, Ring BJ, Witcher JW (2014) Clinical pharmacokinetics of atomoxetine. Clin Pharmacokinet 44: 571–590. doi: 10.1542/peds.2014-0179.

Scholz L, Werle J, Philipsen A et al. (2023) Effects and feasibility of psychological interventions to reduce inattention symptoms in adults with ADHD: a systematic review. J Ment Health. 32(1): 307–320. doi: 10.1080/09638237.2020.1818189. Epub 2020 Sep 21

Schulz KP, Clerkin SM, Fan J et al. (2013) Guanfacine modulates the influence of emotional cues on prefrontal cortex activation for cognitive control. Psychopharmacology 226: 261–271.

Sebastian A, Gerdes B, Feige B et al. (2012) Neural correlates of interference inhibition, action withholding and action cancelation in adult ADHD. Psychiatry 202: 132–141.

Sergeant JA (2005) Modelling attention-deficit/hyperactivity disorder: a critical appraisal of the cognitive-energetic model. Biol Psychiatry 57: 1248–1255.

Setyawan J, Hodgkins P, Guerin A et al. (2013) Comparison of therapy augmentation and deviation rates from the recommended once-daily dosing regimen between LDX and commonly prescribed long-acting stimulants for the treatment of ADHD in youth and adults. J Med Econ 16: 1203–1215.

Shaw P, Gornick M, Lerch J et al. (2007) Polymorphisms of the dopamine D4 receptor, clinical outcome, and cortical structure in attention-deficit/hyperactivity disorder. Arch Gen Psychiatry 64: 921–931.

Silva RR, Brams M, McCague K et al. (2013) Extended-release dexmethylphenidate 30 mg/d versus 20 mg/d: duration of attention, behavior, and performance benefits in children with attention-deficit/hyperactivity disorder. Clin Neuropharmacol 36: 117–21.

Silva N Jr, Szobot CM, Shih MC et al. (2014) Searching for a Neurobiological Basis for Self-Medication Theory in ADHD Comorbid With Substance Use Disorders: An In Vivo Study of Dopamine Transporters Using 99mTc-TRODAT-1 SPECT. Clin Nucl Med 39: e129–34.

Simkin DR, Thatcher RW, Lubar J (2014) Quantitative EEG and neurofeedback in children and adolescents: anxiety disorders, depressive disorders, comorbid addiction and attention-deficit/hyperactivity disorder, and brain injury. Child Adolesc Psychiatr Clin N Am 23: 427–464.

Simon N, Rolland B, Karila L (2015) Methylphenidate in adults with attention deficit hyperactivity disorder and substance use disorders. Curr Pharm Des. Epub ahead of print.

Simon V, Czobor P, Balint S et al. (2009) Prevalence and correlates of adult attention-deficit hyperactivity disorder: metaanalysis. Br J Psychiatry 194: 204–211.

Singh K, Zimmerman AW (2015) Sleep in Autism Spectrum Disorder and Attention Deficit Hyperactivity Disorder. Semin Pediatr Neurol 22: 113–125.

Söderqvist S, McNab F, Peyrard-Janvid M et al. (2010) The SNAP25 gene is linked to working memory capacity and maturation of the posterior cingulate cortex during childhood. Biol Psychiatry 68: 1120–5.

Smoller JW, Andreassen OA, Edenberg HJ et al. (2019) Psychiatric genetics and the structure of psychopathology. Mol. Psychiatry. 24: 409–420.

Soler Artigas M, Sánchez-Mora C, Rovira P et al. (2020) Attention-deficit/hyperactivity disorder and lifetime cannabis use: genetic overlap and causality. Mol Psychiatry. 25(10): 2493–2503. doi: 10.1038/s41380-018-0339-3. Epub 2019 Jan 4. Erratum in: Mol Psychiatry. 2021 Jul;26(7):3663

Sonuga-Barke EJ, Castellanos FX (2007) Spontaneous attentional fluctuations in impaired states and pathological conditions: a neurobiological hypothesis. Neurosci Biobehav Rev 31: 977–986.

Sopko MA Jr, Caberwal H, Chavez B (2010) The safety and efficacy of methylphenidate and dexmethylphenidate in adults with attention deficit/hyperactivity disorder. J Cent Nerv Syst Dis 3: 15–30.

Soyka M, Küfner H (2008) Alkoholismus – Missbrauch und Abhängigkeit. Stuttgart, New York: Thieme Verlag.

Spencer TJ, Adler LA, McGough JJ et al. (2007) Efficacy and safety of dexmethylphenidate extended-release capsules in adults with attention-deficit/hyperactivity disorder. Biol Psychiatry 61: 1380–1387.

Spencer AE, Faraone SV, Boqucki OE et al. (2016) Examining the association between posttraumatic stress disorder and attention-deficit/hyperactivity disorder: a systematic review and meta-analysis. J Clin Psychiatry 77: 72–83.

Spera V, Pallucchini A, Carli M et al. (2021) Does cannabis, cocaine and alcohol use impact differently on adult attention deficit/hyperactivity disorder clinical picture? J Clin Med. 10: 1481.

Stojanovski S, Felsky D, Viviano JD et al. (2019) Polygenic Risk and Neural Substrates of Attention-Deficit/Hyperactivity Disorder Symptoms in Youths with a History of Mild Traumatic Brain Injury. Biol Psychiatry. 85: 408–416.

Stuhec M, Munda B, Svab V, Locatelli I (2015) Comparative efficacy and acceptability of atomoxetine, lisdexamfetamine, bupropion and methylphenidate in treatment of attention deficit hyperactivity disorder in children and adolescents: a meta-analysis with focus on bupropion. J Affect Disord 178: 149–159.

Sucksdorff M, Brown AS, Chudal R et al. (2019) Maternal Vitamin D Levels and the Risk of Offspring Attention-Deficit/Hyperactivity Disorder. J Am Acad Child Adolesc Psychiatry S0890–8567(19): 32232–4.

Surman C, Vaudreuil C, Boland H et al. (2021) L-Threonic acid magnesium salt supplementation in ADHD: an open-label pilot study. J Diet Suppl. 18: 119–131. doi: 10.1080/19390211.2020.1731044.

Surman CBH, Walsh DM (2021) Managing Sleep in Adults with ADHD: From Science to Pragmatic Approaches. Brain Sci. 11(10): 1361. doi: 10.3390/brainsci11101361

Surman CBH, Walsh DM (2023) Do ADHD Treatments Improve Executive Behavior Beyond Core ADHD Symptoms in Adults? Evidence From Systematic Analysis of Clinical Trials. J Clin Pharmacol. 63(6): 640–653. doi: 10.1002/jcph.2209. Epub 2023 Mar 13

Swanson JM, Kinsbourne M, Nigg J et al. (2007) Etiologic subtypes of attention-deficit/hyperactivity disorder: brain imaging, molecular genetic and environmental factors and the dopamine hypothesis. Neuropsychol Rev 17: 39–59.

Tajima-Pozo K, Ruiz-Manrique G, Yus M et al. (2015) Correlation between amygdala volume and impulsivity in adults with attention-deficit hyperactivity disorder. Acta Neuropsychiatr 28: 1–6.

Tardelli VS, Bisaga A, Arcadepani FB et al. (2020) Prescription psychostimulants for the treatment of stimulant use disorder: a systematic review and meta-analysis. Psychopharmacology (Berl). 237(8): 2233–2255. doi: 10.1007/s00213-020-05563-3. Epub 2020 Jun 29

Terry AV Jr, Callahan PM, Schade R et al. (2014) Alpha 2 A adrenergic receptor agonist, guanfacine, attenuates cocaine-related impairments of inhibitory response control and working memory in animal models. Phamacol Biochem Behav 126: 63–72.

Thakur GA, Sengupta SM, Grizenko N et al. (2012) Comprehensive phenotype/genotype analyses of the norepinephrine transporter gene (SLC6 A2) in ADHD: relation to maternal smoking during pregnancy. PLoS One. 7: e49616.

Tian Y, Du J, Spagna A et al. (2016) Venlafaxine treatment reduces the deficit of executive control of attention in patients with major depressive disorder. Sci Rep. 6: 28028. doi: 10.1038/srep28028

Torgersen T, Gjervan B, Lensing MB, Rasmussen K (2016) Optimal management of ADHD in older adults. Neuropsychiatr Dis Treat 12: 79–87.

Treuer T, Gau SS, Méndez L et al. (2013) A systematic review of combination therapy with stimulants and atomoxetine for attention-deficit/hyperactivity disorder, including patient characteristics, treatment strategies, effectiveness, and tolerability. J Child Adolesc Psychopharmacol. 23: 179–93.

Treutlein J, Cichon S, Ridinger M et al. (2009) Genome-wide association study of alcohol dependence. Archives of General Psychiatry 66: 773–784.

Treutlein J, Cichon S, Ridinger M et al. (2009) Genome-wide association study of alcohol dependence. Arch Gen Psychiatry. 66(7): 773–84.

Tripp G, Wickens JR (2009) Neurobiology of ADHD. Neuropharmacology 57: 579–89.

Upadhyaya HP, Brady KT, Wang W (2004) Bupropion SR in adolescents with comorbid ADHD and nicotine dependence: a pilot study J Am Acad Child Adolesc Psychiatry.43: 199–205.

Val-Laillet D, Aarts E, Weber B et al. (2015) Neuroimaging and neuromodulation approaches to study eating behavior and prevent and treat eating disorders and obesity. Neuroimage Clin 8: 1–31.

Valsecchi P, Nibbio G, Rosa J, Vita A (2022) Adult ADHD and sleep disorders: Prevalence, severity and predictors of sleep disorders in a sample of Italian psychiatric outpatients. Psychiatry Res. 310: 114447. doi:10.1016/j.psychres.2022.114447. Epub 2022 Feb 15. PMID: 35192987.

Van Andel E, Bijlenga D, Vogel SWN et al. (2022) Attention-Deficit/Hyperactivity Disorder and Delayed Sleep Phase Syndrome in Adults: A Randomized Clinical Trial on the Effects of Chronotherapy on Sleep. J Biol Rhythms. 37(6): 673–689. doi: 10.1177/07487304221124659. Epub 2022 Sep 30.

van de Glind G, Konstenius M, Koeter MW et al. (2014) Variability in the prevalence of adult ADHD in treatment seeking substance use disorder patients: Results from an international multi-center study exploring DSM-IV and DSM-5 criteria. Drug Alcohol Depend.134: 158–66.

van de Glind G, Brynte C, Skutle A et al. (2020) The International Collaboration on ADHD and Substance Abuse (ICASA): Mission, Results, and Future Activities. Eur Addict Res. 26: 173–178. doi: 10.1159/000508870. Epub 2020 Jun 29

van de Giessen E, de Win MM, Tanck MW et al. (2009) Striatal dopamine transporter availability associated with polymorphisms in the dopamine transporter gene SLC6 A3. J Nucl Med 50: 45–52.

van der Zwaluw C S, Engels RCME, Buitelaar J et al. (2009) Polymorphisms in the dopamine transporter gene (SLC6 A3/DAT1) and alcohol dependence in humans: A systematic review. Pharmacogenomics 10: 853–866.

van Dyck CH, Seibyl JP, Malison RT et al. (2002) Age-related decline in dopamine transporters: analysis of striatal subregions, nonlinear effects, and hemispheric asymmetries. Am J Geriatr Psychiatry 10: 36–43.

van Emmerik-van Oortmerssen K, van de Glind G, van den Brink W et al. (2012) Prevalence of attention-deficit hyperactivity disorder in substance use disorder patients: a meta-analysis and meta-regression analysis. Drug Alcohol Depend 122: 11–9.

van Emmerik-van Oortmerssen K, Vedel E, Koeter MW et al. (2013) Investigating the efficacy of integrated cognitive behavioral therapy for adult treatment seeking substance use disorder patients with comorbid ADHD: study protocol of a randomized controlled trial. BMC Psychiatry 13: 132.

van Emmerik-van Oortmerssen K, van de Glind G, Koeter MW et al. (2014) Psychiatric comorbidity in treatment-seeking substance use disorder patients with and without attention deficit hyperactivity disorder: results of the IASP study. Addiction 109: 262–72.

Verbeeck W, Bekkering GE, Van den Noortgate W, Kramers C (2017) Bupropion for attention deficit hyperactivity disorder (ADHD) in adults. Cochrane Database Syst Rev. 10(10): CD009504. doi: 10.1002/14651858.CD009504.pub2.

Vergara-Moragues E, González-Saiz F, Lozano Rojas O et al. (2011) Diagnosing Adult Attention Deficit/Hyperactivity Disorder in Patients with Cocaine Dependence: Discriminant Validity of Barkley Executive Dysfunction Symptoms. Eur Addict Res. 17: 279–284. doi: 10.1159/000329725.

Vidal R, Bosch R, Nogueira M et al. (2013) Psychoeducation for adults with attention deficit hyperactivity disorder vs. cognitive behavioural group therapy: a randomized controlled pilot study. J Nerv Ment Dis 201: 894–900.

Vogt BA (2019) Cingulate impairments in ADHD: Comorbidities, connections, and treatment. Handb Clin Neurol. 166: 297–314, doi: 10.1016/B978-0-444-64196-0.00016-9. PMID: 31731917.

Volkow ND, Wang GJ, Newcorn JH et al. (2011) Motivation deficit in ADHD is associated with dysfunction of the dopamine reward pathway. Mol Psychiatry 16: 1147–54.

Volkow ND, Wang GJ, Tomasi D et al. (2012) Methylphenidate-elicited dopamine increases in ventral striatum are associated with long-term symptom improvement in adults with attention deficit hyperactivity disorder. J Neurosci 32: 841–9.

Wakelin C, Willemse M, Munnik E (2023) A review of recent treatments for adults living with attention-deficit/hyperactivity disorder. S Afr J Psychiatr. 2023 29: 2152. doi: 10.4102/sajpsychiatry.v29i0.2152

Walters RK et al. (2018) Transancestral GWAS of alcohol dependence reveals common genetic underpinnings with psychiatric disorders. Nat. Neurosci. 21: 1656–1669.

Wang X, Cao Q, Wang J et al (2026) The effects of cognitive-behavioral therapy on intrinsic functional brain networks in adults with attention-deficit/hyperactivity disorder. Behav Res Ther. 76: 32–39.

Way BM, Taylor SE, Eisenberger NI (2009) Variation in the mu-opioid receptor gene (OPRM1) is associated with dispositional and neural sensitivity to social rejection. Proc Natl Acad Sci U S A 106: 15079–84.

Weber H, Kittel-Schneider S, Gessner A et al. (2011) Cross-disorder analysis of bipolar risk genes: further evidence of DGKH as a risk gene for bipolar disorder, but also unipolar depression and adult ADHD. Neuropsychopharmacology 36: 2076–2085.

Wietecha LA, Ruff DD, Allen AJ et al. (2013) Atomoxetine tolerability in pediatric and adult patients receiving different dosing strategies. J Clin Psychiatry 74: 1217–23.

Wilbertz G, van Elst LT, Delgado MR et al. (2012) Orbitofrontal reward sensitivity and impulsivity in adult attention deficit hyperactivity disorder. Neuroimage 60: 353–361.

Wilens TE, Spencer TJ, Biederman J et al. (2001) A controlled clinical trial of bupropion for attention deficit hyperactivity disorder in adults. Am J Psychiatry 158: 282–288.

Wilens TE, Faraone SV, Biederman J, Gunawardene S (2003) Does stimulant therapy of attention-deficit/hyperactivity disorder beget later substance abuse? A meta-analytic review of the literature. Pediatrics 111: 179–185.

Wilens TE (2004) Impact of ADHD and its treatment on substance abuse in adults. J Clin Psychiatry 3: 38–45.

Wilens TE, Haight BR, Horrigan JP et al. (2005) Bupropion XL in adults with attention-deficit/hyperactivity disorder: a randomized, placebo-controlled study. Biol Psychiatry 57: 793–801.

Wilens TE, Spencer TJ (2010) Understanding attention-deficit/hyperactivity disorder from childhood to adulthood. Postgrad Med 122: 97–109.

Wilens TE, Prince JB, Waxmonsky J et al. (2010) An Open Trial of Sustained Release Bupropion for Attention-Deficit/Hyperactivity Disorder in Adults with ADHD plus Substance Use Disorders. J ADHD Relat Disord. 1(3): 25–35

Wilens TE, Adler LA, Tanaka Y et al. (2011) Correlates of alcohol use in adults with ADHD and comorbid alcohol use disorders: exploratory analysis of a placebo-controlled trial of atomoxetine. Curr Med Res Opin 27: 2309–20.

Wu J, Xiao H, Sun H et al. (2012) Role of dopamine receptors in ADHD: a systematic meta-analysis. Mol Neurobiol 45: 605–20.

Wymbs BT, Canu WH, Sacchetti GM et al. (2021) Adult ADHD and romantic relationships: what we know and what we can do to help. J Marital Fam Ther. 47(3): 664–681.

Yen CF, Chou WJ, Liu TL et al. (2014) The association of Internet addiction symptoms with anxiety, depression and self-esteem among adolescents with attention-deficit/hyperactivity disorder. Compr Psychiatry 55: 1601–8.

Young S, Cocallis K (2021) ADHD and offending. J. Neural Transm. 128: 1009–1019. doi: 10.1007/s00702-021-02308-0.

Young S, Woodhouse E (2021) Assessment and treatment of substance use in adults with ADHD: a psychological approach. J Neural Transm (Vienna). 128(7): 1099–1108. doi: 10.1007/s00702-020-02277-w.

Young Z, Moghaddam N, Tickle A (2020) The efficacy of cognitive behavioural therapy for adults with ADHD: a systemic review and meta-analysis of randomized controlled trials. J Atten Disord. 24(6): 875–888.

Ystrom E, Gustavson K, Brandlistuen RE et al. (2017) Prenatal Exposure to Acetaminophen and Risk of ADHD. Pediatrics. 140: e20163840.

Yu C, Garcia-Olivares J, Candler S et al. (2020) New Insights into the Mechanism of Action of Viloxazine: Serotonin and Norepinephrine Modulating Properties. *Journal of Experimental Pharmacology.* 12: 285–300. doi:10.2147/jep.s256586

Yu X, Fumoto M, Nakatani Y et al. (2011) Activation of the anterior prefrontal cortex and serotonergic system is associated with improvements in mood and EEG changes induced by Zen meditation practice in novices. Int J Psychophysiol 80: 103–11.

Zahed G, Roozbakhsh M, Davari Ashtiani R, Razjouyan K (2022) The Effect of Long-Acting Methylphenidate and Modafinil on Attention and Impulsivity of

Children with ADHD using a Continuous Performance Test: A Comparative Study. Iran J Child Neurol. 16(3): 67–77. doi: 10.22037/ijcn.v16i2.32541.

Zayats T, Athanasiu L, Sonderby I et al. (2015) Genome-wide analysis of attention deficit hyperactivity disorder in Norway. PLoS One 10(4): e0122501. doi: 10.1371/journal.pone.0122501.

Zepf FD, Gaber TJ, Baurmann D et al. (2010) Serotonergic neurotransmission and lapses of attention in children and adolescents with attention deficit hyperactivity disorder: availability of tryptophan influences attentional performance. Int J Neuropsychopharmacol 13: 933–41.

Zhang K, Davids E, Tarazi FI, Baldessarini RJ (2002) Serotonin transporter binding increases in caudate-putamen and nucleus accumbens after neonatal 6-hydroxydopamine lesions in rats: implications for motor hyperactivity. Brain Res Dev Brain Res 137: 135–8.

Zhang L, Kendler KS, Chen X (2008) The mu-opioid receptor gene and smoking initiation and nicotine dependence. Behav Brain Funct 2: 28.

Zylowska L, Ackerman DL, Yang MH et al. (2008) Mindfulness mediation training in adults and adolescents with ADHD: a feasibility study. J Atten Disord 11: 737–746.

Stichwortverzeichnis

A

Abstinenz 121, 143
Acetylcholin 63
Achtsamkeit 52, 159, 163, 164, 166
Adult ADHD Self Report Scale/ASRS 104
Affektlabilität 46
Alkoholabhängigkeit 28, 31, 89, 159
Alltagsleistungen 70
Alpha-2-Agonisten 156–158
Anfallsleiden 105
Angst 151
Angststörung 67, 105
Antisoziale Persönlichkeitsstörung 96
Arbeitsleben 87
Atomoxetin 61, 147, 150
Aufmerksamkeit 61, 63, 69, 77, 78, 164, 168
Awareness 165, 166, 173

B

Beck-Depressions-Inventar/BDI 105
Belohnungssystem 67, 69, 76, 77
Bipolare Störung 25, 27, 47, 55
Blei 59

Borderline 105
Borderline-Persönlichkeits-Inventar 105
Broken-home-Situation 95
Bupropion 154

C

Cannabis 29, 89, 91, 96, 98, 106, 121, 125, 127, 137, 138, 150
Childhood Trauma Questionnaire/CTQ 105
Clonidin 156
Cloninger 95
Concerta® 133
Conners Adult ADHD Rating Scale/CAARS 104
Cortisol 50, 51
Craving 94, 143

D

Default-Mode-Netzwerk (DMN) 91
Denkleistungen 129
Depression 47, 62, 105
Dexmethylphenidat 136
Diagnose 33, 37, 101–103, 172
– DSM 100, 109

Stichwortverzeichnis

– ICD 100
Dopamin 89
Dopaminmangelhypothese 56
Duloxetin 153

E

EEG 58, 115
Einschlaflatenz 50
Einschlafstörungen 49, 52, 106, 139, 157
Einzeltherapien 162
Eisen 67
Emotionsregulation 23, 164, 168
Entwicklungsstörung 101
Entzug 94, 166
Erblichkeit 54
Exekutivfunktionen 68, 102, 134, 148, 159, 164

F

First-Line 116, 144
Fluoxetin 154
Focalin® 136

G

GABA 93
Gedächtnis 63, 84
Glutamat 148
Guanfacin 156

H

Hirnfunktionen 67
Hyperaktivität 18
Hyperfokussierung 78

I

Impulsivität 38, 46, 62, 67, 70, 97
Impulskontrolle 62, 69, 74, 129
Informationsverarbeitung 161
Intelligenztestung 102
Internetabhängigkeit 30

K

Kick-Gefühl 122, 123
Kokainabhängigkeit 28, 123, 124, 132, 146
Komorbidität 97
Konditionierung 95
Kontrollverlust 95
Konzentration 62

L

Laboruntersuchung 101
Langeweile 14, 18
Leistungsdefizite 44
Leistungsversagen 87
Leitlinien 103
Lernen 62, 69, 95, 148
Lernschwierigkeiten 62, 67
Lisdexamfetamin 140

Stichwortverzeichnis

M

MAO-B-Hemmer 155
Meditation 62
Melatonin 50, 51, 139
Methylphenidat/MPH 123, 128
– transdermales Pflaster 140
Mindfulness-Based Interventions 164
– MBCT 165
– MBSR 165
Missbrauchsrisiko 150
Modafinil 145
MRT 55

N

Netzwerk 69
Neurofeedback 58, 115, 160, 163, 173
Noradrenalin 61

O

Off-Label 116, 143
Omega-3-Fettsäuren 62
Orexin-Rezeptor-Antagonisten 53
OROS-Darreichungsform 122, 143

P

Paracetamol 59
Peer-Gruppe 95
Persönlichkeitsstörung 47
PET 55
Pharmakotherapie 112
Prävalenz 23, 24, 32
Prävention 170, 171

Psychoedukation 162
Psychosen 132

R

Reboxetin 153
Reizregulation 85, 161
Ritalin® 128

S

Schädel-Hirn-Trauma 105
Schilddrüsenwert 102
Schlaf 81, 105, 106, 127, 147
Schlafhygiene 139
Schlafphasenverlagerung 49–51
Schlafstörungen 23, 163
Schmerz 62
Second-Line 116, 140
Selbstmedikation 77, 91, 97, 172
Selbstregulation 69, 161
Selbstwert 14, 44
Selegilin 155
Serotonin 62
Serotonin-Wiederaufnahmehemmer/ SSRI 149
Sozialverhalten 43, 44, 89, 96, 172
Spielsucht 29, 31
State-Trait-Angstinventar/STAI 105
Stimmung 20, 22, 62, 151
Stimulanzien 121
Symptome 36, 103

T

Tabakabhängigkeit 63, 155
Tagesmüdigkeit 49, 52, 85, 130, 146, 147

Stichwortverzeichnis

Tagesschläfrigkeit 147
Testverfahren, neuropsychologische 68, 101, 102, 104
Thalamus 61, 77, 81
Therapie 111, 172
- kognitiv-behaviorale 162, 165, 168
- medikamentöse (siehe Pharmakotherapie) 112
- multimodale 112, 160
- psychotherapeutische 172
Transkranielle Magnetstimulation (rTMS) 159
Trauma 105
Träumer 35

U

Übergewicht 114
Umwelteinflüsse 58

Unpünktlichkeit 14, 44
Unruhe 38

V

Venlafaxin 153
Vergesslichkeit 20
Verstärkung 95
Viloxazin 151, 152
Vitamin D 62

W

Wender-Reimherr-Interview 104
Wender-Utah-Rating-Skala/WURS 39, 104
Wernicke-Korsakow-Syndrom 80